本书得到沈阳市哲学社会科学专项资金规划课题（17007）、辽宁省高等学校基本科研项目专项资金（WZD201702）、辽宁省科协科技创新智库项目（LNKX2018-019C09、LNKX2017A06）和辽宁省教育科学"十三五"规划2018年度课题重点课题（JG18DA004）资助

非均衡区域生产性服务业创新发展研究

FEIJUNHENG QUYU SHENGCHANXING FUWUYE
CHUANGXIN FAZHAN YANJIU

王鹤春 / 著

中国社会科学出版社

图书在版编目（CIP）数据

非均衡区域生产性服务业创新发展研究/王鹤春著 . —北京：
中国社会科学出版社，2020.7
ISBN 978 – 7 – 5203 – 6348 – 8

Ⅰ.①非… Ⅱ.①王… Ⅲ.①服务业—区域规划—研究—
中国 Ⅳ.①F726.9

中国版本图书馆 CIP 数据核字（2020）第 065069 号

出 版 人	赵剑英
责任编辑	卢小生
责任校对	周晓东
责任印制	王 超

出　　版	中国社会科学出版社
社　　址	北京鼓楼西大街甲 158 号
邮　　编	100720
网　　址	http：//www.csspw.cn
发 行 部	010 – 84083685
门 市 部	010 – 84029450
经　　销	新华书店及其他书店

印　　刷	北京明恒达印务有限公司
装　　订	廊坊市广阳区广增装订厂
版　　次	2020 年 7 月第 1 版
印　　次	2020 年 7 月第 1 次印刷

开　　本	710×1000　1/16
印　　张	14.25
插　　页	2
字　　数	213 千字
定　　价	78.00 元

凡购买中国社会科学出版社图书，如有质量问题请与本社营销中心联系调换
电话：010 – 84083683

前　言

从国内外关于生产性服务业的同类研究文献的相关研究成果来看，目前研究主要从以下两个方面展开。其一，从生产性服务业本身出发，对生产性服务业的概念、特点、发展规律等进行了系统、细致的研究；其二，结合本土区域发展实践，进行了深入研究。但是，相关文献并没有从非均衡区域协同发展的角度深入系统地对区域生产性服务业成长等问题展开研究。因此，从非均衡区域协同发展的角度，更深入系统地研究区域生产性服务业的发展，就成为本书主要的写作意图。本书以影响我国现代生产性服务业成长发展的重要问题即如何在非均衡区域发展生产性服务业为核心，按照制度逻辑—资源行为主体框架，从非均衡区域协同发展视角出发，采用理论与实证研究相结合的方法，围绕主体框架的构建，框架中包含哪些层面的内容以及非均衡区域通过怎样的协同作用机制使生产性服务业成长等重要问题，以生产性服务业为研究对象，系统地研究生产性服务业在非均衡区域实行协同发展问题。

本书共分为十一章，其中，第三章至第七章主要是从制度逻辑出发，深入归纳、研究、分析非均衡区域生产性服务业成长规律。第八章至第九章主要从资源行为出发，以生产性服务业企业为载体，研究生产性服务业企业自身成长规律。第十章主要研究制度逻辑对资源行为影响的内在规律。第十一章为结论与展望。各章的具体研究内容如下：

第一章绪论，主要对选题背景、问题提出及研究意义、研究内容、研究方法与技术路线以及主要创新点进行论述。

第二章文献综述，主要对生产性服务业理论、区域发展理论、协同与适配理论、企业资源理论以及制度逻辑理论等国内外研究进行回顾。

第三章产业偏离度与空间状态的实证分析。本章基于制度逻辑，以典型的非均衡区域——辽宁为案例，在建立制度逻辑—资源行为总体框架模型基础上，对辽宁省生产性服务业产业结构偏离度与空间状态展开实证分析，以为后续研究奠定基础。

第四章非均衡区域生产性服务业创新发展的制度逻辑框架模型。本章从制度逻辑角度构建生产性服务业创新成长框架；并具体分析沈阳成为辽宁生产性服务业增长极的可能性，对沈阳经济区的空间概况、空间结构、空间形态演变以及空间结构调控方向等进行系统分析。

第五章非均衡区域生产性服务业协同发展路径。本章在"非均衡区域生产性服务业创新发展的制度逻辑概念模型"的基础上，提出非均衡区域生产性服务业创新发展路径模型，并以沈阳经济区以及典型的经济欠发达地区盘锦为例，通过实地调研、文献研究及专家访谈，细化经济欠发达地区经济发展生产性服务业发展路径，并对区域发展黏合剂展开研究，希望通过分析情景主体因素逻辑，最终明晰组织外部制度逻辑规律。

第六章非均衡区域协同发展机理及相应管理策略。本章结合非均衡生产性服务业协同发展机理结合制度逻辑，提出相应的管理策略。

第七章辽宁自贸区完善生产性服务业发展政策。本章从制度逻辑角度出发，结合辽宁自身的特点，提出完善辽宁自贸区政策以实现辽宁生产性服务业在非均衡区域，实现产业创新发展的对策。

第八章生产性服务业资源行为框架及机理研究。本章在企业资源分类框架研究的基础上，对生产性服务业资源行为机理展开研究。

第九章资源行为视角下生产性服务业成长的案例分析。本章采用双案例分析方法，对生产性服务企业自身成长的资源行为规律进行提炼。

第十章制度逻辑对资源行为影响的内在逻辑研究：案例研究。本章从主导逻辑角度出发，探索制度逻辑对资源行为影响的内在规律。主要通过制度逻辑对资源行为产生影响的内在规律进行分析，以揭示非均衡区域生产性服务业创新发展的内在机理。

第十一章结论与展望。本章对全书进行总结，提出结论，指出研究局限和展望。

目　录

第一章 绪论

第一节 选题背景

随着亚太地区逐渐成为世界经济增长的重心，特别是"一带一路"作为区域外增长极，为辽宁这类非均衡区域发展生产性服务业带来了难得的战略机遇。"一带一路"倡议作为政府发展区域经济的重要制度逻辑，也成为非均衡区域发展生产性服务业的外部驱动极，为我国欠发达区域推进工业化、信息化进程，实现现代化提供了重要的机遇。改革开放以来，我国经济持续快速增长，综合国力明显增强，为迎接机遇奠定了物质条件。但是，我国在新制度逻辑之下，能否准确调动资源行为以适配外部制度逻辑，依旧存在问题。从总体上看，经济发展方式还比较粗放。加快转变经济发展方式，推动产业结构优化升级，是关系国民经济全局紧迫而重大的战略任务。并要由主要依靠第二产业带动向依靠第一、第二、第三产业协同带动转变，这一要求是在探索和把握中国经济社会发展规律基础上提出的重要方针。

经济区是全国统一的地域经济系统的组成部分，是为因地制宜发展国民经济服务的区域经济共同体，但受我国二元经济发展现状限制，经济发展呈现非均衡发展趋势。中国目前主要有中原、成渝、关中、长三角、京津冀、珠三角、皖江城等在内的众多经济区。经济区的形成和发展决定于生产力发展水平、劳动地域分工的特点和规模，专门化与综合发展结合的程度，并且是由低级向高级循序渐进的过程。经济区的非均衡发展已经成为区域经济发展的重要问题，如在辽宁自贸区中，沈阳经济区具有不可替代的地位。目前，沈阳经济区以沈阳为中心，辐射八个城市，形成联系紧密的区域经济共同体。但相比国内的京津、珠三角、长三角等发达区域，包括沈阳经济区在内的欠发达区域不仅面临着区域发展的难题，而且面临着产业协同创新过程中核心城市与非核心附属城市的区域协同发展难题。因此，如何通过调整与优化产业结构，实现非均衡经济区域的协同发展，进而破解这一系列难题，实现同城化、一体化，打造世界级城市群，实现区域协同发展，提升区域竞争力的目标，就成为区域经济发展中一个严峻的课题。

随着国民经济快速发展，我国经济在经过近40年的高速增长之后，区域经济发展遇到了各种"瓶颈"，区域发展进入相对的"平台期"。尽管国内各个经济区进行了大量的实践摸索，但鉴于不同区域所面对的实际情况不同，虽然已经有经济区在一定程度上获得成功，但是，像辽宁这样的欠发达区域的发展仍停留在艰难的摸索过程中。因此，探索符合我国国情的欠发达区域发展的区域创新理论和方法，以指导实践，就成为急待解决的问题。特别是随着发达经济区的资源集聚作用增强，作为非均衡区域中的欠发达区域面临着前所未有的挑战，因此，如何采取准确的资源行为以应对新制度逻辑变化、增强欠发达区域经济发展成为当前的热点问题。依靠正确的资源行为是区域增强经济竞争力，把握和追随环境动态变化以确保欠发达的非均衡区域适应环境需求的强力工具，特别是依靠创新这种资源行为。从我国目前实际情况来看，由于生产性服务业先天发展不足，特别是区域间发展不平衡，造成区域产业结构的失调和布局的失衡，造成产业间协同带动遇到了结构上和布局上的困难。因此，研究如何通过产业创新即通过发展区域生产性服务业以实现产业结构调整，实现非均衡区域间产业协同互动，并为最终实现非均衡区域协同发展的目的奠定基础，成为本书研究的关键。相应地，如何准确选择经济结构调整中的突破点就成为关键问题。生产性服务业作为为生产者提供服务的新兴产业，贯穿于企业生产的上游、中游和下游诸环节中。如果生产服务业和制造业两者能形成一个良性的循环系统，那么就有可能在经济总量扩大的过程中相互协调发展，促进地区经济整体竞争力的增强。

作为非均衡区域的辽宁老工业基地，沈阳是区域内核心城市。目前，围绕沈阳建设国家中心城市已经成为沈阳经济区核心议题，沈阳经济区作为老工业基地，基础设施完善，技术力量雄厚，具有广阔的发展前景，是全国工业化、城市化程度最高的地区之一，具有历史形成的空间产业积聚优势条件。加之区域内，沈阳作为辽宁自贸区的重要组成部分，大都市圈的核心大城市具备强大的吸附作用，其内部聚集着大量的工业企业、生产资金、科学技术、智力等资源，加之流通领域活跃、交通便利、信息灵通，使其在区域经济发展中起经济中心的作用。这为发展生产性服务业提供了坚实的经济基础，这是核心城市最明显的优势。这种区域资源禀赋优势，极易使区域快速形成强大的产业竞争力，但是，其"吸空"效应对欠发达的非核心区域产生了一定的负面影响。这种"吸空"作用，造成经济区域生产力资源要素分配效率整体下降，经济区域内部发展失衡，对区域内整体经济的发展带来负面影响，进而降低区域整体竞争力。

区域产业创新行为作为区域经济发展中的一种产业资源行为活动，其影响因素具有多维性，同时这些因素又有复杂的相互关系，共同作为区域创新行为活动的内部及外部结构要素，对区域产业创新行为的成效发生作用。而区域内产业创新不仅面临着构成组织外部情景不同维度主体所产生的制度逻辑的影响，而且面对着如何采取内部资源行为以适配这种变化的问题。组织外部制度逻辑不仅带来了机遇，同时也带来了威胁，为应对组织外部制度逻辑变化可能为产业创新所带来的不利影响，区域内要想实现产业创新，不仅需要外部情景的支持条件，而且要变革企业内部原有的规则与程序，不断以创新的资源行为适配制度逻辑的变化。通过产业不断创新的资源行为，整合区域内外资源，优化资源配置，推动新创产业的成长和持续竞争优势的产生。

第二节　问题的提出及研究意义

一　问题的提出

通过产业创新实现欠发达区域经济成长、区域竞争力提升是一项复杂的系统工程。在产业创新实施过程中，产业内部资源行为、外部不同情景维度的主体逻辑等要素都会对其产生影响。协同理论的发展为深入研究非均衡区域内产业创新的协同关系带来了理论契机，协同理论的核心强调的是尽管不同的系统，具有的属性不同，但在各个系统间存在复杂的既相互影响而又相互合作的关系。哈肯认为，事物的演化受序参量的控制，演化的最终结构和有序程度决定于序参量，而不同的系统序参量的意义也不尽相同。而协同作用是系统有序结构形成的内驱力，通过协同作用产生协同效应，凭借协同效应可以使复杂的开放系统中大量子系统相互作用而产生整体效应或集体效应。

欠发达经济区作为复杂系统，在外来能量的作用下，如新引进产业、有利于创新的政府产业政策、区域发展政策、国际竞争、技术新发展等，物质的聚集态如区域内企业的规模、边界等达到某种临界值时，子系统之间就会产生协同作用。这种协同作用能使系统在临界点发生质变，产生协同效应，使系统从无序变为有序，从混沌中产生某种稳定结构。据已有文献研究及实地调研结果，关于非均衡区域经济发展问题，并没有很好地解决这个问题。我国非均衡区域经济发展水平低，主要体现在经济区发展的不协同上，特别是区域内产业链的分割，产业链集成程度低，无法形成具有竞争力的产业链。在与区域外经济体衔接上仍旧存在问题，无法形成紧密的不同经济区之间的分工合作关系。从国内外研究情况来看，在相关研究内容上，国内外专家除论述区域经济概念、特征、发展阶段及发展战略等基本理论研究外，其主要研究内容主要集中在区域发展战略、运作模式及组织聚集等方面。在研究方法上，一般采用社会调查和文献方法，提炼出区域经济发展的管理问题，并运用分析综合和归纳演绎等方法对问题进行分析，建立定量化模型，最后进行实证研究。也有采取案例研究的方法对区域经济发展问题进行研究。

但基于协同等理论，以生产性服务业作为切入点，系统研究非均衡区域协同发展问题的，在国内外的研究中涉及较少，尤其是涉及生产性服务业的区域空间发展问题的研究则更少。针对以上问题，本书试图从协同视角出发，从生产性服务业切入，通过构建非均衡区域协同发展的制度逻辑—资源行为整合框架，来研究非均衡区域的协同发展问题，而要解决这个问题，必须明晰以下四个方面的问题。

（1）明晰非均衡区域生产性服务业成长的制度逻辑—资源行为整合框架。尽管不同的理论学派都对区域经济发展、产业创新问题进行了大量探讨，并取得了大量非常具有价值的研究成果。但不同学派之间观点的相互对立，使对非均衡区域生产性服务业创新发展的研究缺乏一致可行的研究框架。因此，需要建立一个适用于该问题研究的体系框架，进而深入地对影响非均衡区域生产性服务业创新发展的影响因素、结构关系及内在机理等进行识别和分析。

（2）明晰非均衡区域生产性服务业成长的制度逻辑框架。要透彻地阐述制度逻辑—资源行为整合框架，就需要研究非均衡区域生产性服务业成长的制度逻辑框架。进而明晰非均衡区域生产性服务业协同发展机理，通过该部分要明晰非均衡区域生产性服务业协同发展过程和发展路径。非均衡区域生产性服务业成长体系框架不同部分如何实现协同、协同关系如何？现有研究基本是围绕单独的产业创新、创新政策、区域均衡等的制度因素研究，而系统地将这些变量进行协同研究的较少，特别是缺少本土化案例研究，说明非均衡区域发展理论的研究领域仍有局限，需要继续拓展。

（3）明晰非均衡区域生产性服务业成长的资源行为框架。在组织外部制度逻辑之下，企业必须采取相应的资源行为以适配组织外部逻辑变化，这种行为以优化配置资源为主。因此，首先要界定生产性服务业企业资源的概念。为此，本书从企业资源本身、企业资源与竞争优势的关系、是否从属于人的角度出发三个维度来定义与分类企业资源。在基于对生产性服务业企业资源界定的基础上，开展资源行为机理研究。本书基于国内外相关研究成果，融合企业外部情景、企业战略、内部资源等理论的研究成果，通过业内专家访谈及调研实际情况，初步构建了以战略（Strategy）为核心的制度逻辑（Institution logic）—资源行为（Resources behavior）（S—I—R 模型）适配路径概念模型，该模型以战略为中心，构成一个严密系统，其中战略作为企业响应制度逻辑变化，调用资源，促进制度逻辑情景化的枢纽环节，连接了制度逻辑与资源行为，并依据组织战略、组织资源约束等要素，形成四条资源行为适配路径。

（4）明晰制度逻辑对资源行为产生影响的内在规律。研究围绕两个方面问题展开：第一，三螺旋协同运行机制形成的主导逻辑是什么；第二，三螺旋协同运行机制的主导逻辑是怎样构成和怎样形成的。为此，研究具体构建了政府（G）、制造企业（I）以及生产性服务业企业（类型包括初态型生产性服务业企业）（PS）的三螺旋协同发展物理模型。该模型阐明了三螺旋的构成与生成机理的宏观解释，但没解释因素间是如何相互作用的运行机制。因此，本书从主导逻辑切入，系统地对非均衡区域生产性服务业创新发展体系的重要结构"制度逻辑—资源行为"如何运行的机制进行研究。研究制度逻辑（主要载体是政府）、生产性服务业企业（第三方技术源或初态型生产性服务业企业即类第三方技术源）和制造企业这一三螺旋结构形成原因，明晰制度逻辑对资源行为产生影响的内在逻辑。

二　本书的意义

在非均衡区域协同发展的问题已成为研究的新趋势的条件下，以生产性服务业作为切入点，研究经济发展方式转变，特别是产业创新作为区域经济发展的序参量，如何通过产业创新实现区域协同发展，对本身就是欠发达地区的非均衡区域经济的发展就具有重要的理论及现实意义。

从现实来看，影响制约区域协同发展的原因有很多，也很复杂。而这些因素彼此间是如何影响的、如何发生作用的，以及内在作用机理是什么样的等都是需要解决的现实问题。通过本书研究，可以进一步提高人们对发展生产性服务业产业等新兴产业的认识，明晰非均衡区域协同发展的路径，通过理解制度逻辑—资源行为的内在规律，明晰非均衡区域生产性服务业发展的机理。为我国复杂的区域发展问题，提供理论、方法的指导和促进新兴产业发展的操作依据，并从实践中为我国经济发展提供宏观政策建议参考和微观行动指南。本书的研究成果不仅可以深化对区域经济的理论研究，为我国产业结构调整和生产方式转变提供一定的借鉴，而且随着产业结构的逐步调整、生产方式的逐渐转变，本书的研究成果将逐步显示出其较大的经济、社会及环境效益。最具现实意义的是随着经济总量上升，目前我国已经成为世界第二大经济体。辽宁自贸区的典型代表沈阳经济区地处哈大交通轴、辽宁沿海经济带与东北内陆腹地的交通枢纽，不仅地理位置得天独厚，而且工业化程度和城镇化水平相对较高，是工业和信息化部确定为国家级新型工业化和信息化深度融合的试验区，但是，在发展过程中却落后于全国的发展水平。因此，就急需研究类似辽宁自贸区这些非均衡区域在发展中遇到了什么问题，以及如何解决问题。

本书主要以非均衡区域为研究对象，以生产性服务业为产业载体，采用理论研究、实证研究以及案例研究等方法，以辽宁自贸区代表性的沈阳经济区为案例对象。这是因为，沈阳经济区这一典型的欠发达地区的非均衡区域发展问题十分突出，而沈阳正在探索如何建设国家中心城市，进而带动辽宁乃至东北地区实现全面振兴。而随着中蒙俄自贸区的建立，沈阳经济区成为东北地区加入"一带一路"、开展国际交流的重要板块。其独特的近邻沿海、辐射腹地、联动内陆边境的交通区位，使沈阳在联动东北亚各国之间交流合作方面具有突出优势，为沈阳经济区发展带来了良好机遇。因此，作为东北地区中心城市，沈阳引领辽宁自贸区乃至东北地区参与东北亚区域国际竞争，推动国际交流与国际贸易，具有十分重要的意义。这就使本书的研究更具现实意义。

从理论上看，从生产性服务业出发，通过构建制度逻辑—资源行为总体框架，研究非均衡区域协同发展的问题，揭示区域经济发展的影响因素、动力机制等。通过对非均衡区域生产性服务业发展规律的研究，可以带动对其他类型产业发展方式转变的研究，使该项研究具有更强的理论示范意义。并为我国找到适合本国国情的经济发展方式转变路径，其意义在于通过转变路径的研究，进行管理创新，最终促进区域经济的均衡发展。当企业在发展中达到逐步积累实力的目的，进而当其产业发展到一定规模时就可以实现产业结构的调整，这就使后发国家产业结构获得调整、优化，更具现实操作意义。因此，厘清其中理论机理，不仅对经济有重要意义，而且对我国产业结构调整及生产方式转变具有重要意义。

通过以上研究成果，除在一定程度上有助于揭示中国发展方式转变的发展规律，补充完善现有理论创新研究外，还可以应用到企业创新管理等领域的研究中。

第三节　研究内容

本书的基本思路是：结合我国不同区域城市竞相发展生产性服务业的现实背景，以都市圈、适配理论、产业共生理论、耗散结构以及主导逻辑与资源行为等理论为依托，通过构建制度逻辑—资源行为总体框架，主要以辽宁经济区为例，剖析其在经济发展过程中，非均衡经济区域经济结构存在的问题，从区域要素协同提升角度，探析非均衡区域生产性服务业发展的历程、动力机制及发展路径等。

本书研究要点主要包括四个方面的内容。一是研究了加快非均衡区域生产性服务业创新发展的制度逻辑—资源行为总体框架模型。二是研究了非均衡区域生产性服务业创新发展的制度逻辑模型，并对协同发展过程和发展路径等展开研究。三是研究了非均衡区域生产性服务业创新发展的资源行为模型。四是针对以上研究结果，研究了制度逻辑影响资源行为的内在逻辑，以明确非均衡区域生产性服务业创新发展的内在理由。

第一阶段，文献回顾与研究框架搭建过程。从区域产业创新的关键产业即生产性服务业以及区域发展的相关理论以及协同理论等方面进行文献回顾，并构建非均衡区域生产性服务业创新发展的制度逻辑—资源行为总体框架模型。

　　第二阶段，基于制度逻辑—资源行为总体框架模型，进行框架模型的结构分析与关系研究。非均衡区域生产性服务业创新发展的制度逻辑模型，主要基于生产性服务业理论、协同理论以及组织管理学等基础理论，从制度层面构建"非均衡区域生产性服务业发展的制度逻辑框架模型"，为了解释非均衡区域协同发展的内在演化方式和演化机理，在此基础上提出了"非均衡区域协同发展对策研究框架的路径模型"，从时间维、空间维和情景三个维度出发，对辽宁经济区的核心区域与非核心附属区域如何通过产业协同进行了详细论述，提出相应的管理对策，并对连接过渡区域的"马赛克"发展方式进行了论述。通过此研究，完善了经济区核心区域与非核心附属区域之间的空白区域的研究。考虑到自贸区政策，作为组织外部情景中，政府主体发展区域经济、实现产业优化升级的逻辑，本书从制度逻辑角度出发，结合辽宁自贸区政策与辽宁本身资源禀赋特征，并提出完善辽宁自贸区政策以实现辽宁生产性服务业在非均衡区域实现产业创新发展的对策；本书在构建资源分类框架与非均衡区域生产性服务业创新发展的资源行为模型的基础上，对生产性服务业资源行为机理展开研究。并采用双案例分析方法，对生产性服务企业自身成长的资源行为规律进行提炼；本书从主导逻辑角度出发，探索制度逻辑对资源行为影响的内在规律。本书主要通过制度逻辑对资源行为产生影响的内在规律进行分析，以揭示非均衡区域生产性服务业创新发展的内在机理。

　　第三阶段，本书撰写过程。本书的基本思路如图 1 - 1 所示，主要内容包括理论研究和应用研究两部分。

　　理论研究主要包括理论框架和影响机制研究两部分内容，应用研究则包括管理研究的内容。每部分内容涉及子项研究若干，子项研究结论之间又存在一定的关联性。具体内容有：（1）构建制度逻辑—资源行为总体框架模型；（2）基于总体框架模型，分别构建细化框架模型。其中制度逻辑框架模型，从区域增长极理论入手，提出了通过产业创新实现非均衡发展的区域协同发展的"非均衡区域生产性服务业

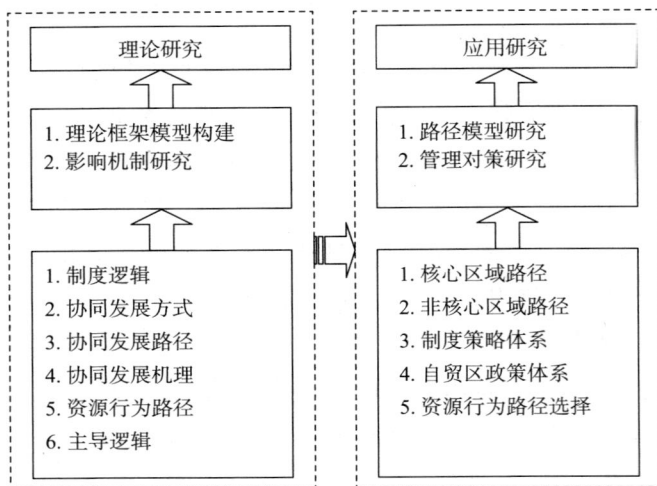

图 1 - 1　研究路线

发展的框架模型"；协同发展问题从区域内和区域间两个方面展开，包括协同演化方式、进化路径和机制部分；在管理研究中，结合协同演化机理，提出了相应的管理对策、自贸区完善对策等；资源行为框架模型，主要从制度逻辑影响下企业的资源行为入手，归纳提炼生产性服务企业自身成长规律；（3）制度逻辑对资源行为影响的内在逻辑。该部分主要从主导逻辑入手，基于前文结构研究，开展结构要素的内在关系研究。本书的基本研究框架如图 1 - 2 所示。

（1）非均衡区域生产性服务业制度逻辑—资源行为框架模型研究。①研究目的。从全新角度，系统地研究非均衡区域如何通过产业创新，实现非均衡区域的协同发展。②研究内容。构建非均衡区域生产性服务业制度逻辑—资源行为框架的总体模型。

（2）非均衡区域生产性服务业发展的制度逻辑与资源行为分析。①研究目的。将制度逻辑引入非均衡区域生产性服务业发展的研究中，明晰非均衡区域生产性服务业成长的外在制度因素构成与生产性服务企业发展的资源行为，构建非均衡区域生产性服务业制度逻辑体系与资源行为框架。②研究内容。第一，非均衡区域制度因素与资源行为因素的结构分析；第二，基于相关理论，在影响因素来源分析框架下，提出非均衡区域生产性服务业发展制度逻辑与资源行为的物理模型，并加以论证分析。

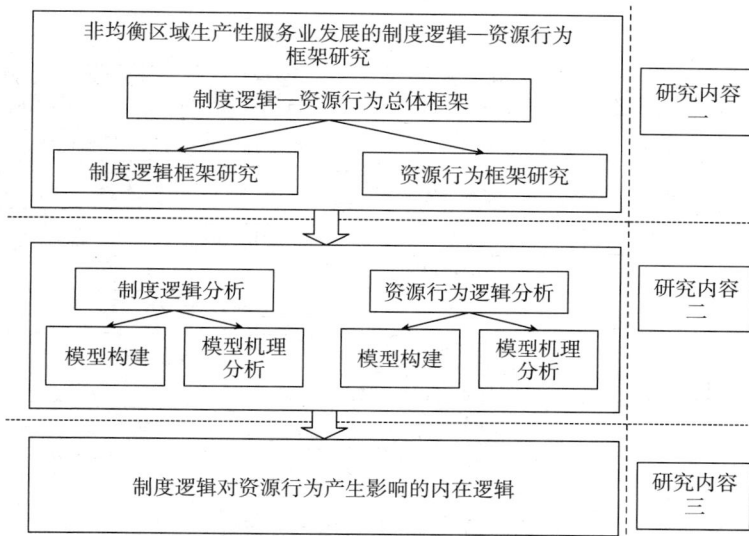

图1-2 基本研究框架

（3）制度逻辑对资源行为产生影响的内在逻辑分析。①研究目的。从主导逻辑触犯系统研究制度逻辑对资源行为的影响，以深化非均衡区域生产性服务业创新发展的内在规律。②研究内容。以探索性案例分析为主要分析手段，分析制度逻辑对资源行为产生影响的内在逻辑。

第四节 研究方法与技术路线

本书以非均衡区域经济结构优化为研究对象，以生产性服务业为切入点，综合运用以下研究方法：（1）理论研究。本书综合运用协同理论、适配理论、区域发展理论、创新理论、制度逻辑、资源行为等理论对非均衡区域生产性服务业发展问题进行研究，并构建理论模型。（2）案例研究。（3）实证研究。本书研究的技术路线和研究方法如图1－3所示。

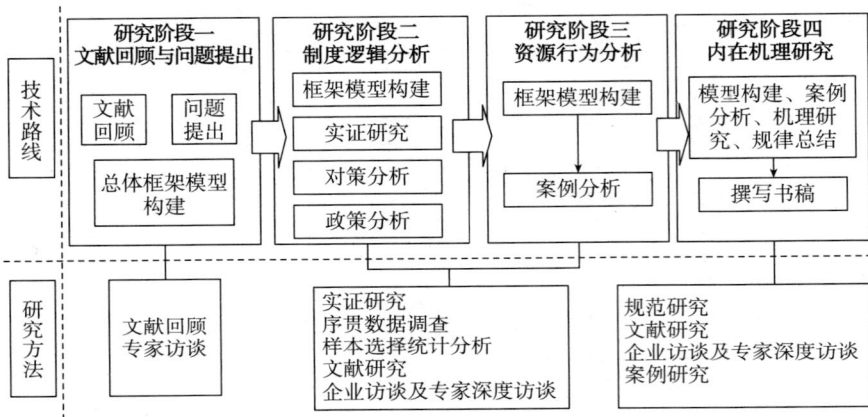

图1－3 技术路线和研究方法

研究工作分为四个阶段：

（1）对现有的区域发展、协同理论以及制度逻辑等国内外相关理论文献进行梳理与提炼。通过大量的文献阅读，对相关理论有全面、清楚的了解，初步形成本书的理论研究框架模型。

（2）在文献回顾的基础上，进行专家访谈，并对辽宁非均衡区域的相关企业进行实地访谈，通过访谈进一步提炼研究主题。即从发现现实问题开始，然后进行文献阅读及整理，在此基础上形成制度逻辑理论框架，进行实地调研，这一循环往复的过程遵循管理科学研究的基本方法，在实践中发现问题，将其提升到理论的高度，提炼成一个理论问题，设计相关命题，再通过实践进行检验和修正研究。

（3）根据文献回顾和实地调研结果，构建非均衡区域生产性服务业发展的资源行为模型，并通过路径模型等的研究，阐释生产性服务业企业适配制度逻辑变化的资源行为。本书通过案例研究，以求取得既有理论依据和理论价值又有实践依据和实践价值的研究成果。

（4）本书从主导逻辑出发，研究制度逻辑对资源行为影响的内在机理，并完成本书提出的研究内容。

第五节 主要创新

本书学术思想的独到之处是从"制度逻辑—资源行为"的研究逻辑出发，将生产性服务业的发展与我国非均衡区域协同发展相结合，力图以产业创新，最终实现我国非均衡区域的生产结构的优化调整，进而实现区域协同发展目的。本书的内容范围、结构体系围绕所提出的研究思路，通过理论研究、实证研究以及案例分析等分析手法，以非均衡区域经济结构优化为研究对象，基于非均衡区域竞争力提升的"协同提升"视角，对非均衡区域生产性服务业创新发展的框架模型、内在机理等展开层层深入、环环相扣的研究。本书在研究上主要进行了以下三个方面的创新性工作。

（1）独特的研究视角。创新性地引入非均衡区域要素协同提升视角，构建非均衡区域协同发展的"制度逻辑—资源行为"分析框架。在本书研究中，将"要素协同提升"视角贯穿始终，在此基础上深入研究非均衡区域协同发展的形成与演进的关键问题，丰富和发展了我国非均衡区域协同发展理论。

（2）理论与实践相结合的研究设计。在研究总体设计方面，以非均衡区域核心城市与附属城市协同机制的构建和管理中基础性问题的解决为最终目标，设计了"结构—关系—机理"这样一条环环紧扣、逐渐深入的理论研究思路，用以指导非均衡区域协同发展的一系列关键性现实问题的解决，整个研究设计注重"从实践中提炼理论、再应用理论指导实践"。

（3）科学方法的系统运用。本书基于"运用'科学方法'来探索管理活动的客观规律"的原则，以大量、长期序贯数据、现场调研、结合文本资料分析和访谈等调研方式，进行样本数据和案例的采集；以客观观察和采集的事实与数据为基础，通过理论与实证分析的方法，基于科学工具分析等方法，对非均衡区域生产性服务业创新发展机制的形成与演进规律进行"科学"客观的提炼，为本书的完成提供了方法上的保障。

通过本书的研究，进一步提高人们对协同发展非均衡区域产业创新的认识，明晰非均衡区域生产性服务业实现创新发展制度逻辑—资源行为写作逻辑框架的现实意义。从理论和实践策略上为非均衡区域实现协同、有序发展寻求相关的理论、方法的指导和操作依据。目前，相关领域的研究主要是针对上述问题的成因分析与政策措施探讨，缺乏从协同学角度解决上述问题的系统研究。因此，本书运用协同学、资源行为以及主导逻辑等原理探讨非均衡区域经济协同发展的一些核心问题，以实现经济区域的协同发展和产业结构调整、优化、升级，并最终实现提升区域竞争力的目的。

第二章 文献综述

第一节 生产性服务业研究回顾

经济合作与发展组织将生产性服务业定义为"Producer services are intermediate inputs to further production activities that are sold to other firms",即作为中间性投入提供给其他企业生产活动的服务。关于生产性服务业,国内外学者在相关研究中做出了卓有成效的贡献,但关于非均衡区域经济发展方式转变路径的研究较少。如对生产性服务业概念、内涵及本质等的研究,麦克鲁普(Machlup,1962)认为,生产性服务业就是知识型产业,是知识产出的产业。拜尔斯和林达尔(Byers and Lindahl,1996)指出,生产性服务业是指主要提供专业性、科学性和技术性服务的产业。布朗宁和辛格尔曼(Browning and Singleman,1975)对服务业进行功能性分类时,最早提出了生产性服务业的概念,包括金融、保险、法律等为企业(顾客)提供专业性服务的行业,与"生活服务业"相对应。生产性服务业专业领域是消费性服务业以外的服务范围(Hubbard and Nutter,1982),其不是直接用来消费、直接可以产生效用的,它是一种经济中的中间投入,用来生产其他的产品或服务(Noyelle and Staback,1984)。作为中间投入而非最终产出,生产性服务业扮演一个中间连接的重要角色。格鲁布尔和沃克(Gruble and Walker,1989)指出,生产性服务能够促进生产专业化,扩大资本与知识密集型生产,提高劳动与其他生产要素的生产率。托伊沃伦(Toivonen,2004)进一步指出,生产性服务业的中间需求性是它与其他服务业之间的最基本区别。希利和伊尔伯里（Healy and Ilbery，1990）区分了生产性服务与消费性服务的概念，认为生产性服务为其他产业提供服务，而消费性服务则直接为消费者或家庭提供服务。生产性服务业作为货物生产或其他服务的投入发挥着中间功能。它们提高了生产过程不同阶段的产出价值和运行效率，包括上游的活动（如研发）和下游的活动（如市场）。从行业角度来看，伦德奎斯特、奥兰德和斯文森（Lundquist，Olander and Svensson，2008）认为，生产性服务业应包括以下行业：信息和通信技术服务、营销、广告、设计和其他咨询、科研、证券服务、机械设备相关租赁业、金融和法律服务、技术和工程咨询、工业批发等。埃斯瓦朗和科特沃尔（Eswaran and Kotwal，2002）则指出，生产性服务能够有效地降低企业的制造成本。随着研究的深入，在与其他研究领域交叉、渗透的过程中，生产性服务业的研究得到了进一步拓展。基尔伊斯皮尔和格林（Gill Espie and Green，1987）提出了生产性服务业布局行为的逆大都市化趋势。萨森（Sassen，1991）认为，生产性服务业与制造业在地理上并非相互依赖，生产性服务业并不必然集中在制造业周围，尤其是高级生产性服务业主要满足金融和商业流通的需要，并不以制造业为中心。乔·康达姆普利（Jay Kandampully，2001）指出，"当一个国家、地区或组织（包括城市在内）在寻求竞争优势时，包括生产性服务业在内的服务业集聚可能是增强核心竞争力的重要途径"，"生产性服务业是大都市经济支配力产生的基础"。发达城市往往是生产性服务业高度集中的区域，许多研究已阐述了生产性服务业在空间上的不均衡发展，生产性服务业普遍倾向于在大都市区布局，而不是非大都市区，甚至较小的大都市的生产性服务业则处于相对的劣势（Coffey，2000）。沃纳和夏普（Werner and Sharpe，2003）分析得出，高度定制的生产性服务企业并非可随意定位，其区位选择受到政治、经济等众多因素的影响，趋向定位于产业专业化程度高的区域。吉奥（Geo）指出，制造业企业的内部技术缺陷促使企业对相关服务的需求必须通过外部购买来实现，从而促进生产性服务业的发展。弗朗科伊斯、迪亚斯（Francois，Diaz）指出，技术变化引起的

"垂直分离"促使服务在新的社会地域分工中独立出来，增强了制造业与生产性服务业的相互依赖。

埃斯沃姆和科特瓦（Eswarn and Kotwa，2001）认为，服务业的发展可以增加制造业部门的收益，尤其是生产性服务业是制造业生产率得以提高的前提和基础。哈林顿（Harrington，1995）指出，影响生产性服务业区位的两个重要因子是：可能顾客的当前区位和多样劳动力的成本与获取。伊勒里斯（Illeris，1996）认为，家庭服务业和部分生产性服务业主要考虑接近客户，由于区域市场可以提供足够的收益，生产性服务业趋于分散化。

王晓玉（2006）从产出、服务对象、服务类型和服务活动四个角度分别对其进行了界定。钟韵、闫小培（2005）认为，生产性服务业是为生产、商务活动和政府管理提供而非直接向消费的个体使用者提供的服务，它不直接参与生产或者物质转化，但却是任何工业生产环节中不可缺少的活动。李宋庆（2011）从地理学视角对生产性服务业空间布局进行了研究。郭文慧、刘琴琴从生产性服务业与经济发展的关系出发，指出发展生产性服务业是增加工业附加值、优化社会资源配置的重要途径。周丹认为，目前的生产性服务业存在凌乱单薄发展现状，需要加强生产性服务业的集聚。陶纪明（2008）指出，生产性服务业集聚研究大体上要回答两个问题，为什么要集聚与在哪里集聚。曾国宁（2006）通过生产性服务业集群和制造业集群的比较，形成了生产性服务业集聚的基本因素。陈殷、李金勇（2004）探讨了生产性服务业的区位模式和影响机制，认为聚集因素在生产型服务企业区位模式中扮演主导作用。顾乃华、毕斗斗等（2004）将生产性服务业与制造业的关系归纳为需求遵从论、供给主导论、互动论与融合论四种观点。曾国宁（2006）通过生产性服务业集群和制造业集群的比较，形成了生产性服务业集聚的基本因素。王保伦研究表明，生产性服务业发展有助于地区制造业生产率提高。顾乃华（2005）认为，不同的生产性服务业与制造业互动在不同地区的不同表现的原因是生产性服务业发展所处的市场范围和接受的政府扶持力度不同。吕政将生产性服务业发展阶段划分为种子期、成长期和成熟期，探讨不同发阶段生产性服务业与制造业的互动关系。薛立敏等（1993）运用投入产出法、对比分析法研究了中国台湾生产性服务业对于区域经济发展的作用。研究结果表明，中国台湾的生产性服务业主要服务于制造业，随着中国台湾制造业的对外投资，这些服务也随之扩大其地域范围。于惊涛、李作志、苏敬勤（2004）对东北地区装备制造企业技术外包共生关系强度及其影响因素进行了实证研究，运用共生理论研究了制造企业与其重要技术外包服务商之间的共生关系主要受到外包服务商的服务能力、本地中介机构能力、本地技术支持能力和信息共享能力的影响。

在区域经济中，一般性服务业对地区经济发展带动作用小。加快生产性服务业的发展可以促进企业组织结构变革和分工的深化，可以将企业内部部分服务逐渐转移给专业服务企业。服务业的开放以及由此带来的服务效率的提高，能够向工业企业提供更多、更专业化和更高质量的服务，有助于改变工业企业将所需要的服务内部化的趋向（郑吉昌，2005）。因此，服务业与工业制造业之间并非简单的因果关系，而是一种不断加强的唇齿相依的双向互动关系。随着生产性服务业的发展、壮大，必然带来城市产业结构的变化，进而完成逐渐调整、完善城市产业结构的历史使命，从而实现产业结构调整，地区产业创新。

第二节　区域发展理论研究回顾

都市圈的概念最早源自 1910 年的美国。我国学者在对日本大城市经济圈理论的借鉴研究中，正式引入了"都市圈"概念及相关理论。20 世纪 50 年代，日本行政管理厅给予"都市圈"一个较为准确定义，即以一日为周期，可以接受城市某一方面功能服务的地域范围，且中心城市人口规模必须在 10 万以上。20 世纪 60 年代，木内信藏又提出了"大都市圈"概念，并提出了具体的衡量标准。具体要求是：中心城市为国家指定城市或人口规模在 100 万以上，并且邻近有

50万人以上的城市群，外围地区到中心城市的通勤人口不低于本身人口的15%，大都市圈之间的货物运输量不得超过总运输量的25%（钱亦杨，2004）。20世纪60年代，法国地理学家戈特曼（Jean Guttmann）在研究美国东北部大西洋沿岸的城市发展动态后，提出了"城市群"（Megalopolis）概念，以后的学者逐渐开始深入研究"Megalopolis"这种现象。城市群是在一定的区域范围内云集相当数量的不同性质、类型和等级规模的城市，以一个或两个特大城市为中心，依托一定的自然环境和交通条件，通过不断加强城市之间的内在联系，共同构建一个相对完整的城市"集合体"，或大都市区的"联合体"。连玉明教授从城市群的特征入手，诠释了城市群的概念。他指出："城市群区别于城市的特点，就是在集聚的过程中形成了分工与协作，形成了资源的优化配置。"

但早期的研究处于概念、理论引入及对欧美城市化发展模式的介绍阶段，引入了诸如"巨大城市带"（于洪俊、宁越敏，1983）、"都市区、城市经济统计区、城市连绵区"（周一星，1986）等概念。目前，都市圈作为快速推进城乡一体化的重要空间组织方式，已经为学术界和政府所接受。而弗里德曼（J. R. Friedman）的核心—边缘理论认为，核心与边缘之间存在一种扩散与交流的基本关系，共同组成一个完整的空间系统。核心区一方面从边缘区吸聚生产要素，产生大量的革新，另一方面这一革新又源源不断地从核心向外扩散，引导边缘区的各种活动，从而促进整个空间系统的发展。而城镇外部空间演化规律，体现了城镇在内外各种力的影响因素复合作用下的空间特征与过程，其本质是城市社会经济要素运动过程在地域空间上的反映。汉森（Hansen，1990）研究表明，生产性服务业部门的增长实际上扩大了劳动分工和生产率，而且生产性服务业的出口或外销也加速了区域的发展，它起到了催化剂的作用。

在全球化和新技术革命的形势下，区域发展理论也从中心—边缘的"二元经济结构"模式发展为以知识和技术为驱动力的动态竞争均衡、马赛克模式。美国学者斯科特和斯托尔珀（Scott and Storper）把当代世界的区域经济格局看作马赛克模式，认为区域创新网络可以在多点萌发，发达地区和落后地区均可以根据本地区的特色来建立适合自己的区域创新网络，区域创新网络就像马赛克一样，不规则地镶嵌在发达地区和落后地区。阿布拉莫维茨（Abramovitz）的追赶假说以及布雷齐斯和克鲁格曼（Brezis and Krugman）的 leap – frogging 模型对此进行了详细解释。

增长极概念最初由法国经济学家佩鲁（Perroux）提出，并由鲍德维尔（Bouderville）等引申，其被解释为在特定环境中的"推动性单位"，而推动性单位则是指起支配作用的经济单位，如一家工厂或同部门内的一组工厂或有共同合同关系的某些工厂的集合，它的增长或创新能诱导其他单位的增长。"把推动性工业嵌入某地区后，该地区将形成集聚经济，产生增长中心，从而推动整个区域经济的增长"。

赫克歇尔和俄林（Hecksher and Ohlin）最先提出了资源禀赋学说，即各个国家的资源禀赋如劳动资源、自然资源、资本资源等存在差异，各个国家分工生产使用本国最丰富的生产要素的产品，并经过国际贸易来获得最大的福利。诸多经济学者在资源禀赋学说的基础上进一步提出，决定某一国家综合国力的并不是资源禀赋的多少，而是如何优化配置其所拥有的资源，该理论对指导资源禀赋各异的欠发达地区具有重要意义。禀赋的差异给欠发达地区的发展造成了巨大的约束。外包理论发展为打破资源限制提供了理论依据。资源外包（out-sourcing）理论认为，企业在内部资源有限的情况下，为取得更大的竞争优势，应仅保留其最具竞争优势的核心资源，而借助于最优秀的外部专业化资源对其他资源予以整合，以达到降低成本、提高绩效、提升企业核心竞争力和增强企业对环境应变能力的目的。

第三节　协同与适配理论研究回顾

一　协同理论研究回顾

协同学（synergetics）是由赫尔曼·哈肯（Harmann – Haken）在20 世纪 70 年代创建的一门交叉学科，它是研究开放系统通过内部子系统间的协同作用而形成有序结构机理和规律的学科，是自组织理论的重要组成部分。通过子系统之间的相互作用，整个系统将形成一个整体效应或者一种新型结构，这个整体效应具有某种全新的性质，而在子系统层次上可能不具备这种性质。赫尔曼·哈肯还强调：协同学从统一的观点处理一个系统各部分之间的相互作用，导致宏观水平上结构和功能的协作。协同学的理论核心是自组织理论（研究自组织的产生与调控等问题），这种自组织随"协同作用"而进行。"协同作用"是协同学与协同理论的基本概念，实际上，就是系统内部各要素或各子系统相互作用和有机整合的过程。在此过程中，强调系统内部各个要素（或子系统）之间的差异与协同，强调差异与协同的辩证统一必须达到的整体效应等。

二 适配理论研究回顾

与协同理论类似的理论，为适配理论，但两者之间没有本质区别，其主要区别在于"状态"，当强调动态时，为协同；当强调静态时，为适配。本章在宏观上希望达到非均衡区域生产性服务业的协同发展，在微观上希望解决制度逻辑与资源行为的适配，并最终实现通过微观适配，促进宏观协同目的的达成。适配理论原是组织心理学、组织行为学及人力资源管理研究的重点，随着适配理论研究的深入，被更多地用到了战略研究等领域，而现有研究很少对生产性服务业等新兴领域进行研究。

（一）国外研究情况回顾

人与环境适配研究，一直是组织行为学、组织心理学研究的重点。人与环境适配（Person – Environment，P—E），fit 是指个人和环境互相得到供需平衡，爱德华兹（Edwards，1991）基于供给与需求的概念，提出了个人与工作适配的模型。Olga Suhomilinova（2006）为描述组织和环境对组织生存的联合影响，建立了组织—环境联合进化模型并对其进行解释。

目前，适配理论更多地被用到了战略研究等领域。关于战略适配，贝茨（Bates，1992）总结了前人的相关思想，提出了"战略适配"概念。战略设计学派认为，战略形成应该是一个有意识、深思熟虑的思维过程。因此，制定战略需要设计模型，以寻找内部能力和外部环境的适配（Christensen et al.，1982；蓝海林，2007）。亨德森和文卡特拉曼（Henderson and Venkatraman，1992）规范了众多与战略适配相关的概念，并提出了企业战略适配的理论模型。亨德森和文卡特拉曼（1993）提出了企业战略和信息技术战略对应的战略适配模型（SAM）。杰里·拉夫曼（Jerry Luftman，2000）提出了业务—信息技术战略适配成熟度模型（Business – IT Strategic Alignment Maturity Model）。Ting – Peng Liang 和 Chih – Ping Wei（2004）等设计了两维度适配与生存能力模型用以解释服务应用成功失败的原因。Zaijac、Kraatz和 Bresser（2000）提出了战略变革适配环境的规范模型，对后续研究企业的战略变革如何适配环境的变化产生了深远的影响，图 2 – 1是动态战略适配环境的一般模型。

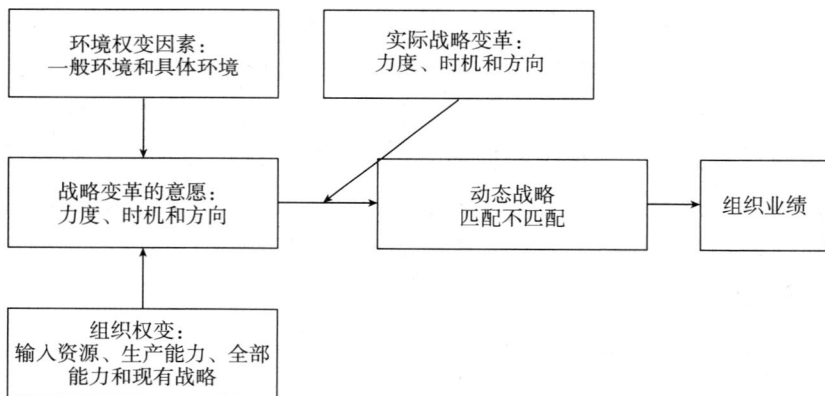

图 2 – 1　动态战略适配的一般模型

（二）国内研究情况回顾

适配理论在国内是新兴研究领域。目前，国内许多专家、学者已经开展了相关研究工作并取得了丰富的研究成果，但相关研究和实践与发达国家相比尚存有差距，主要是概念的引进和定性分析等。在研究内容上，主要侧重于战略适配等的研究。在研究的行业选择上，针对第三物流企业的研究略显薄弱。具体研究情况如下：

我国学者对于适配问题进行了大量的研究。如楼永（2004）基于能力适配的观点提出，尽管专业化总体上更有效率，多元化也可能是一项最优化的战略。项保华、周亚庆（2002）通过万向集团案例，剖析了企业文化与战略的关系，阐述了企业战略如何与文化的适配。贾生华（2004）提出，在企业的创业和发展过程中，企业家能力是变化的，需要有一个合适的适配，并对基于企业家能力的企业成长机理和模式适配的三个方面问题进行了论述。陈蔚珠、陈禹（2006）介绍了"业务—信息技术战略"适配成熟度模型的起因、研究过程及其框架与内容，并对该战略适配问题进行了阐述，认为"业务—信息技术战略"适配是基于关系和过程的共同适应和共同演化的适配过程。王瑞、钱丽霞（2005）从能力和环境适配角度对企业竞争优势变迁的成因进行了分析，提出不同环境下影响企业竞争优势的主要因素是不同的，其内在成因是企业不断寻找能力和环境相适配的机制。

从以上国内外的研究可以看出，现有研究很少对物流领域的适配及量化机制进行研究，适配理论的研究领域仍有局限，需要拓展，特别是缺少企业外部环境与内部资源适配的本土化实证研究。因此，将适配理论引入生产性服务业的研究，并进行本土化的实证研究，为通过研究管理创新适配问题，促进企业成长发展等相关问题的研究，提供了新的研究视角、新的研究框架，有明显的研究意义和价值。

第四节　企业资源理论回顾

企业资源理论（The Resource – based Theory of the Firm，RBT）是战略管理研究领域的一个重要流派，其思想可以追溯到张伯林和罗宾逊（Chamberlin and Robinson，1933）对企业专有资源重要性的认识。企业资源理论主要建立在彭罗斯（Penrose）的企业成长理论基础上，后又经过沃纳菲尔特（Wernerfelt，1984）、格兰特（Grant，1991）、巴尼（Barney，1986，1991）、彼得拉夫（Peteraf，1993）等学者的不断完善与发展，最终形成并产生越来越广泛的影响。企业资源理论认为，企业是资源组成的集合，企业的竞争优势源自企业所拥有的内部异质性资源。

一　企业资源概念

资源是资源基础理论中最基础的概念，企业资源理论对于企业资源界定各有不同，同时对企业资源应该如何分类，也存在多种不同的划分方式。企业资源定义与分类的这种不一致，对于繁荣企业资源论有进一步的促进作用。但是，由于资源基础学派对资源的定义过于宽泛和庞杂，导致国内外学者在企业资源分类上存在较大分歧。主要表现在企业资源理论自身概念的不一致。学者根据不同的研究目标，在企业资源理论的发展过程中，对企业资源有不同的定义，这方面的内容可以归纳为表 2－1。

表 2－1　　　　　　　　　　　企业资源的定义

学者	主要观点
达夫特（1983）	企业能控制的所有资产、能力、组织过程、企业特质、信息、知识，等等（转引自巴尼，1991）
沃纳菲尔特（1984）	任何可以被看成是构成某一特定企业优势或劣势的东西，在某给定时刻其可以被定义为那些非永久性附属于企业的资产
巴尼（1986，1991）	在企业中，不是所有的资本都是与战略相关的资源（巴尼，1986）。企业资源是一个企业的物质、人力、组织资本中的那些能使一个企业制定和执行提高其效率和效益的东西（巴尼，1991）
格兰特（1991）	资源和能力是不同的概念，资源是生产过程的要素投入，如资产设备、专利、品牌和雇员的技能、资金等，其本身很少具有生产性
Amit 和 Schoemaker（1993）	资源是企业拥有或控制的要素，在一定的机制下，通过与其他资产的结合使用，可以转化成最终产品或者服务
Dierickx 和 Cool（1989）	组成企业的基本要素及基本要素间关系等的统称，即能够创造企业价值的要素及其组合关系的总称
项保华（2003）	能够由管理者所完全掌控的外显、静态、有形、被动的使役对象

二　企业资源分类

按照不同的分类标准，企业资源的分类有很多种，国内外学者对资源的组成要素或指标做了大量的研究工作，但是，对企业资源划分并没有达成公认的分类框架并且和企业能力论在分类上存在内涵和边界划分不清晰的情况。关于企业资源分类的主要观点汇总如表 2 - 2 所示。

表 2 - 2　　　　　　　　　　　　　　企业资源分类

学者	主要观点
沃纳菲尔特（1984）	有形资产、无形资产
Coyne（1986）	组织资源分为"有"（having）的能力与"用"（doing）的能力
沃纳菲尔特（1989）	固定资产、蓝图、文化
Dierick 和 Cool（1989）	流量资源和存量资源
巴尼（1991）	物力资本资源、人力资本资源和组织资本资源
格兰特（1991）	财务资源、物力资源、人力资源、技术资源、声誉和组织资源
科利斯（1991）	无形资源分为核心能力、组织能力及管理传统三类
霍尔（1992，1993）	企业资源分为有形资产、无形资产、能力。无形资源分为不从属于人的资产（Asset）与从属于人的技能（Skill）两大类
Amit 和 Schoemaker（1993）	包括可交易的专有技术（如专利和许可）、财务或者物质资产（如产权、工厂和设备）、人力资本等
Hitt，Ireland 和 Hosikisson（1995）	企业资源主要划分为财务资源、物化资源、技术资源、创新资源、商誉资源、人力资源和组织资源七类
Colli 和 Montgomery（1995）	有形资源、无形资源和组织能力
Miller 和 Shamsie（1996）	权利资源和知识资源
Fernandez 等（2000）	无形资源划分为从属于人的人力资本、不从属于人的组织资本、技术资本和关系资本
Carmeli（2003）	按照是否从属于人及资源在企业中运作过程两个维度将 22 种资源分为四大类，其中包括知识、能力要素、组织关系等
Carmeli 和 Tishler（2004）	有形要素、无形要素
罗辉道、项保华（2005）	按资源本身及资源与企业竞争优势的关系对企业资源进行分类

第五节 制度逻辑理论回顾

制度理论认为，社会和经济活动被广泛存在的规制的、规范的和文化认知方面的制度所支配、驱使和约束，进而创造社会的稳定性和相似性。制度逻辑是指任何制度秩序都会根据各自的中心逻辑—物质性实践和符号结构系列。国家政府、地方政府部门、竞争者、替代者、潜在进入者、消费者、供应者、工业制造业、服务业等利益相关者都会成为影响企业行为的主体，这些行为主体又受到各自所处位置的制度制约和利益驱使，形成了各自的制度逻辑。个体和组织行为只有在具体的社会情景中才能得到合理的解释，社会情景同样也只能通过个体和组织行为来理解，而制度正是连接社会与组织和个体之间的桥梁（Friedland，R.，1991）。任何影响较大的制度主体都有一个核心逻辑，即制度逻辑（Thornton，P. H.，2012），建构其组织原则与制度安排，并塑造相应主体的行动机制与行为方式。制度逻辑驱动和约束着社会行为者的行为并塑造行为，因为它们代表着对社会关系和行为的期望。

古德里克（Goodrick）提出了"逻辑群"的概念，极大地推动了制度逻辑研究的发展。"逻辑群"等相关研究成果说明，在某一个制度场域中，多种逻辑相互作用共同构成现有逻辑，而现有逻辑反过来塑造了行为者的行为。特别重要的是，这种多重制度逻辑使组织更加长久和富有技术创新力（Jay，2012）。在多重制度逻辑具体类型归属上，影响较大的是弗里德兰（Friedland）的四分法即市场逻辑、政府逻辑、家族逻辑和宗教逻辑。Thornton 在弗里德兰研究基础上，提出了七分法即政府逻辑、市场逻辑、合作逻辑、社区逻辑、专业逻辑、家族逻辑和宗教逻辑。

在当今全球日趋一体化的背景下，创新在企业核心能力形成与竞争力提升中发挥着越来越重要的作用（洪勇，2010），同时也成为国家层面的优先战略（蒋建武、赵曙明、戴万稳，2010）。尽管我国作为后发国家取得了一定成就，但是，自主创新能力还不够强，在企业成长过程中遇到了诸多问题，甚至发展"瓶颈"。企业成长缓慢严重影响了区域创新系统的构建。目前，我国经济区内经济、科技、教育水平差距逐步拉大等问题，已经严重影响到区域的发展，特别是类似辽宁老工业基地这样的经济发展不均衡的区域。在这些区域，不仅面临着生产性服务业发展的问题，而且面临着区域经济非均衡发展的问题。尽管类似区域有深厚的积淀、独特的资源，却遇到了发展难题，而区域内资源整合的非优化安排是其中的重要原因之一。

因此，需要探寻新的视角，以整合、优化区域内资源。而"制度逻辑"视角无疑为我们检视和探究区域内制度逻辑对资源行为产生影响的决策逻辑，提供了新的视角。

第三章 产业偏离度与空间状态实证分析

本章在构建制度逻辑—资源行为总体写作逻辑框架的基础上，从制度逻辑出发，以辽宁省为例，首先对其生产性服务业的空间结构与产业偏离度进行实证分析。并借此来分析非均衡区域发展生产性服务业的外在制度情景。

第一节 制度逻辑—资源行为总体框架模型

本章基于制度的概念，企业组织面对外在情景包括政府、市场、技术、人口等维度，从制度角度观察，可以将其定义为组织外在制度情景。而制度逻辑即为组织面对制度情景，在进行资源优化配置行为之前，在意识层面做出的规律性反应。企业作为资源组成的集合，其资源行为即企业在一定的制度逻辑下，为应对组织外部制度逻辑变化，对包括稀缺资源在内，组织所拥有资源的优化配置行为。

当制度逻辑形成后，中央政府、地方政府部门、竞争者、替代者、潜在进入者、消费者、供应者、工业制造业、服务业等利益相关者都会成为影响企业行为的主体，并在利益驱使下形成各自的逻辑，最终形成组织外部制度逻辑。在制度逻辑影响下，组织开展资源优化的配置行为。

一 框架构建的基本思想

制度逻辑是企业所面临的生存与发展情景，随着社会、政治、经济、文化等诸多情景因素的剧烈变化，企业外部制度逻辑不仅发生了急剧的变化，而且呈现复杂性日益增加的局面。企业面对外部制度逻辑，必然导致企业内部原有的规则与程序也随之发生变化，特别是企业对所拥有资源的优化配置行为也必随之受到影响。这就需要生产性服务企业不断创新以适配企业外部制度逻辑的变化，通过不断创新，整合自身资源，优化组织资源配置，推动生产性服务业产业成长和持续竞争优势的产生。企业家作为创新的承担者和组织者，是创新的主体，正是组织内企业家带领企业完成了"创造性破坏"。组织内资源是有限的、稀缺的，在现有资源要素相对有限、稀缺的情况下，企业家通过引入一种"新的生产组合"，使企业现有的生产要素得到优化配置，从而创造出超额利润。

因此，面对组织外部制度逻辑，包括企业家在内的组织资源因素如何相互作用，以实现生产性服务业企业成长？制度逻辑与资源行为是如何适配的？制度逻辑与资源行为要达成适配，以实现生产性服务业的成长，究竟有哪些适配路径？制度逻辑与资源行为的适配是否存在路径依赖？作为组织内资源的调动者，行为的决策者企业家在适配中起到什么作用？特别是驱动制度逻辑对资源行为产生影响的潜在驱动因素是什么等问题的解决，就成为揭示生产性服务业企业在非均衡区域得到创新成长的关键。

二　适配程度矩阵

从研究方法来看，适配研究主要方法有供给—需求适配（Needs – Supplies Fit）、需求—能力适配（Demands – Abilities Fit）和一致性适配（Supplementary Fit）三种（Kristof，1996）。供给—需求适配与需求—能力适配属于互补性适配，需求—供给是指当组织满足了个体的需要、意愿或偏好时，个人与组织之间就实现了适配。从需求—能力的角度出发，如果个体的能力可以很好地满足组织的要求，则个人与组织之间也达到了适配（Edward，1991）。

关于供给—需求适配，如 Brkich、Jeffs 和 Carless（2002），Cable 和 Derue（2002）等研究了人如何满足工作、工作如何满足人的需求以及两者适配程度。关于需要—能力适配，Higgins 和 Judge（2004）、Lauver 和 Kristof – Brown（2001）等研究了工作需求超过个人能力、个人能力不能满足工作需求以及两者的适配程度。Muchinsky 和 Monahan（1987）等认为，一致性适配强调个体与组织具有同样的或相适配的特点，组织特点主要是指组织文化，而组织文化的核心是价值观。因此，一致性适配最常用的操作方法是个体与组织价值观的一致性。克里斯托夫（1996）综合前人的研究成果，整合一致性适配、互补性适配和供给—需求、需求—能力观点，提出了一个比较完整的人与组织适配模型，如图3-1所示。

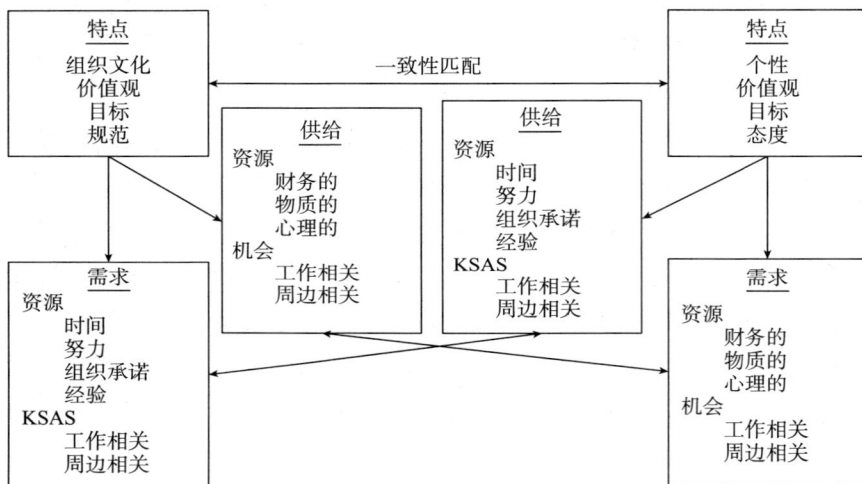

图3-1 克里斯托夫的人与组织适配模型

本章选择这两个公认的适配划分标准，供给—需求适配、需求—能力适配以及一致性适配发生与否，对生产性服务业企业制度逻辑与资源行为适配程度进行划分，构成适配程度矩阵，如图3-2所示。

该模型对生产性服务业企业制度逻辑与资源行为，按照需求—能力适配是否发生，供给—需求适配是否发生两个维度，将适配程度矩阵分为四个象限：第一象限，需求—能力适配和供给—需求适配都没发生，处于这一状态的企业，或者处于生命周期的初始状态，或者处于企业原有状态的惯性状态，企业与外部制度逻辑之间处于静态平衡状态；第二象限，需求—能力适配发生而供给—需求适配没发生，处于这一状态的企业，处于制度逻辑适配不足状态；第三象限，需求—

能力适配没发生而供给—需求适配发生，处于这一状态的企业，处于
资源行为适配不足状态；第四象限，需求—能力适配和供给—需求适
配都发生，处于这一状态的企业，处于有利适配状态，在该种状态
下，企业资源行为与制度逻辑达成适配。

供给—需求适配是否发生

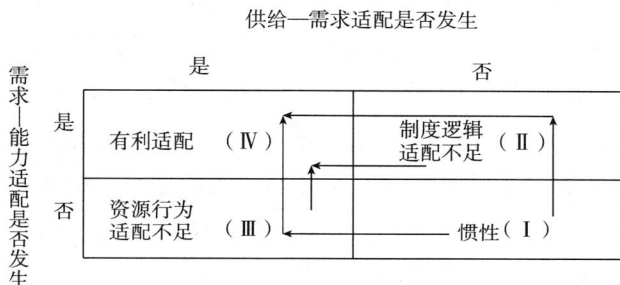

图 3 - 2　生产性服务业企业适配程度矩阵

当适配达到有利适配后，企业维持该种状态，使企业在当下制度
逻辑与企业现存有限资源条件下形成企业惯性。然后，当企业在外部
逻辑约束下，在企业家主导下，优化配置组织内部资源，使企业进入
新一轮的适配过程。适配程度矩阵揭示了生产性服务业企业所面临的
各种适配状态，但是，各种适配状态之间如何转换的关系尚未被明确
地揭示出来。

三　框架模型结构

为了明晰生产性服务业企业适配状态之间的转换关系以及达到有
利适配的过程，需要对生产性服务业企业适配过程进行研究。但是，
国内外学者关于适配过程的研究较少，与此相关的研究有伦普金和德
斯（Lumpkin and Dess，1996）提出的企业家导向概念模型，认为组
织与环境因素可以影响企业家导向对企业绩效的关系，并通过替代模
型论证组织因素与环境因素作为调节因素对企业家导向—绩效的影
响。布朗、埃森哈特（Brown，Eisenhardt，1998）对企业如何适配环
境提供了更深入的分析。Zaijac、Kraatz 和 Bresser（2000）提出，在
环境和组织权变因素影响下的战略变革的意愿与实际战略变革—动态
战略（战略变革的意愿与实际战略变革适配不适配）—组织绩效的战

略过程模型。Birkinshaw 和 Mol（Birkinshaw，Mol，2006；Birkinshaw，Hamel，Mol，2008）将管理创新过程分为对现状不满、来源于外部灵感、发明和内外部的确认四个阶段。J. Birkinshaw 和 M. J. Mol（2008）将管理创新过程模型分为动机（Motivation）、创造（Invention）、实施（Implementation）以及理论和标签化（Theorization and Labeling）四个阶段。孙艳和陶学禹（1999）提出了创新愿望→创新定位→创意与方案选择→付诸实施（创新行动）→创新评价与总结模型。张钢（1999）提出了基于组织学习的新洞见的出现→创造新的选择→产生新的动机→观察行为结果模型；李晓非、张桃红和申振浩（2007）提出了目标确定→可行性论证→方案设计与选择→实施→效果测评→成果巩固阶段模型；陈建华（2004）提出了组织创新过程制定—执行两阶段模型；史蒂芬（Stephan，1995）论述了意识—反应模式学说；王斌在史蒂芬（1995）论述的基础上，构造了意识—反应模式，提出了意识—解析—决策—实施四阶段适应环。

从以上研究成果可以看出，由于学者研究的关注点不同，导致对过程模型划分的不一致。基于以上分析，本章综合以上研究成果、专家访谈及调研实际情况，提出制度逻辑—资源行为总体框架模型。制度逻辑—资源行为总体框架模型主要包括制度逻辑阶段、转化阶段和资源行为阶段。

首先，在制度逻辑阶段，企业家面对存在于组织外部的制度逻辑，凭借自身能力、成长经验，以其认知对制度逻辑进行搜索、探寻、感知等。通过感知企业现有资源行为与响应外部制度逻辑要求之间的差距，意识到其制度环境和内部状况等的变化。本章将这个阶段所经历的过程称为感知过程。

其次，企业家面对组织外部制度逻辑，相应地调整组织内部资源，以适应外部逻辑变化对企业的影响。在这个过程中，需要评估组织当前资源行为状况与响应制度逻辑要求之间的差距，通过此过程发现现存问题，并对如何解决问题、完善资源配置、优化企业行为进行决策。该阶段发生在企业优化配置内部资源前。本章将其称为转化阶段，这一过程包括评估过程与决策过程。

最后，在转化过程之后，企业受外部制度逻辑的影响，调动组织内部资源，本章将其称为资源行为阶段。这一过程包括决策的实施过程与决策执行后，资源结构重新排列后的惯例化过程。企业决策层作出决策后，制订具体实施方案，采取调配企业内部资源的行为，以应对外部制度逻辑对企业的影响，并经组织内企业家重塑资源结构，进行长期努力形成惯例，经过惯例化过程，企业在新的资源结构下运作，如图 3 - 3 所示。并基于此模型，总结提炼非均衡区域生产性服务业发展的规律。

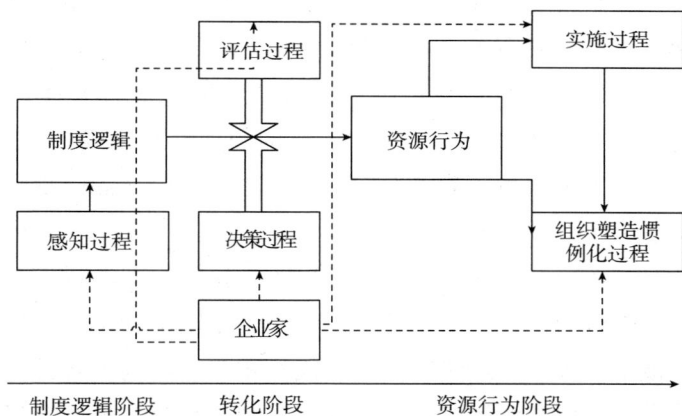

图 3 - 3　制度逻辑—资源行为总体框架模型

第一阶段：制度逻辑阶段。针对组织外部情景存在的制度逻辑，企业家通过感知发现问题。因此，在这个阶段，企业家的敏感性十分重要。企业家所独具的敏感性可以使企业家找到别的竞争者看不到的机会，发现其他竞争者没发现的资源价值，找出企业现状与企业目标之间的差距，进而找到企业所存在的问题。

柯兹纳（Kirzner，1973）认为，企业家是经济机会的发现者，能够及时地发现在投入和产出的相对关系中潜在的、尚未被利用的机会并借此获得利润。即企业家的基本职能是在从非均衡的要素市场与产品市场运行过程中识别机会和把握机会，这是企业家禀性的本质表现。

敏感是对机会和危险等问题的识别。阿尔瓦雷斯和巴尼（Alvarez

and Barney）提出，企业家的敏感在很大程度上是受到利润的驱使（冯炳英，2007），是受到超过预期回报现金流的驱使而形成的。企业家的机会不同于对现有产品或服务效率提高的机会，因为前者要求创新，而后者仅仅是优化。因此，企业家能否有效识别和利用机会则体现了企业家的才能。

第二阶段：转化阶段。（1）评估过程。在感知差距、发现问题的基础上，依靠企业所掌握的资源和信息，企业家以经验、意图和能力等为背景解析这些问题，对外部环境约束和企业内部资源支撑等情况进行评估，为制订决策方案提供依据。（2）决策过程。企业家通过感知、评估过程发现问题后，为解决所发现的问题，在感知评估阶段的基础上，进行论证分析，进行决策，制订实施方案。卡森（Casson，1982）提出，企业家是专门就稀缺资源的配置作出判断性决策的人，但是，由于决策过程中不存在任何一种明显正确的决策规则，因此，决策结果取决于决策者的个人判断。

人力资本本质上是一种信息加工技能，起源于人的智力程序或心智模型。通常认为，人的智力程序主要由认知规则和决策规则构成，前者是指被参与人用来从认知投入形成对相关处境的解释性判断，后者是指被参与人用来将解释性判断转换成相关行动变量的选择。而企业家具有独特的认知倾向和认知图式。斯蒂文森（Stevenson）解释面临相同的资源获取机会，不同企业间资源效率产生差异的本质原因是企业家在动员、配置资源以及机会甄别效率上的认知差异造成的。可以说企业家的认知资源禀赋直接影响决策创造性的广度和深度，因此具有独特的功能价值。

第三阶段：资源行为阶段。（1）实施过程。在分析论证并制订出企业的实施方案的基础上，进入实施过程。在该阶段，企业家调配企业内外资源，实施方案，解决存在的问题，使企业达到新的适配。在制订方案后，企业家必然要调集企业内部资源，将这些资源按照新方案进行整合，整合资源是企业家对内职能的主要表现方式，通过资源整合，将人力、财力、物力等有机安排以增加各种资源的组合效应、挖掘企业内的过剩资源以充分利用生产性机会，可以保证所制订方案的实施。企业所拥有的特定的技能、资产和能力等因素，本身并不能给企业带来经济利润，只有企业家将这些因素整合在一起，才能形成原来从未存在的稀缺性资源，而这些资源既可以是无形的，也可以是有形的。（2）组织塑造惯例化过程。经过实施阶段，企业决策得以实施并取得绩效，进入组织塑造惯例化过程。企业资源行为进入组织塑造惯例化过程，成为企业的日常管理模式之一，标志着企业的新资源行为已经完全融入企业规范当中。组织就是在绩效反馈基础上演化的一系列相互依赖的运作和管理惯例（Nelson，Winter，1982）。在惯例化过程中，惯例嵌入多种组织现象之中，涵盖了组织结构、规则、过程、传统、战略、技术以及企业文化等诸多方面，是组织层次的隐性知识，在此基础上，组织得以构造和运作（Levitt and March，1988）。惯例与其他社会现象一样，并不是无须思考或者是自动化的，而是需要执行主体的努力（Giddens，1984）。因此，其嵌入的过程离不开企业家对企业资源长期塑造，主要包括相关的人力、制度、组织结构、企业文化、技术、关系等，成为保障其运行的基础。

惯例作为遗传物质，起着类似于生物进化论中基因遗传的作用，它们是组织持久稳固的来源，并决定着组织可能的行为，尽管实际行为同时也受到环境的决定（Nelson，Winter，1982）。当企业外部制度逻辑发生变化时，企业会对特定制度逻辑的刺激作出反应，外部制度逻辑激发因素是能影响产业未来的事件或因素，如市场逻辑的变化、收益独占性的制度安排以及技术冲击等。企业制度逻辑为组织资源行为变化提供了多样化的外部制度逻辑刺激，同时也作为经典演进理论的一种选择机制而存在，以为组织资源行为变化带来的竞争能力提供反馈信息，从而诱发新一轮的惯例演进。

由此可见，企业资源行为的动因是企业制度逻辑的变化，导致企业旧的资源行为与新的制度逻辑之间不适配，并出现问题。解决企业所面临生存发展危机的资源行为决策主体是企业家，企业家通过长期的制度逻辑与资源行为的互动，将各种有形、无形的资源以特定的方式组合起来，适配企业外部制度逻辑的变化并沉淀为其他企业难以模仿的组织惯例，形成企业核心竞争力（Kirzen，1973）。企业在"惯例"的惯性状态下运行，当企业制度逻辑与资源行为"不适配"发生时，在企业家主导下，达成适配。经过一段时间运营，该适配状态逐渐形成企业新的惯例，并进入下一个适配过程。

下面对制度逻辑与资源行为达成适配过程中企业家主导作用的特征进行分析。

企业家在制度逻辑阶段、转化阶段和资源行为阶段中均发挥了主导作用，其特征是企业家资源的主导作用贯穿于全过程的每个阶段，将各个分立的阶段连接起来，形成完整的制度逻辑与资源行为适配过程，并在每个适配阶段将企业制度逻辑与资源行为进行适配，以使企业资源行为适配企业制度逻辑变化。

企业家主导作用在制度逻辑的感知过程，表现为对问题的发掘以及有效识别和利用机会，找到别的竞争者看不到的机会，发现其他竞争者没发现的资源价值。企业家找出企业现状与企业目标之间的差距，发掘企业现有资源行为中存在的问题；在转化阶段的评估过程中，企业家以经验、意图和能力等为背景解析制度逻辑问题，对外部情景约束和企业内部资源行为支撑等情况进行评估，为制订决策方案提供依据；在转化阶段的决策过程中，企业家在感知评估阶段的基础上，进行论证分析，进行资源行为决策，就稀缺资源的配置作出判断性决策，制订实施方案；在资源行为阶段的实施过程中，企业家采取资源行为，实施方案，解决存在的问题，使企业达到新的适配；在最终的惯例化阶段中，企业家通过对组织资源行为的长期塑造，主要包括对相关的人力、制度、组织结构、企业文化、技术、关系等的持续经营，使资源融入企业中，成为保障企业运行的基础。

第二节　辽宁省生产性服务业产业结构偏离度实证分析

一　结构偏离度方法

为了进一步了解组织外部制度逻辑趋势，本章测量了辽宁省生产性服务业产业结构与在岗结构的关系。本书以辽宁省为研究对象，选取了结构偏离度的分析方法，分析生产性服务业产值与对应的生产性服务业在岗人数之间的关联关系。本章选取 2007—2015 年这九年的数据进行研究，所有数据均来自 2015 年、2016 年《辽宁统计年鉴》。

结构偏离度是一种可以有效地反映产业结构与在岗结构之间关联关系的量化指标，用公式表示为：

结构偏离度 = GDP 的产业构成百分比/在岗的产业构成百分比 − 1

由上述公式可以看出，结构偏离度是某一产业的产值和在岗人数的比值，是判断产业结构和在岗结构是否处于较为平衡状态的方法。当结构偏离度指标的数值等于零时，表明该地区某一产业的产值百分比与在岗人数百分比相等，该指标取值意味着该产业产值与在岗人数处于较为平衡的状态，该状态为理想状态；当结构偏离度大于零时，表明该地区某一产业的产值占比高于该产业的在岗人数占比，该产业的劳动生产率高，该产业的劳动力供给落后于该产业的发展速度，该产业可以吸纳更多的就业人口；而当结构偏离度指标数值小于零时，说明该地区某一产业的产值占比低于在岗人口占比，该产业的劳动生产率低，存在大量富余劳动力。结构偏离度的绝对值越大，说明该地区该产业的产值与在岗人数协调性越差；反之则越小。

方法使用思路：本章利用结构偏离度指标，对辽宁省近九年的经济数据进行分析比较，得出生产性服务业产业结构与在岗结构的关系。首先，分别列出了辽宁省第一产业、第二产业、生产性服务业、生活性服务业产值分别占国内生产总值的比重以及第一产业、第二产业、生产性服务业、生活性服务业在岗人数和第一产业、第二产业、第三产业在岗总人口比重；其次，分别用折线图的方式直观地表达了辽宁省近九年来产业结构与就业结构的变化，并用结构偏离度的指标对辽宁省产业结构与就业结构的协调程度进行分析，利用第一产业、第二产业、生产性服务业、生活性服务业相应指标进行对比分析，得出生产性服务业的产值与在岗人数的关系特点。

由于生产性服务业主要是从制造业的生产环节分离出来的中间性服务，归纳上述描述，可以总结出生产性服务分为以下八类：①向制造业提供资金支持的融资服务，如贷款、信用担保等；②物流服务；③进出口后服务；④科技服务（产品开发或升级、技术获取、技术合作、技术服务等）；⑤信息技术服务（办公自动化系统维护、ERP、电子商务、网络和数据库建设与维护等服务）；⑥营销服务；⑦人力资源服务；⑧法律、会计、管理咨询服务。

二　辽宁省生产性服务业产值变化趋势分析

表3-1列出了辽宁省2007—2015年利用第一产业、第二产业、生产性服务业、生活性服务业产值及各个产业产值比，图3-4以折线图的形式直观地显示了辽宁省九年来第一产业、第二产业、生产性服务业、生活性服务业产值变化。总体上看，这四个产业近九年来一直处于不断发展的状态，第二产业与第三产业在国内生产总值中占据主导位置。

表3-1　　　　2007—2015 年辽宁省生产性服务业的产值数据

年份	地区国内生产总值	三次产业产值（亿元）				三次产业产值比重（%）			
		第一产业	第二产业	第三产业		第一产业	第二产业	第三产业	
				生产性服务业	生活性服务业			生产性服务业	生活性服务业
2007	11164.3	1133.4	5544.2	2130.6	2356.1	10.2	49.7	19.1	21.1
2008	13668.5	1302.0	7158.8	2446.7	2761.0	9.5	52.4	17.9	20.2
2009	15212.5	1414.9	7906.3	2761.1	3130.2	9.3	52.0	18.2	20.6
2010	18457.3	1631.1	9976.8	3217.7	3631.6	8.8	54.1	17.4	19.7
2011	22226.7	1915.6	12152.1	3859.1	4299.9	8.6	54.7	17.4	19.3
2012	24846.4	2155.8	13230.5	4457.74	5002.4	8.7	53.2	17.9	20.1
2013	25640.2	2216.2	13963.9	5059.3	5724.6	8.6	54.5	19.7	22.3
2014	28626.6	2285.8	14384.6	5624.8	6066.1	8.0	50.2	19.6	21.2
2015	28669.0	2384.0	13042.0	6541.2	6470.5	8.3	45.5	22.8	22.6

资料来源：有关年份《辽宁统计年鉴》。

从表3-1中可以看出，九年来，第二产业生产总值增长了1.35倍，第三产业中的生产性服务业总值增长了2.07倍，同时，生活性服务业也增长了1.75倍。这显示了生产性服务业近九年来的快速发展速度，以及未来的良好前景。

从图3-4中我们也能看到，生产性服务业与生活性服务业产值一直相差甚少，却在前八年一直低于生活性服务业产值，在2015年首次实现赶超。生产性服务业发展趋势再一次令人期待。

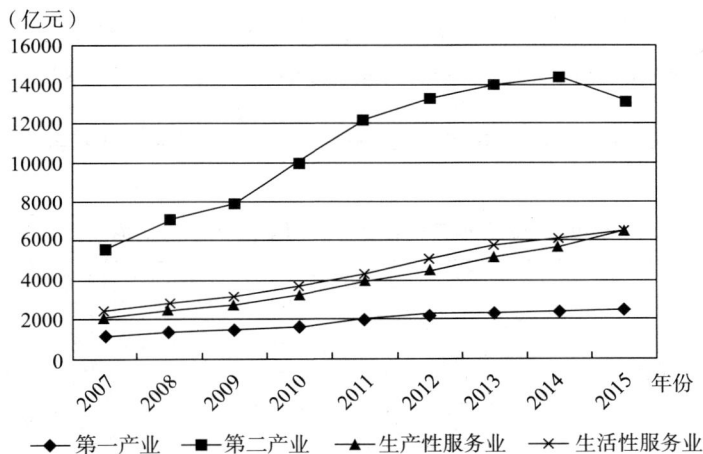

图3-4　2007—2015年辽宁省四个产业产值变化趋势

三　辽宁省生产性服务业在岗数量变动趋势分析

从图3-5中可以看出，九年来，第二产业、生产性服务业、生活性服务业在岗人数都得到了增长，这得益于九年来我们经济的增长和员工保障制度的不断完善。第一产业的在岗人数有所下降，这与第一产业生产过程工具的使用密不可分。同时可以看出，从2014年开始辽宁省各产业在岗人数都出现了下降的趋势，就业前景出现危机。

由表3-2和图3-6可以看出，生产性服务业在岗人数占比平稳增加，但是，与生活性服务业仍有13.26个百分点的差距。

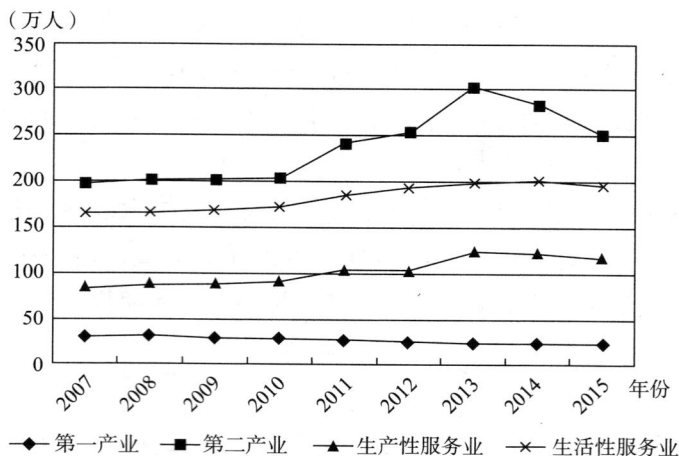

图 3 - 5　2007—2015 年辽宁省四个产业在岗人数变化趋势

表 3 - 2　　　　2007—2015 年辽宁省生产性服务业的产值数据

年份	在岗人数	三次产业在岗人数（万人）				三次产业在岗人数构成（%）			
		第一产业	第二产业	第三产业		第一产业	第二产业	第三产业	
				生产性服务业	生活性服务业			生产性服务业	生活性服务业
2007	473.0	29.8	195.2	83.3	164.8	6.30	41.27	17.61	34.84
2008	485.7	30.9	200.9	87.8	165.8	6.36	41.36	18.08	34.14
2009	485.0	27.2	202.7	87.2	167.9	5.61	41.79	17.98	34.62
2010	493.4	27.6	204.1	89.6	172.0	5.59	41.37	18.16	34.86
2011	557.2	26.1	241.6	104.6	184.8	4.68	43.36	18.77	33.17
2012	572.3	24.5	252.3	103.8	191.7	4.28	44.09	18.14	33.50
2013	648.1	22.7	303.6	123.1	198.8	3.50	46.84	18.99	30.67
2014	626.9	23.1	281.3	121.8	200.7	3.68	44.87	19.43	32.01
2015	583.5	22.1	249.2	117.4	194.8	3.79	42.71	20.12	33.38

资料来源：有关年份《辽宁统计年鉴》。

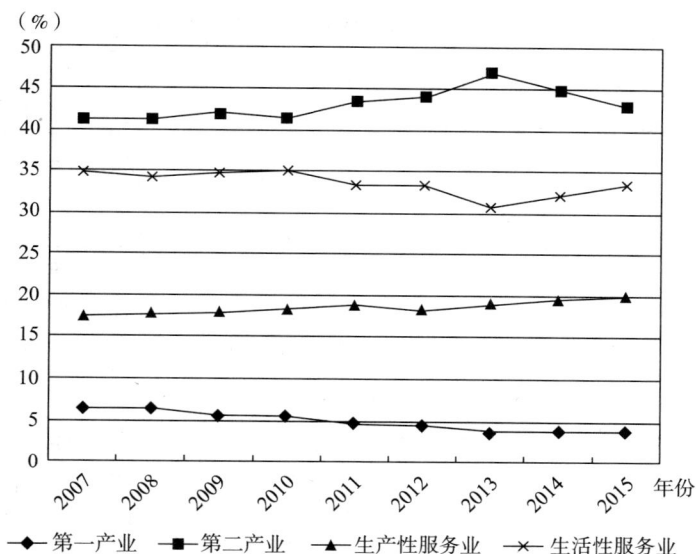

图 3 - 6　2007—2015 年辽宁省四项产业在岗人数比重趋势

四　辽宁省生产性服务业在岗结构变动趋势分析

表 3 - 3 列出了辽宁省 2007—2014 年利用第一产业、第二产业、生产性服务业、生活性服务业产值与在岗人数的结构偏离度。图 3 - 7 以折线图的形式直观地显示了辽宁省九年来第一产业、第二产业、生产性服务业、生活性服务业结构偏离度变化。

从图 3 - 7 可以看出，第一产业结构偏离度很大，并且均为正值，这显示出劳动力供给可能落后于该产业的发展速度，该产业可以吸纳更多的就业人口，也有一部分原因是基于第一产业的部分就业者没有明确岗位。

第二产业这九年来达到了一种产值与就业相对均衡的状态，这得益于这九年来国家对第二产业的产业模式结构的不断优化与调整。

第三产业中生活性服务业产业结构偏离度为负值，该产业的劳动生产率低，存在大量富余劳动力，未来可能存在劳动力转出的现象。同时也应该优化服务方式，提高生活性服务业的劳动生产率。生产性服务业结构偏离度不大，近三年来呈现出正值趋势，显示出该产业的

表3-3   2007—2015年辽宁省三次产业产值与在岗人数的结构偏离度

年份	三次产业产值比重（%）				三次产业在岗人员比重（%）				结构偏离度			
	第一产业	第二产业	第三产业		第一产业	第二产业	第三产业		第一产业	第二产业	第三产业	
			生产性服务业	生活性服务业			生产性服务业	生活性服务业			生产性服务业	生活性服务业
2007	10.2	49.7	19.1	21.1	6.30	41.27	17.61	34.84	0.62	0.20	0.08	-0.39
2008	9.5	52.4	17.9	20.2	6.36	41.36	18.08	34.14	0.49	0.27	-0.01	-0.41
2009	9.3	52.0	18.2	20.6	5.61	41.79	17.98	34.62	0.66	0.24	0.01	-0.40
2010	8.8	54.1	17.4	19.7	5.59	41.37	18.16	34.86	0.57	0.31	-0.04	-0.43
2011	8.6	54.7	17.4	19.3	4.68	43.36	18.77	33.17	0.84	0.26	-0.07	-0.42
2012	8.7	53.2	17.9	20.1	4.28	44.09	18.14	33.50	1.03	0.21	-0.01	-0.40
2013	8.6	54.5	19.7	22.3	3.50	46.84	18.99	30.67	1.46	0.16	0.04	-0.27
2014	8.0	50.2	19.6	21.2	3.68	44.87	19.43	32.01	1.17	0.12	0.01	-0.34
2015	8.3	45.5	22.8	22.6	3.79	42.71	20.12	33.38	1.19	0.07	0.13	-0.32

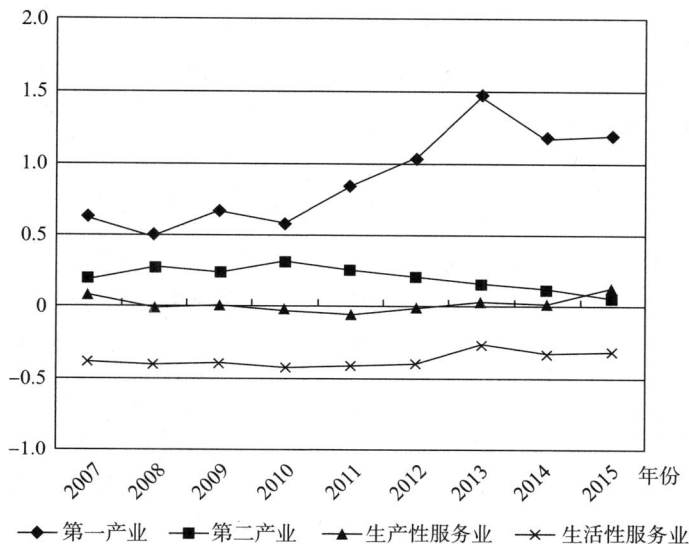

图 3-7 2007—2015 年辽宁省三次产业产值与在岗人数的结构偏离度

劳动生产率不断提高，并且未来存在劳动力的转入。尽管生活性服务业有机会给辽宁省就业压力带来新的曙光，但是，生活性服务业并不能真正起到优化产业结构的作用。因此，辽宁为达到优化产业结构目的，依旧要重点发展生产性服务业，特别是要为生产性服务业的发展提供人才的准备。

第三节 辽宁省生产性服务业空间状态分析

一 研究设计

（一）状态空间模型

状态空间模型是动态时域模型，以隐含着的时间为自变量，在经济时间序列分析中的应用正在迅速增加。状态空间模型利用指定的时间序列数据估计不可观测的时间变量，如理性预期、测量误差、长期收入、不可观测因素的循环要素和趋势等。状态空间模型包括两个模型：一是状态方程模型，反映动态系统在输入变量作用下在某时刻所转移到的状态；二是输出或量测方程模型，它将系统在某时刻的输出和系统的状态及输入变量联系起来。

利用状态空间形式表示动态系统主要有两个优点：一是状态空间模型将不可观测的变量（状态变量）并入可观测模型，并与其一起得到估计结果；二是状态空间模型是利用强有效的递归算法——卡尔曼滤波来估计的。卡尔曼滤波可以用来估计单变量和多变量 ARMA 模型、MIMIC（多指标和多因果）模型、马尔可夫转换模型以及变参数模型。

状态空间模型，按所受影响因素的不同分为确定性状态空间模型和随机性状态空间模型；按数值形式分为离散空间模型和连续空间模型；按所描述的动态系统可以分为线性的与非线性的和时变的与时不变的。

k×1 维向量 y_t 的动态线性状态空间表示可以通过下面的方程组给出：

$$y_t = c_t + Z_t\alpha_t + \varepsilon_t \tag{3.1}$$

$$\alpha_t = d_t + T_t\alpha_{t-1} + \nu_t \tag{3.2}$$

式中，α_t 为 $m \times 1$ 维不可观测的状态向量，ε_t、ν_t 是服从于零均值正态分布的扰动向量。不可观测的状态向量假定服从于一阶向量自回归过程。其中，式（3.1）为"信号"或"量测"方程，表达了系统输出与系统输入和系统状态的关系；式（3.2）为"状态"或"转移"方程，表达了系统当前状态与前期状态的关系。

扰动向量 ε_t、ν_t 的同一时刻的协方差矩阵为：

$$\Omega_t = \mathrm{var}\begin{bmatrix} \varepsilon_t \\ \nu_t \end{bmatrix} = \begin{bmatrix} H_t & G_t \\ G'_t & Q_t \end{bmatrix} \tag{3.3}$$

以上各式中，Z_t、T_t、H_t、Q_t 为系统矩阵。

（二）卡尔曼滤波

卡尔曼滤波是 1960 年由卡尔曼和布西（Kalman and Bucy）首先提出来的。它与一个系统的状态空间表示的状态空间模型估计有密切的关系，是一种连续修正系统的线性投影算法，是处理状态空间形式模型的重要算法。目前，卡尔曼滤波在经济管理系统、自动控制系统、通信系统、生态系统等之中被广泛应用。其实质是由量测值重构系统的状态向量，以"预测—实测—修正"的顺序递推，根据系统的测量值来消除随机干扰，再现系统的状态。卡尔曼滤波是一个最优的递推数据处理算法，通过测量向量对系统状态向量的修正和重构，达到对状态空间模型的估计与预测的目的。

设 Y_T 表示在 $t = T$ 时刻所有可利用的信息的信息集合，即 $T_t = \{y_t, y_{T-1}, \cdots, y_1\}$，根据卡尔曼滤波的递推原理，利用量测信息，可以将不同时段的状态向量的估计问题分为三种类型：（1）当 $t > T$ 时，超出样本的观测区间，是对未来状态的估计问题，称为预测；（2）当 $t = T$ 时，估计观测区间的最终时点，即对现在状态的估计问题，称为滤波；（3）当 $t < T$ 时，是基于利用现在为止的观测值对过去状态的估计问题，称为平滑。假设对一个期间为 T 的时间序列观测数据，使用期间 T 的所有信息，对期间内状态向量的估计过程，我们称为固定期间平滑。存在多种形式的平滑方法（如固定点平滑、固定延迟平滑等），Eviews 使用固定期间平滑方法。

二　变量选取与数据来源

地区生产总值（GDP）是指本地区所有常驻单位在一定时期内生产活动的最终成果，被公认为是衡量经济状况和发展水平的最佳指标。因此，本书选取 GDP 为被解释变量。在经济运行中，就业问题不仅涉及劳动力的供给和需求，而且与产业结构的因素有很大的关系，调动各种积极性因素促进经济发展，解决就业问题是关系民生的首要任务，因此；本书选取四个产业的就业人数为解释变量。

本书的数据源于历年《辽宁统计年鉴》，本章采集了 1996—2015 年与辽宁省经济发展与产业相关的四个具体数据，分别为 GDP、第一产业在职人数、第二产业在职人数和生产性服务业和生活性服务业在职人数，如表 3 - 4、表 3 - 5 和表 3 - 6 所示。

生产性服务业主要是从制造业的生产环节分离出来的中间性服务，归纳上述描述可以总结出生产性服务分为以下八类：①融资服务，即向制造业提供资金支持的融资服务，如贷款、信用担保等；

②物流服务；③进出口后服务；④科技服务（产品开发或升级、技术获取、技术合作、技术服务等）；⑤信息技术服务（办公自动化系统维护、ERP、电子商务、网络和数据库建设与维护等服务）；⑥营销服务；⑦人力资源服务；⑧法律、会计、管理咨询服务。

表 3 - 4　　　　1996—2015 年辽宁省生产性服务业在职人数数据　　单位：万人

年份	融资服务	物流服务	进出口后服务	科技服务	信息技术服务	营销服务	人力资源服务	法律、会计、管理咨询服务	总计
1996	15.5	54.6	0	9.9	0	86.5	0	0	166.5
1997	16.0	55.5	0	9.7	0	82.4	0	0	163.6
1998	16.2	52.8	0	9.3	0	74.2	0	0	152.5
1999	16.1	51.2	0	9.0	0	65.4	0	0	141.7
2000	16.8	49.4	0	8.5	0	59.5	0	0	134.2
2001	16.9	48.3	0	8.0	0	53.9	0	0	127.1
2002	15.8	40.5	0	8.0	0	37.7	0	0	102
2003	14.4	33.1	0	8.6	4.3	19.0	0	7.9	87.3
2004	13.8	32.5	0	8.9	4.7	17.3	0	7.2	84.4
2005	13.8	31.8	0	8.8	4.9	16.1	0	6.9	82.3
2006	13.9	32.7	0	9.2	4.9	15.7	0	7.7	84.1
2007	14.2	32.7	0	9.3	5.4	13.8	0	7.9	83.3
2008	14.7	32.7	0	9.7	5.9	14.9	0	9.9	87.8
2009	15.0	31.0	0	10.4	5.9	16.6	0	8.3	87.2
2010	15.3	29.5	0	11.3	6.7	16.4	0	10.4	89.6
2011	17.3	32.4	0	13.1	8.2	21.1	0	12.3	104.6
2012	18.3	32.3	0	15.1	8.8	20.0	0	9.2	103.8
2013	18.7	37.0	0	16.1	12.2	26.4	0	12.7	123.1
2014	19.2	37.1	0	15.9	12.6	25.2	0	11.9	121.8
2015	19.0	35.5	0	15.2	12.7	24.0	0	10.9	117.4

资料来源：有关年份《辽宁统计年鉴》。

表 3 - 5　　　1996—2015 年辽宁省生活性服务业的在职人数数据　单位：万人

年份	住宿和餐饮业	房地产业	水利、环境和公共设施管理业	居民服务、修理和其他服务业	教育	卫生和社会工作	文化、体育和娱乐业	公共管理、社会保障和社会组织	合计
1996	28.8	7.6	7.9	2.7	57.3	60.1	0	42.0	206.4
1997	27.5	7.4	8.0	3.1	58.0	61.1	0	42.9	208.0
1998	24.7	8.5	7.9	7.5	57.9	59.2	0	40.0	205.7
1999	21.8	8.2	7.8	6.2	58.0	59.4	0	40.1	201.5
2000	19.9	8.2	6.3	5.7	57.2	59.4	0	40.4	197.1
2001	18.0	8.1	6.2	5.6	57.7	56.4	0	40.9	192.9
2002	12.6	8.4	4.2	8.9	58.1	53.9	0	40.3	186.4
2003	5.8	5.8	10.1	1.8	51.0	21.3	5.2	44.1	145.1
2004	6.0	5.8	10.1	1.9	50.5	20.5	5.1	45.5	145.4
2005	5.9	5.8	10.4	2.1	50.2	21.2	5.1	45.5	146.2
2006	5.6	6.0	10.7	2.0	50.0	21.8	4.9	46.4	147.4
2007	6.1	5.6	11.0	1.8	50.2	21.8	4.8	46.7	148.0
2008	6.2	6.0	10.3	1.9	49.1	23.1	4.8	47.7	149.1
2009	6.4	7.0	10.2	2.2	49.4	23.3	5.3	48.1	151.9
2010	6.0	8.4	11.0	2.8	50.7	24.2	4.9	47.7	155.7
2011	7.0	11.0	12.7	2.9	53.3	26.8	5.1	49.2	168.2
2012	7.0	11.8	13.1	2.6	55.8	29.1	4.9	51.3	175.7
2013	7.8	13.3	13.6	2.7	56.8	31.7	5.4	51.8	183.0
2014	7.0	13.9	14.1	2.7	57.8	32.7	5.1	52.1	185.3
2015	6.5	12.6	14.1	2.5	56.0	31.7	4.9	52.4	180.7

资料来源：有关年份《辽宁统计年鉴》。

表 3 - 6　　　　1996—2015 年辽宁省产值和在职人数数据　　　单位：万人

年份	GDP	第一产业	第二产业	第三产业	
				生产性服务业	生活性服务业
1996	3157.7	38.4	586.40	166.5	206.4
1997	3582.5	37.5	560.30	163.6	208.0

续表

年份	GDP	第一产业	第二产业	第三产业	
				生产性服务业	生活性服务业
1998	3881.7	35.6	523.6	152.5	205.7
1999	4171.7	32.6	490.8	141.7	201.5
2000	4669.1	32.0	463.0	134.2	197.1
2001	5033.1	33.1	428	127.1	192.9
2002	5458.2	31.2	365.7	102	186.4
2003	6002.5	26.6	224.6	87.3	145.1
2004	6672.0	28.8	222.5	84.4	145.4
2005	8047.3	28.6	219.5	82.3	146.4
2006	9304.5	28.8	215.6	84.1	147.4
2007	11164.3	29.8	212.0	83.3	148.0
2008	13668.6	30.9	217.6	87.8	149.1
2009	15212.5	27.2	218.7	87.3	151.9
2010	18457.3	27.6	220.4	89.6	155.7
2011	22226.7	26.1	258.3	104.6	168.2
2012	24846.4	24.5	268.4	103.8	175.7
2013	27213.2	22.7	319.4	123.1	183.0
2014	28626.6	23.1	296.6	121.8	185.3
2015	28669.0	22.1	263.4	117.4	180.7

资料来源：有关年份《辽宁统计年鉴》。

三 模型的建立

（一）单位根检验

状态空间模型要求相关变量平稳或者变量之间存在均衡关系，以避免可能存在非平稳性造成的伪回归。本章采用 ADF 检验法对 GDP、E1、E2、E3 和 E4 进行单位根检验，即是否具有单位根和确定单位根的个数。ADF 检验法的原假设为序列具有一个单位根，即序列是非平稳的。用 Eviews 6.0 软件对序列进行检验，检验结果见表 3 - 7。由检验结果可知，时间序列 GDP 在 5% 的显著性水平下拒绝原假设，即序列是平稳的，而时间序列 E1、E2、E3 和 E4 都是不平稳的，再对上述四个序列的一阶差分进行单位根检验，E1、E2、E3 和 E4 在 5% 的显著性水平下都是平稳的，即序列是一阶单整序列。

表 3 – 7 单位根检验结果

序列	T 值	临界值（1%）	临界值（5%）	临界值（10%）	结论
GDP	− 4.112338	− 4.667883	− 3.733200	− 3.310349	平稳
E1	− 2.573263	− 4.532598	− 3.673616	− 3.277364	不平稳
E2	− 2.313782	− 3.831511	− 3.029970	− 2.655194	不平稳
E3	− 2.305467	− 3.886751	− 3.052169	− 2.666593	不平稳
E4	− 1.826683	− 3.857386	− 3.040391	− 2.660551	不平稳
△E1	− 4.633694	− 4.571559	− 3.690814	− 3.286909	平稳
△E2	− 2.448072	− 2.699769	− 1.961409	− 1.606610	平稳
△E3	− 3.783309	− 4.571559	− 3.690814	− 3.286909	平稳
△E4	− 3.109388	− 3.857386	− 3.040391	− 2.660551	平稳

（二）协整检验

如果两个或两个以上的不平稳时间序列存在一个平稳的线性组合，即该组合不具有随机趋势，那么这组序列之间就存在协整关系，当且仅当若干个不平稳变量存在协整关系时，由这些变量建立的状态空间模型才是有意义的，而不是伪回归。原始平稳序列一般不会对不平稳序列的线性组合可能构造出的平稳序列产生不利影响，因此，将 I（0）序列纳入其他 I（1）序列的组合进行协整检验。本章采用约翰森（Johnasen）协整检验方法。检验结果如表 3 – 8 所示。从检验结果中可以看出，各变量在 5% 的显著性水平下至少存在 3 个协整关系，表明 GDP 和各产业在职人数之间具有长期稳定的均衡关系。

（三）状态空间模型构建

状态空间模型的特点是提出了"状态"这一概念。经济问题中所存在的状态都是不可观测的，这种观测不到的变量却反映了经济系统中各变量之间的真实状态和联系。状态空间模型建立了可观测变量和系统内部状态之间的关系，继而可以通过估计各种不同的状态向量达到分析和观测的目的。

表 3 - 8　　　　　　　　　　　协整检验结果

假设	检验值	迹统计	5% 临界值	P 值
没有 *	0.926837	95.00189	69.81889	0.0001
至少 1 个 *	0.665353	47.93078	47.85613	0.0492
至少 2 个 *	0.536943	28.22657	29.79707	0.0750
至少 3 个	0.460667	14.36828	15.49471	0.0734
至少 4 个	0.165411	3.254685	3.841466	0.0712

利用状态空间模型的这一特点，通过建立 GDP 关于 E1、E2、E3 和 E4 的可变参数状态空间模型，可以分析近 20 年来辽宁省各产业就业情况对经济影响的动态路径。估计模型如下：

量测方程：

$$\mathrm{GDP}_t = C(1) + SV1 \times E1_t + SV2 \times E2_t + SV3 \times E3_t + SV4 \times E4_t + \mu_t$$

$$(3.4)$$

状态方程：

$$SV1 = SV1(-1)$$
$$SV2 = SV2(-1)$$
$$SV3 = SV3(-1) \qquad\qquad (3.5)$$
$$SV4 = SV4(-1)$$

式（3.4）和式（3.5）一起组成状态空间模型，式中，C 是常数，GDP_t、$E1_t$、$E2_t$、$E3_t$ 和 $E4_t$ 在模型中称为可观测变量，$SV1$、$SV2$、$SV3$ 和 $SV4$ 是模型的状态向量，分别为 $E1$、$E2$、$E3$ 和 $E4$ 的时变参数，表示各个时点 GDP 对三次产业就业人数变动的敏感程度（或称弹性系数）。状态方程诠释了状态变量的生成过程，$SV1$、$SV2$、$SV3$ 和 $SV4$ 虽然均为不可观测变量，但是，可以表示为一阶马尔科夫过程，本书对状态方程采用递推形式进行定义。μ_t 为扰动项，服从均值为零、方差为常数的正态分布。

（四）参数估计

在对 GDP_t、$E1_t$、$E2_t$ 和 $E3_t$ 进行单位根检验和协整检验后，根据式（3.4）和式（3.5），利用本书选取的样本数据，用卡尔曼滤波算法得到状态空间模型的参数估计结果，估计结果见表 3 – 9、表 3 – 10 及图 3 – 5、图 3 – 6、图 3 – 7、图 3 – 8。得到量测方程为：

$$GDP_t = -0.616401 + SV1 \times E1_t + SV2 \times E2_t + SV3 \times E3_t +$$
$$SV4 \times E4_t + \mu_t \quad\quad\quad (3.6)$$

表 3 – 9　　　　　　　　　方程估计结果

	相关系数	标准差	统计量	P 值
C(1)	– 0.616401	9.91E – 08	– 6222117	0.0000
C(2)	– 10.31850	2.00E – 13	– 5.15E + 13	0.0000

表 3 – 10　　　　　　　　各时变参数的估计值

年份	SV1	SV2	SV3	SV4
1996	0.2918	4.4556	1.2651	1.5683
1997	2.7852	– 15.4664	16.7815	45.1877
1998	2.6190	– 14.7378	11.5012	47.4082
1999	– 118.0289	– 10.9676	18.4104	53.5692
2000	224.0532	– 9.5734	– 70.0454	57.1042
2001	113.5620	– 6.9658	– 56.6057	59.4711
2002	36.4184	– 23.7731	19.3657	59.5006
2003	37.6369	– 24.3221	21.0529	59.4395
2004	103.6317	– 24.6117	17.9833	51.0643
2005	207.0563	– 24.5666	8.8514	39.7662
2006	256.2881	– 28.7818	19.2107	34.2680
2007	434.6410	– 26.5183	2.2377	10.2292
2008	676.4287	– 25.4199	0.0019	– 32.1918
2009	– 47.8927	– 77.8748	198.0751	79.0245
2010	– 589.4380	– 116.6950	348.4685	159.5147
2011	– 935.3266	– 138.5277	443.2982	204.8006

年份	SV1	SV2	SV3	SV4
2012	− 1099. 3734	− 144. 8521	463. 0768	234. 2650
2013	− 1046. 0159	− 141. 5530	444. 9475	229. 8317
2014	− 999. 3724	− 138. 0908	427. 1518	226. 0884
2015	− 939. 1111	− 131. 9830	396. 4770	223. 0654

四 结果分析

（一）辽宁省第一产业在职人数对 GDP 的影响

图 3 – 8 显示的是 GDP 的第一产业在职人数弹性序列曲线，即 GDP 对第一产业在职人数变化的弹性，反映了 GDP 受第一产业在职人数变化的影响。从表 3 – 10 可以看出，1996—2008 年，除 1999 年外，第一产业在职人员对 GDP 产生正向影响，并且 GDP 变化幅度巨大。2002 年，SV1 为 36.4184，表明第一产业在职人员每增加 1 万人，GDP 总额将增加 36.4184 亿元；2008 年，SV1 达到高峰值 676.4287。2009—2015 年，SV1 一直处于下降状态，并且在这 7 年之中，SV1 值一直处于负值的状态，表明第一产业在职人数的增加对 GDP 产生负向影响，SV1 值在 2011—2015 年达到稳定的状态，其间 SV1 值在 − 935.3266— − 1099.3734 间浮动，表明第一产业每增加 1 万人，GDP 将减少 935.3266 亿元。

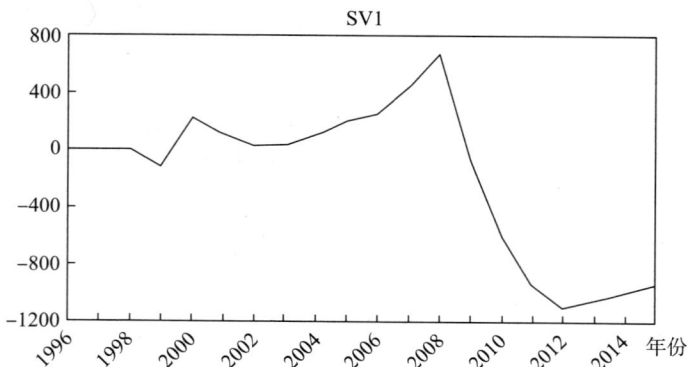

图 3 – 8 辽宁省第一产业在职人数弹性系数变化趋势

（二）辽宁省第二产业在职人数对 GDP 的影响

图 3－9 显示的是 GDP 的第二产业在职人数弹性序列曲线，即 GDP 对第二产业在职人数变化的弹性，反映了 GDP 受第二产业在职人数变化的影响。从表 3－10 可以看出，1996 年，SV2 值为正值即 4.4556，表明第二产业人数的增加对 GDP 产生正向影响，第二产业在职人数每增加 1 万人，GDP 将增加 4.4556 亿元。1997—2008 年，SV2 为负值，但相对稳定，一直在－6.9655——28.7816 浮动，到 2009—2012 年 SV2 值下降了 119.4233；2013—2015 年，SV2 仍为负值，但其对 GDP 的负向影响强度有所缓和。

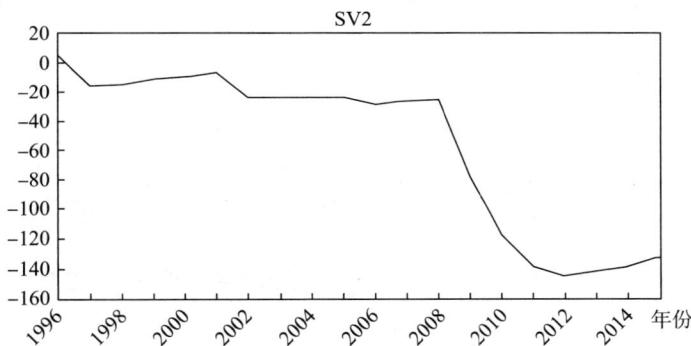

图 3－9　辽宁省第二产业在职人数弹性系数变化趋势

（三）辽宁省生产性服务业在职人数对 GDP 的影响

图 3－10 显示的是 GDP 的第三产业中生产性服务业在职人数弹性序列曲线，即 GDP 对生产性服务业在职人数变化的弹性，反映了 GDP 受生产性服务业在职人数变化的影响。从表 3－10 可以看出，2000 年与 2001 年，SV3 的值为负值，表明生产性服务业的在职人数对 GDP 有负向影响，其余年份 SV3 都为正值，1996—2008 年相对平稳，从 2009—2013 年 SV3 大幅度增加，2013 年达到最高值 444.9475，表明生产性服务业在职人数每增加 1 万人，GDP 增加 444.9475 亿元。

（四）辽宁省生活性服务业在职人数对 GDP 的影响

图 3－11 显示的是 GDP 的第三产业中生活性服务业在职人数弹性

序列曲线,即 GDP 对生活性服务业在职人数变化的弹性,反映了
GDP 受生活性服务业在职人数变化的影响。除了 2008 年 SV4 为负值,
其余年份 SV4 都为正值,表明生活性服务业在职人数的增加对 GDP
产生正向影响。表 3 - 10 显示,2008—2013 年 SV4 增加迅速,2015
年 SV4 达到 223.0654,表明生活性服务业在职人数每增加 1 万人,
GDP 增加 223.0654 亿元。

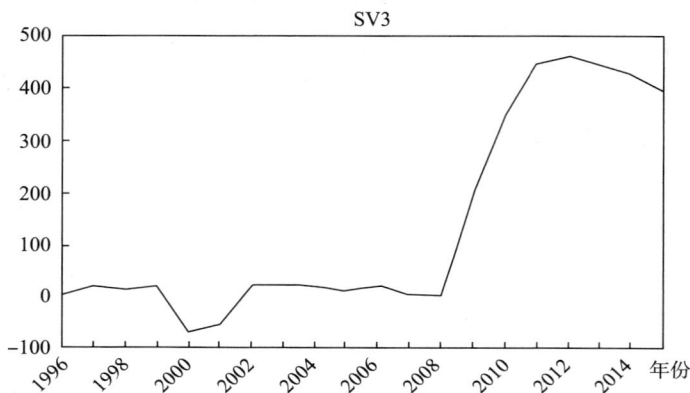

图 3 - 10 辽宁省生产性服务业在职人数弹性系数变化趋势

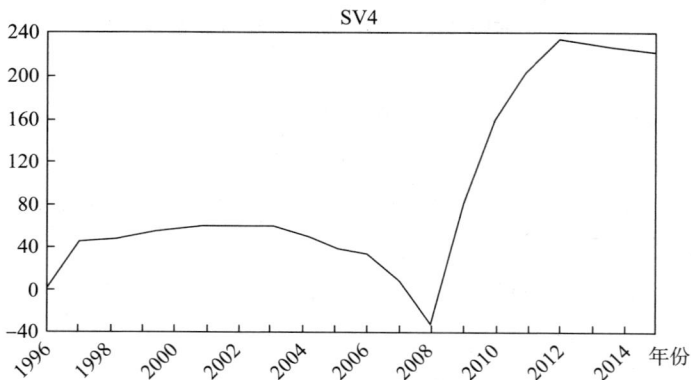

图 3 - 11 辽宁省生活性服务业在职人数弹性系数变化趋势

(五)辽宁省各产业在职人数对 GDP 的影响

从图 3 - 12 中可以看出,2008 年 SV1 最高,随后 SV1 迅速下跌,

第一产业成为四个产业中对 GDP 产生负向影响最大的产业；2008 年后，第二产业的弹性系数也一直处于负值的状态，生产性服务业和生活性服务业保持着正向影响。生产性服务业是 2009 年以后弹性系数最高的产业，就 2015 年来说，生产性服务业的弹性系数是生活性服务业的 1.78 倍。2015 年 SV3 达到 396.4770，表明生产性服务业在职人数每增加 1 万人，GDP 增加 396.4770 亿元。生产性在职人员的增加将更好地促进辽宁经济的增长。换句话说，相对其他三个产业生产性服务业提供了更广阔的就业空间。

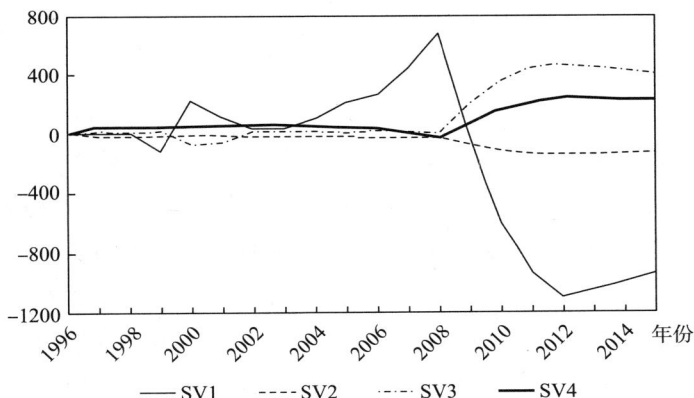

图 3-12 辽宁省各产业在职人数弹性系数变化趋势

生产性服务业是具有技术含量的产业，要达到职工人数的增加，需要培养相应的专业人才。面对辽宁经济不景气、大学生就业困难等问题，大力发展生产性服务业，在各高校中培养有知识基础的生产性服务人才，将有利于经济的增长，缓解就业压力，更好地达到人才培养的供需均衡。

人才是推动区域发展的内在动力，非均衡区域生产性服务业在发展过程中必须重点思考的问题之一，便是如何吸引优质人才，并为其提供肥沃的成长土壤，激发其创新潜能，构建合理的人才保障体系，从而解决非均衡区域生产性服务业创新发展问题，缓解非均衡区域在产业提升、技术创新等方面面临的巨大压力。

第四章　非均衡区域生产性服务业创新发展的制度逻辑框架模型

第一节　产业创新切入点

本章以生产性服务业作为产业创新切入点，通过研究非均衡区域生产性服务业的创新发展，不仅可以实现非均衡区域生产性服务业的创新发展，而且可以最终实现非均衡区域协同发展的目标。生产性服务业具有不同于其他传统服务业的显著特点：①中间投入性。生产性服务的消费不是一种最终消费，而是为了生产、为了创造更大价值而进行的中间性生产消费。生产性服务是被组织用作生产商品或提供新的其他服务的生产过程的投入，其消费过程，会产生更多的产品和向社会提供更大的有效服务。②产业关联性。生产性服务业与制造业有千丝万缕的联系，产业发展实践中，部分生产性服务业是逐步从制造业中分离出来的，能带动许多部门的发展。此外，生产性服务业相互之间也存在较强的关联性。③可贸易性。生产性服务作为一种生产过程，具有实际向区域外部输出的服务，可以直接推动区域经济中基础部门的增长，从而为当地带来收入，被认为是"间接"的基础部门，属于基本经济活动。④外部性。科菲和比利（Coffey and Billy，1991）将生产性服务外部化概括为内部的技术限制和外部经济优势等原因。由于知识或成本的考虑，制造业和服务业，尤其是高技术企业会大量购买外来生产性服务。

第二节　非均衡区域生产性服务业发展的制度逻辑框架

协同学的理论核心是自组织理论（研究自组织的产生与调控等问题），这种自组织随"协同作用"而进行。"协同作用"是协同学与协同理论的基本概念。沈阳经济区非均衡区域经济协同发展，是指区域内各地域单元（子区域）和经济组分之间的协同和共生，自成一体，形成高效和高度有序化的整合，实现区域内各地域单元和经济组分"一体化"运作的区域经济发展方式。由于序参量主宰着区域经济系统整体演化过程，因此，确定区域经济系统协同竞争中的序参量是进行区域经济协同发展分析的理论前提。但序参量的形成不是外部作用强加于系统的，它的来源在系统内部。当多组分系统处于无序的旧结构状态时，众多子系统独立运动，各行其是，不存在合作关系，无法形成序参量。当系统趋近临界点时，子系统发生长程关联，形成合作关系，协同行动，导致序参量的出现。

区域主导产业是区域经济发展的序参量。主导产业最早是由罗斯托（Rostow）提出的，他在《经济成长的过程》和《经济成长的阶段》中首先使用"主导产业"来替代"经济基础部门"这个概念，接着又在《由起飞进入持续成长的经济学》一书中，详细论述了主导产业理论体系。罗斯托认为，在区域经济发展中，在不同层次的产业结构中，各个产业的地位和作用是不同的，现代区域经济增长中，实质上是部门成长的过程，成长首先是从主导产业部门开始的，然后通过前瞻影响、回顾影响和旁侧影响，形成扩散效应，辐射传递到产业关联链上的各产业中去，最终带动并促进整个区域经济的全面发展。因此，区域经济发展是由主导产业带动的，经济发展的过程就是主导产业不断转换，并将经济不断推向更高发展阶段的过程。主导产业具有序参量的特征。一般来说，地区产业结构的变化，主要是由于主导产业的变化引起的。

生产性服务业区位发展的动力机制与制造业不同。诺伊尔和斯坦巴克（Noyelle and Stanback，1984）提出，生产性服务业仍集中在大都市区，以便接近合格的劳动力、研究中心和大学、互补性的生产性服务业和大的地方市场，尤其是对生产性服务业有较高需求的公司总部所在地。拜尔斯（Beyers，1993）的研究结果表明，1985年，有90%的生产性服务业就业集中在大都市区，占总量的83%。而丹尼尔斯（Daniels，1995）则认为，由于高成本的原因，商业服务业和其他一些职业将其低级办公功能移向了一些非核心区域城市，生产性服务业存在明显的反核心区域趋势。

根据国内外学者的研究成果与本章前面的分析，结合非均衡区域的现状，搭建了如图4-1所示的制度逻辑概念模型。在一定的制度逻辑之下，区域发展在"推动性单位"作用下，进行产业创新，当新兴产业达到一定的规模和素质后，通过非均衡区域子系统区域和子系

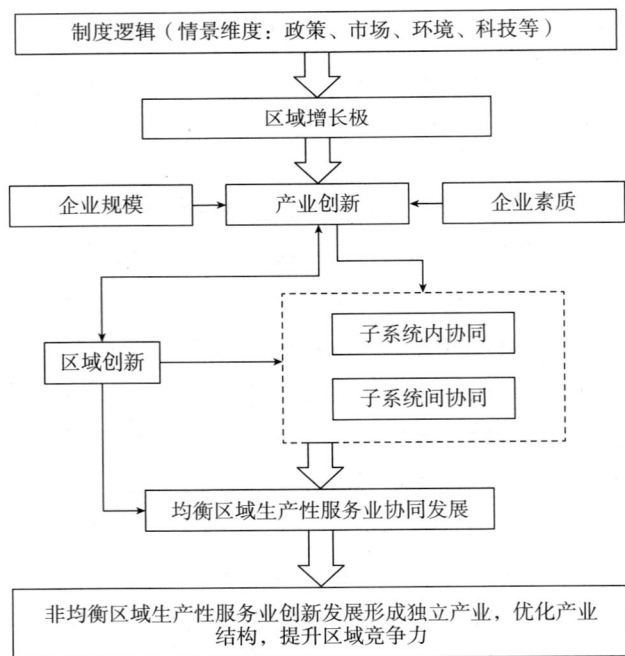

图4-1 非均衡区域生产性服务业创新发展的制度逻辑概念模型

统区域间的协同作用，最终达到非均衡区域协同发展的目的。对于大都市圈内，要想发展生产性服务业，必然要依托一定的生产企业才可以进行下去，因此，依托什么样的企业决定了生产性服务业的起点问题。而作为带动生产性服务业发展的生产企业不能是一般的企业，而必须是作为"增长极"出现的企业，这样，生产企业与生产性服务业共生的网络才能被建立，并带动生产性服务业的发展。

第三节　非均衡区域增长极分析

一　非均衡区域发展战略分析

国内外区域经济的发展具有类似的特征，即在非均衡区域的发达地区形成了城市密集、产业密集的经济隆起带，通过非均衡区域内的经济隆起带来带动经济塌陷带的发展。国内经济发达地带如珠三角、长三角等，都是由中心城市带动密集城市群，进而实现整个区域经济发展。现在，以辽宁为代表的区域要实现非均衡区域的协同发展，同样需要构建新的经济重要增长区域，需要实施非均衡区域增长极带动战略。

辽宁中部城市群占全省人口比重已超过50%，国内生产总值比重超过60%，是国内大中城市最密集的地区之一。沈阳市作为国家装备制造业基地，也是东北重要的中心城市，在辽宁中部城市群地区国内生产总值所占比重超过45%，尤其是反映经济增长质量的指标均80%以上。以沈阳为中心的辽宁中部城市群经济区目前已经初步形成，7个城市已经在交通通信同城化、产业优势互补和招商平台建设等方面，取得了突破性进展。现在，形成辽宁中部城市群经济隆起带问题的关键是如何实现区域内部整合？以沈阳为中心的辽宁中部城市群经济区的7个城市山水相连，文化相近，基本上都处于一小时经济圈之内，产业上具有很强的关联性和互补性，如鞍山、本溪是我国重要的钢铁基地，抚顺、辽阳是我国北方重要的石油化工基地，营口是中部城市群重要的出海口，铁岭是重要的火电基地和农产品基地。但是，通过什么路径才能发挥各自在产业方面的优势和特色，如何才能在区域经济范围内进行合理的经济布局，如何才能实现产业转移、资源流动、形成优势互补等问题依旧存在。

二 沈阳成为辽宁生产性服务业增长极的可能性分析

（一）国家中心城市建设，从区域经济角度为沈阳成为增长极带来发展契机

1. 国家中心城市建设带来的发展机遇

国家中心城市是全国城镇体系的核心城市，主要是指在经济、政治、文化、社会以及交通等领域发挥着重要的中心和枢纽作用，具有全国性重要影响，在推动国际经济发展和文化交流方面也发挥着重要的门户作用。能够代表本国参与国际竞争并能展现其国家综合实力的城市代表，也是一个国家或地区综合实力在空间形式上的主要代表，并为本区域的国际影响力和竞争力做出重大贡献。《全国城镇体系规划纲要（2010—2020年）》指出，国家中心城市具有五大特征：第一，国家组织经济活动和配置资源的中枢；第二，国家综合交通和信息网络枢纽；第三，国家科教、文化、创新中心；第四，具有国际影响力和竞争力；第五，国家城市体系中综合实力最强的"塔尖城市"。同时要求，国家中心城市要具备综合服务、产业集群、物流枢纽、开放高地和人文凝聚五大功能。

《全国城镇体系规划（2010—2020年）》明确将北京、天津、上海、广州和重庆列为国家五大中心城市。但是，在中国的区域规划中，东北地区没有国家中心城市。国家中心城市的定位可以为城市带来巨大的品牌效应，带来区域创新发展的机遇和新的空间，增强区域内城市的凝聚力和拓展力，促进区域内资源聚集，区域内产业聚集。区域产业，特别是制造产业的成长，为沈阳成为辽宁生产性服务业的增长极带来了发展契机。《沈阳市城市总体规划（2011—2020年）》将沈阳市的定位由东北地区中心城市提升为国家中心城市，随后又公布了《沈阳市加快国家中心城市建设规划（2014—2017年）》。

按照戈特曼（1957）提出的大都市圈经典定义，大都市圈形成必须达到五项基本条件和标准。第一，区域内存在比较密的城市；第

二，区域核心城市与外围地区存在密切的社会经济联系；第三，核心城市通过联系方便的交通走廊联结且有密切的联系；第四，城市人口总规模相对较大，应超过 2500 万；第五，在国际联系上具备联通枢纽作用。

与大都市圈内涵相似的概念，如城市群认为，城市群是在经济、社会、文化等各方面联系密切并连成一体、巨大的空间形态，其核心内涵是多城化、都市化及一体化。

沈阳经济区基本满足戈特曼对大都市圈的经典定义，在自然情况方面，主要是指辽宁中部以沈阳为中心的特大都市圈，是辽中南城市带（沈大经济带）或者哈大经济带（沈阳、大连、长春和哈尔滨 4 个经济区）中的二级经济圈。由于地缘关系的缘故，区域经济共同体内社会经济活动联系紧密，形成了完整的经济地理单元。沈阳大都市圈毗邻渤海，经济区位于中国东北地区南部，地处东北亚的中心地带，是东北经济区和环渤海都市圈的重要组成部分。位于与日本东京、韩国汉城、蒙古乌兰巴托、俄罗斯伊尔库斯克几乎等距离的辐射线上，独占这一地区的中央区位。经济区属大陆性季风气候，雨热同季，日照丰富；地势自北向南，由东向西倾斜；西部为广阔的辽河平原，辽河水系横贯其中，地区内水网密布，河渠纵横，最终汇入渤海。沈阳经济区以沈阳为地理中心，涵盖了营口、鞍山等 8 个省辖市和 7 个县级市。

在沈阳经济区各城市之间，辽宁省利用城市中间地带、利用节点发展经济，加快城市的连接，加快同城化和一体化。在沈阳和抚顺之间，正在加快建设沈阳和抚顺连接带，将这个连接带作为"焊点"，把沈阳和抚顺两市连为一体、融为一体，促进沈阳和抚顺两市经济社会的融合，实现两市同城化。在沈阳和本溪之间，正在沈本大道上建设一座 60 平方千米的新城区，依托产业的壮大，促进人口集聚和功能提升，成为沈阳和本溪两市实现一体化发展的重要载体。在沈阳和阜新之间，辽宁省将在阜新的彰武建设沈彰新城，形成沈阳、阜新和吉林三角区域的重要交通物流节点。

早在 1984 年年底，辽宁中部城市群就成立了"辽宁中部城市经济协作区"。随着市场经济的发展，1994 年 7 月，更名为辽宁中部城市群经济区。2003 年 3 月，辽宁省委九届六次全会提出，构建由原辽宁中部城市群为主体的沈阳经济区，并将其作为全面振兴辽宁老工业基地的一项重大战略决策。2005 年 4 月 7 日，由辽宁中部 7 个城市市长代表各地方政府在沈阳正式签署了《辽宁中部城市群合作协议》，这标志着构建沈阳经济区的战略正式实施。2008 年 2 月，《辽宁中部城市群经济区发展总体规划纲要》和《辽宁中部城市群发展规划》获得省政府批准。2008 年，阜新市也获批加入了沈阳经济区。2010年 4 月，经国务院同意，沈阳经济区作为国家新型工业化综合配套改革试验区正式获得国家发改委批复，成为第八个国家综合配套改革试验区。以沈阳为中心，连同周边本溪、抚顺、鞍山、辽阳、营口、铁岭、阜新 8 个城市组成了沈阳经济区。沈阳经济区各城市具有天然的地缘关系，形成了较为完整的经济地理单元。

沈阳经济区是我国城市化水平最高的地区之一，区域经济实力强大，是东北地区经济发展的重要地域和辽宁省的经济核心地带，也是我国主要的重工业发展基地。截至 2009 年，沈阳经济区生产总值逼近 1 亿元，占全省的 66.3%，占东北三省的 32.7%。规模以上工业增加值 4611 亿元，占全省国内生产总值的 59.49%。2014 年，沈阳经济区实现生产总值 10742 亿元，约占辽宁省国内生产总值的 65%。之所以能够取得如此优异的成绩，与沈阳经济区的自身特点是分不开的。沈阳经济区各城市具有天然的地缘关系，彼此之间水相系、山相连、人相亲，形成了较为完整的经济地理单元。

沈阳经济区是我国重要的重化工业发展基地之一，是东北地区经济发展的重要区域和辽宁省的经济核心地带。全区总面积 75402 平方千米，占全省的 50.95%；总人口 2362 万，占全省的 54.9%。沈阳经济区区域内，铁、煤、菱镁等矿产资源丰富；拥有耕地 232.4 万公顷，占全省的 55.6%。2007 年，沈阳经济区总人口 2362 万，占辽宁省的 54.9%；实现地区生产总值 7098.4 亿元，占全省的 64.4%；实际利用外资 57.8 亿美元，占全省的 63.5%；财政一般预算收入465.4 亿元，占全省的 43%；全社会固定资产投资 4313 亿元，占全省的 58%；社会消费品零售总额 2366.1 亿元，占全省的 58.7%。经济区整体上保持较高的发展速度，呈现出良好的发展态势。尽管近年来沈阳经济区面临前所未有的发展难题，但沈阳经济区依旧具有巨大的潜力和现实能力。沈阳经济区已经形成各具特色的发展空间布局，如中部中央商务走廊、东部汽车零部件产业、西部装备制造业、南部高新技术产业、北部农产品深加工与广电信息产业。此外，沈阳与周边城际连接带上所建新城，为沈阳提供了很大的扩展空间，如鞍山汤岗新城、本溪沈溪新城、抚顺沈抚新城、铁岭凡河新城、辽阳河东新城等。

2. 沈阳作为非均衡区域增长极的优势条件

沈阳位于东北亚经济圈的核心地带，是欧亚通往太平洋的重要通道。同时，沈阳经济区连接华北、东北内陆和环渤海地带，是重要的交通枢纽和物流服务中心。建设东北老工业基地给辽宁城市发展带来新的契机。

第一，制度层面，国家宏观政策支撑，政策优势显著。早在 2003 年国家就提出实施振兴东北老工业基地战略，沈阳经济区得到了国家宏观政策支持。2010 年，国务院批准沈阳经济区为国家新型工业化综合配套改革试验区，试验区的发展目标是：建设成为具有国际竞争力的先进装备制造业基地、重要原材料和高新技术产业基地，成为充满活力的区域性经济中心和全国新型工业化典型示范区。到 2015 年，初步形成区域经济一体化格局；到 2020 年，努力使沈阳经济区发展成为东北亚地区重要的经济中心。通过工业体系的优化升级，促使我国的工业经济在全球的份额进一步提升，产业竞争力更加显著，沈阳经济区在全国举足轻重的地位将不断强化。区域政策优势明显增强，沈阳将以新型工业化为主题进行综合配套改革，使沈阳更加具有创建国家中心城市的强力优势。

第二，产业层面，产业基础雄厚。沈阳经济区是我国重要的装备制造业基地，工业经济基础雄厚，作为国家优势产业聚集区域，是全国建立最早、规模最大、门类齐全、配套完整的重要装备制造业和原材料工业基地，主导产业具有国内领先地位和国际竞争优势，已经形成了装备制造、汽车及零部件、电子信息、医药化工等优势产业集群，这些产业集群在全国都具有一定的优势。沈阳经济区拥有以煤炭、冶金、机械、石化、电力等为主体的工业体系，拥有完备的全国最大的装备制造业和原材料工业基地。

沈阳经济区以沈阳为中心，辐射8个城市，形成联系紧密的"区域经济共同体"。以沈阳为中心的沈阳经济区的基础设施、市场要素一体化业已取得新进展。沈阳经济区在生产要素流动、城市资源共享方面也有很多优势，在人力、户籍、商贸、旅游、金融等各个方面都有融合，辽宁省启动建设了城际铁路、高速公路、城际快速通道等一批重大项目，并且重点打造沈阳铁西装备制造、营口精品钢材、铁岭改装车、鞍山柔性输配电等产业集群，打造主业突出的重点产业集群，引导产业在区域内跨界配置，积聚产业园区的力量，形成沈抚、沈本、沈铁、沈阜、沈辽鞍营5条重点产业带和十大产业集群。国家高新技术产业化基地，如本溪生物制药、铁岭专用车产业园、阜新液压装备、沈阳铁西装备制造产业集群、鞍山达道湾钢铁产业集群、抚顺先进能源装备新材料产业集群、营口沿海产业基地、彰武林产品加工产业集群和辽阳芳烃及精细化工等产业集群。

第三，空间交通层面，具有辐射全国的交通体系。沈阳经济区拥有发达的交通体系，是全国性区域枢纽机场、铁路枢纽、东北地区高速公路与国道网络中心，全国"四纵四横"高铁网络枢纽、营口港已经成为我国环渤海地区的重要港口，形成了便捷的立体空间交通网络体系。沈阳经济区通过高速铁路、城际铁路、高速公路、普通公路等的连接，特别是沈抚、沈铁、鞍辽等城际公交的建设，真正实现了多元交通的交叉运营，形成了一小时经济圈。

3. 沈阳作为非均衡区域增长极的劣势条件

《中国城市竞争力报告》（2010）显示，沈阳居二线城市前列，并且分别在社会环境竞争力和综合区位竞争力两项指标中排名第十。在城市综合竞争实力方面，评价不高。沈阳作为中心城市，其城市综合竞争实力不强。城市竞争力是在社会、经济结构、价值观念、文化、制度政策等多个因素综合作用下创造和维持的，是城市为其自身发展在区域内进行资源优化配置的能力。城市综合竞争力是一个城市在经济、科技、社会、环境等方面综合发展能力的体现。

沈阳经济区产业比例失调，目前，产业结构依旧以第二产业为主，第三产业特别是生产性服务业在总体产业结构中所占比重和发展质量依旧不能达到改变沈阳经济区产业结构的目标。此外，沈阳经济区地区非均衡发展现象依旧存在，沈阳周边 4 个县（市）即新民、辽中、法库、康平的人口数量占沈阳全市的 1/3，土地面积超过 2/3，但地区生产总值和财政收入仅占沈阳地区的 1/8 和 1/20 左右。区域经济的二元化发展，严重制约了沈阳整体经济社会的发展。

（二）辽宁自贸区成立，从制度逻辑角度为沈阳成为增长极带来发展契机

建设辽宁自贸区，无疑是构成组织外部情景的重点载体之一，政府作为组织外部情景中的重要主体之一，其对辽宁区域经济发展的逻辑构成了辽宁制度逻辑的重要组成部分。辽宁自贸区的建立，从制度逻辑角度为辽宁生产性服务业的发展带来了发展契机，特别是作为辽宁增长极的沈阳，为其发展带来了难得的战略发展契机。

辽宁自贸区沈阳片区出台首批重点发展产业目录，共 70 项。同时，对先进制造业、金融服务业和融资租赁业三个领域出台一系列力度较大的扶持政策。沈阳片区自 2017 年 4 月 10 日挂牌以来，截至 9 月 15 日，自贸区政务服务中心受理审批服务事项 65854 项，新注册企业 9927 户，注册资本 860.95 亿元人民币。其中，内资企业 9852 户，注册资本 827.56 亿元人民币；外资企业 75 户，注册资本 4.90 亿美元。

2017 年 9 月 18 日，沈阳市政府新闻办组织召开发布会，会上总体介绍了沈阳片区"1 + 3"产业政策，"1"是首批重点发展产业目录，"3"是促进先进制造业、金融服务业和融资租赁业发展的三项产业政策。会议表达的重点是发展产业目录是指导性文件，确定了产业发展的方向和重点。沈阳片区首批重点发展产业目录，共六大类 70 项，涵盖先进制造业（17 项）、国际贸易（5 项）、金融服务业（25 项）、现代物流业（8 项）、商务服务（7 项）和科技服务（8 项）。

（1）产业发展焦点之一：先进制造业。沈阳片区促进先进制造业发展的若干政策，共有 14 项，其中，先进制造业企业的设立最高奖励千万元。

首先，给予各类奖励。对先进制造业企业的设立，高端智能装备首台（套）突破项目和示范应用项目，拥有填补国内空白、国际领先技术的企业，产业链上下游关键配套项目，设立创新中心等各类研发机构、企业在境内外资本市场上市等方面，分别给予相应的奖励，额度为 50 万—1000 万元。

其次，对利用银行贷款的先进制造业项目给予贴息补助。对企业重点技术创新成果、企业科研成果转化、高管个人工资性收入形成的地方本级财力，分别给予相应的补贴，额度为 100 万—500 万元。例如，企业在区内建立各类研发机构，按照评定标准给予一次性最高不超过 1000 万元的补助。对于企业重点技术创新成果和企业科研成果转化，给予最高 200 万元补助。

此外，设立 10 亿元鼓励类产业投资引导基金，通过与社会资本合作的市场化形式吸引各类社会资本投资鼓励类产业。鼓励国资国企装备制造类企业在本片区进行债转股、混合所有制经营试点，采取"一企一策"进行扶持。

（2）产业发展焦点之二：金融服务业。沈阳片区促进金融服务业发展的若干政策，共有 11 项，其中落户扶持基金，给予最高 2000 万元。

在落户方面，对于金融机构总部、金融机构的一级和二级分支机构、股权投资机构、商业保理机构、金融中介服务机构、金融教育培训机构、金融要素交易市场，根据实缴资本和实际开办费用情况，分别给予落户扶持资金，额度为 80 万—2000 万元。

对持牌法人金融机构、重点发展的金融企业、股权投资机构、商业保理机构，按照不同的比例，连续五年给予地方本级财力扶持政策。

对金融机构、股权投资机构、商业保理机构的高管个人工资性收入形成的地方本级财力进行全额补贴。

在办公用房补贴方面，对租用办公用房的金融机构、股权投资机构、商业保理机构，按照合同房租价格的一定比例，连续三年给予租金补贴，额度不超过 200 万元；对购置自用办公用房的金融机构、股权投资机构、商业保理机构，按照一定标准，给予一次性补贴，额度不超过 1000 万元。

对开展融资工具和融资服务模式创新的各类金融及金融服务机构，给予最高 200 万元扶持资金。

（3）产业发展焦点之三：融资租赁业。沈阳片区促进融资租赁业发展共有 12 条政策，其中重点包括简化准入手续部分给予落户奖励。

在准入方面，沈阳片区注册的租赁企业报省级商务主管部门和国税部门审批通过，即可成为内资融资租赁试点，设立项目子公司，不设最低注册资本金限制。简化相关登记许可或进出口手续，放宽沈阳片区内融资租赁公司申报医疗器械经营许可或备案的条件等。

对于在沈阳片区注册、实缴注册资本金 1.7 亿元以上，且开展业务的融资租赁企业给予落户奖励。对于已在沈阳片区落户的融资租赁企业增加注册资本金给予增资奖励。对于当年融资租赁业务比上年新增 5000 万元以上的企业给予奖励。

融资租赁企业对沈阳市的小微企业、装备制造企业、科研院所或科技创新型企业、公共服务型企业免收融资租赁物保险费的，按照签订合同金额的一定比例给予补助。

对于沈阳市装备制造业企业通过与沈阳片区内融资租赁公司合作，购置先进研发生产设备的，经认定后给予相应补贴。融资租赁企业开展境外融资租赁业务，不受现行境内企业境外放款额度限制；对海关特殊监管区域内大型设备涉及跨关区的，可实行海关异地委托监管。

对于当年业务规模达到规定标准，其聘用高级管理人员，按其缴纳个人所得税，地方本级财力 100% 给予奖励；对于以中国租赁业东北创新服务基地为平台，开展信息交流、专业论坛、项目对接等活动，给予补贴；对于以东北融资租赁研究院为平台开展专业培训活动，给予补助。

政府作为组织外部情景的重要主体，其扶持东北老工业基地振兴区域经济的逻辑，给予了辽宁自贸区极大的政策支持，为辽宁区域经济振兴带来了千载难逢的良机。对辽宁自贸区沈阳片区的自贸区优惠政策，特别是对沈阳装备制造业的扶持，使沈阳在制度逻辑层面获得了成为区域发展增长极的可能。

第四节　空间结构分析

一　沈阳区域空间概况

城市空间结构一直是地理学者研究城市的热点，它不但反映了城市的现实生活，而且影响着城市自身的功能和在区域中的作用，同时，城市所留下的有形物体反映了城市的历史，反映了人的意识和行为。

城市空间结构影响城市的现实生活，而且影响着城市自身的功能和在区域中的作用，城市形态是研究各种城市活动（包括政治、经济、社会）作用力下的城市物质环境的演变，包括城市的内部结构（城市内部的水平结构和垂直结构）和外部形态（城市的外部轮廓）及其相互关系。城市内部的水平结构主要是指城市的用地结构与功能布局，城市内部的垂直结构主要是指城市的三维空间，城市的外部轮廓主要是指建设区边界所构成的城市形状。

沈阳位于祖国东北，辽宁省中部，全市东西宽 105 千米，南北长 85 千米，总面积为 8.515 平方千米。其中，城建区东西宽 18 千米，南北长 15 千米，面积为 164 平方千米。沈阳市，东临抚顺市和抚顺县，南与本溪、辽阳两市相连，西与台安县、黑山县接壤，北与彰武、法库两县及铁岭市毗邻，周围地区有丰富的钢铁和能源资源，对发展重工业十分有利。沈阳东部为辽东丘陵，西部是辽河、浑河冲积平原，地势由东北向西南缓缓倾斜，最高处是新城子区马刚乡老石沟的石人山，海拔 441 米；最低处为辽中县于家房的上顶子村，海拔仅 5.3 米。

沈阳以平原为主，地势平坦。平均海拔 50 米左右，占总面积的 76.2%；山地丘陵集中在东北、东南部，属辽东丘陵的延伸部分，占总面积的 9.1%；风景秀丽的辉山、天柱山都在这一地区。另有洼地，占总面积的 14.7%。沈阳市城区的地势，起伏很小，平均海拔 45 米左右。大东区较高，最高处海拔 65 米；铁西区较低，最低处海拔 36 米。市内最大高差为 29 米。皇姑区、和平区和沈河区的地势，略有起伏，高度在 41—45 米。这种地势，对市区交通及基本建设都很有利。

二　沈阳空间结构分析

（一）城市定位

沈阳经济区是辽宁甚至东北的核心城市，辽宁省省会及沈阳经济区核心城市、国家先进装备制造业基地、国家中心城市、沈阳自贸区。沈阳要增强对辽宁、东北地区的引领、辐射和集散能力，建设具有全国性重要影响的国家中心城市，具有国际竞争力的先进装备制造业基地、带动示范作用明显的国家创新型城市、东北亚国际性城市。

从国际角度来看，沈阳是东北亚重要城市，东北亚通常是指中国的东北地区（辽宁、吉林、黑龙江及内蒙古东部地区）、俄罗斯的远东地区、朝鲜、蒙古国、日本和韩国，广而言之，包括中国、俄罗斯、日本、韩国、朝鲜和蒙古国。东北亚既是亚洲经济力量最强的地区，也是世界重要的经济增长极。

（二）沈阳城市空间结构

城市总体规划是政府调控城市空间资源、指导城乡发展建设、维护社会公平、保障公共安全和公众利益的重要公共政策之一。在加强规划管理、协调城乡空间布局、改善人居环境、促进城乡经济社会全面协调可持续发展等方面具有重要作用。

沈阳依托城镇发展带，强化交通和基础设施走廊的支撑及拉动作用，引导产业、人口的合理布局，构建"多中心、网络化"的市域城镇发展新格局。沈阳城市总体规划在借鉴国外大城市发展形态成功的经验基础上，确定沈阳以"中心组团"式的松散布局结构拓展新的建设空间，沿三环高速公路向沈山、沈大、沈哈、沈抚、沈丹、沈盘等交通干线放射方向发展，按照中心城区、卫星城和建制镇三个层次设置。即以中心城市建成区为核心城区，在其周围设置东部辉山、西部经济技术开发区、北部虎石台、南部苏家屯四个副城区和道义、汪家两个边缘组团。

非中心城区部分主要包括挑仙国际航空港副城、新城子副城、新民卫星城、康平卫星城和法库卫星城。浑南新区、铁西新区、辉山农业高新区、北部新的大学园区相继建成。城区总体形态出现南北延伸的趋势，浑河南岸的浑南新区、苏家屯副城、大学城以及长白地区的开发，使城区向浑河南岸出现显著的空间跨越，城区南北伸展的速度和空间跨度远超过浑河北岸主城区东西向的扩展速度和空间跨度，沈阳开始形成轴向拓展多中心发展的开放式空间扩张新格局。

三 沈阳空间形态演变分析

城市空间形态可以看成是城市功能分化和多种活动所造成的土地利用的内在差异而构成的一种地域结构。城市经济功能是城市空间演化的主要动力，其演替过程也是空间形态随之动态变化的过程。

沈阳城市功能的演替开始于城市的建立初期。1840 年以前的城市，城市单一的政治功能使城市形成城市廓圆的形态。随着城市的经济功能由封闭发展期计划体制下的工业生产到改革开放后市场经济主导的城市功能外向化的增强，城市内部空间已经不能完全满足产业空间的需求。城市产业结构的持续升级不仅促进城市发展能力的增强，而且是现代城市化的重要推动力，产业结构的升级促进城市化模式、城市地域形态的有序变化。另外，产业结构的升级变化离不开城市空间扩展、城市新区开发、城市职能体系变化等城市化诸多方面的空间支撑和需求拉动。一方面，在城市内部，通过大规模的旧城改造和"退二进三"完成了城市土地功能置换；另一方面，随着城市经济功能的外向化，城市产业也向着城市外部、城市群体间寻求发展空间。随之而来，沈阳中心城市形成都市区中心城市的多中心形态。

四 沈阳空间结构调控方向

整合产业资源，调整城市空间结构是打造"经济中心城市"重中之重。充分利用沈阳城市工业基础和技术力量，调整产业发展方向、优化产业空间布局，依此来整合城市空间，调整城市发展姿态，尤其要突破行政区划的局限，形成更具发展优势的产业发展格局和城市空间布局。

加强基础设施建设，加快城市服务业的发展，是适应建设区域性中心城市的必然要求。建立成熟的区域性中心城市服务体系，以建设区域性商贸物流和金融中心为目标，大力发展现代服务业，改造提升传统服务业，加快发展新兴服务业，提升城市综合服务水平。通过高标准、高起点的规划，建设一批能够适应城市职能提升要求的基础设施，增强沈阳对人口和社会经济发展的承载力，迅速提升沈阳的城市品位和区域影响力。

第五章　非均衡区域生产性服务业
协同发展路径

第一节　非均衡区域生产性服务业
创新发展路径模型

非均衡区域的经济区既有核心城市，也有非核心城市，经济二元化发展严重，区域内发展呈现非均衡发展态势，如沈阳大都市经济圈同样呈现出一股独大的局面。根据这种特殊区情，为达到非均衡区域核心区域与非核心区域协同发展并最终实现非均衡区域的经济区同城化、一体化发展，打造区域协同发展目的，本章从时间维、空间维和制度逻辑三个维度，在"非均衡区域生产性服务业创新发展的制度逻辑概念模型"的基础上，重点考虑到政府、多边区域合作、工业园区等情景因素主体，提出"非均衡区域生产性服务业创新发展的路径模型"并以沈阳经济区为例，进行系统阐释，通过分析情景主体因素的逻辑，最终明晰组织外部制度逻辑规律，如图 5-1 所示。

随着组织外部经济全球化发展，竞争主体的竞争逻辑从区域竞争走到全球竞争，政府站在全球角度考虑区域经济发展，其他组织利益相关者面对经济形式的巨大变化，产生出不同的认知逻辑。核心区域原有产业基础为生产性服务业企业发展提供了空间，在生产企业的主导下，发达地区生产性服务业可以得到发展机会；当生产性服务业发展成熟后而向高级化发展时，其必然要跳出本区域而不再受地域限制，成为具有核心能力的、成熟的产业。因此，生产性服务业的发展离不开生产企业，而政府的主导作用为生产性服务业的引入、培育带来了发展的契机。

图5-1

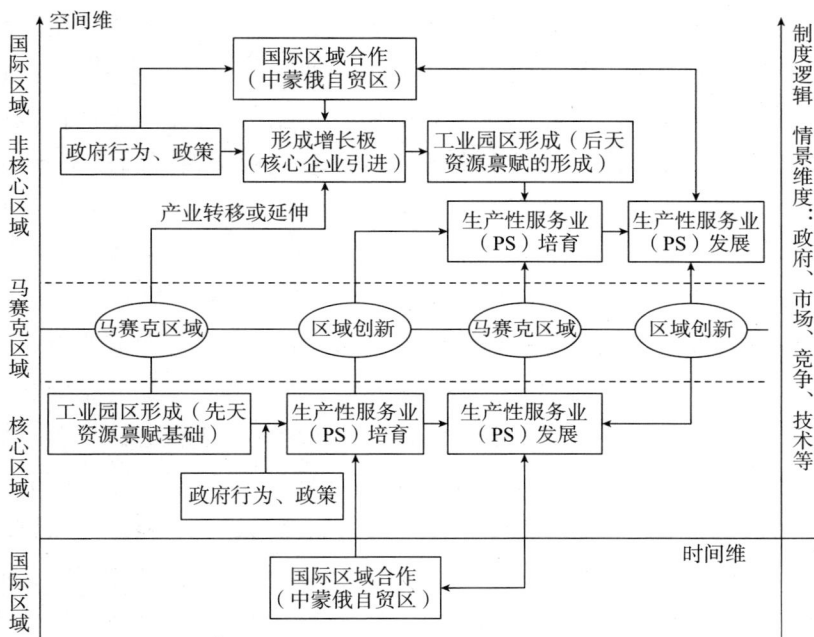

图 5 - 1　非均衡区域生产性服务业创新发展路径模型

　　在沈阳经济区核心区域的核心城市聚集着一定的工业企业，生产资金、科学技术、智力等资源也得到了一定程度的聚集。加之流通领域活跃，交通便利，信息灵通，使其在区域经济发展中起经济中心的作用。随着国内外发展格局的变革，产业发展正经历着从依靠资源要素投入向创新驱动的转变。为此，在发挥核心区域原有产业的引领作用时，重要的是要实现创新引领，主要强化装备制造业、智能制造业在全国的核心主导作用，重点发展数控机床、新能源设备、工业机器人等先进制造业。促进制造业要从价值链低端向价值链中高端转变，从成本竞争向质量、技术、品牌、服务竞争转变。促进制造业高端化，加快培育战略性新兴产业和培育具有国际竞争力的产业集群。在制造业企业驱动下，为区域内引入金融、物流等生产性服务业带来契机，进而实现先进制造业与生产性服务业的协同发展。

在经济非核心地区，面临着同样的外部制度逻辑，但非核心区域一般原有的生产性服务业比较落后、发展程度不够，而且主要是围绕原有产业来发展的。经济落后地区的生产性服务业有两个发展区域：该地区原有的生产性服务业；新产业引入该地区后产生的生产性服务业。由于该区域原有生产性服务业对其产业结构调整所起作用有限，本章提出通过发展后一种生产性服务业来带动非核心地区生产性服务业的发展。而新产业的引入，需要一定的契机，其中政府支持区域发展政策的逻辑，是非核心区域引入生产性服务业的重要契机。

在沈阳经济区域的非核心城市区域引入生产性服务业需要有一定的契机。要在经济落后地区引入并发展生产性服务业，建立工业园区是必要的。但其对比经济发达的核心城市区域，由于核心区域生产要素的吸空作用，使非核心城市处于劣势。政府发展欠发达区域的倾向，为欠发达区域发展提供了正向作用的制度逻辑。非核心区域依靠政府提供政策，通过政府制度逻辑在经济活动中的主导作用，将核心生产企业引入经济欠发达地区，建立工业园区，这将为企业发展提供空间，并逐步形成当地所具有的区域性竞争优势。政府引入何种类似企业，要根据所在区域资源优势，而这些优势既可以是该区域先天要素禀赋优势，也可以通过一定的政策导向，形成后天要素禀赋优势。在生产企业的主导下，欠发达地区的生产性服务业可以得到发展机会；当该地区的生产性服务业发展成熟后而向高级化发展时，其必然要跳出本区域而不再受地域限制，成为具有核心能力的、成熟的产业。生产性服务业的发展离不开生产企业，生产企业的发展促进了生产性服务业的发展。

在沈阳经济区子系统区域间，非核心城市区域政府可以通过核心城市区域高级产业转移实现，产业转移作为核心区域产业获得新发展的逻辑，为非核心区域发展提供了机遇，非核心区域也可以通过整个产业链条中、低级别产业的接替实现。而核心区域生产性服务业的快速发展，又可以通过其扩散作用，为非核心区域生产企业提供服务，并通过生产性服业的转移和接替，促进非核心区域与核心区域之间产业的融合，进而实现区域产业协同发展的目的。

第二节　沈阳经济区协同发展路径

通过专家分析、文献归纳，我们可以总结分析出沈阳经济区协同发展过程中核心城市与附属城市协同发展路径，从而使该路径模型更具有可推广性。

一　沈阳经济区的核心区域

首先，面对区域外部政府、国际化、竞争、技术等主体所构成制度逻辑的变化，区域在原有产业的基础之上形成具有带动作用的产业，形成区域产业优势。

其次，在工业园区内，依托主导产业，政府与企业展开合作，进行商业性开发，为其进行配套，从而成功地引进新的产业。生产性服务业得到初步发展后，其匹配于生产企业的发展，从而其整体规模得到进一步扩大；最终两者形成一个良性的循环系统，在经济总量扩大的过程中相互协调发展，同时拉动地方经济的发展。

生产性服务行业自身的规模实力是生产性服务企业拥有竞争力所必备的要素。随着时间的推移，企业的匹配程度得到提高；当生产性服务业达到一定的规模并获得一定的能力后，会形成独立的产业，相关的生产性服务业就发展起来了。而核心地区也就成功地突破了经济转型的"瓶颈"，得以实现相关产业的发展，使核心地区产业结构最终得到调整，完成产业结构重构，从而实现核心区域经济发展方式转变的目的。

二　沈阳经济区的非核心区域

由于该区域缺乏生产要素聚集条件，因此，在非核心区域要发展生产性服务业，就需要区域外部制度力量介入，特别是政府主体力量的推进，促进该区域新兴产业发展。

首先，在政府的主导下建立工业园区，引入具有带动作用的产业。政府引进新产业的手段，可以通过高级产业转移实现，也可以通过整个产业链条中、低级别产业的接替实现。欠发达地区引进何种产业，可以根据本区域所具有的区域优势，也可以通过营造产业条件，形成区域优势，进而引入新产业。因此，当地政府应从经济全球化和全球范围内产业重组分工的高度来考虑产业转移，以构建局部产业优势。政府是企业外部环境中重要的影响因素，其深刻影响着新兴产业的引入、形成和发展。

其次，在工业园区内，当主导产业形成后，政府自然是将其作为本地区的龙头行业来对待，希望通过其发展带动生产性服务业的发展，因此，政府与企业展开合作，进行商业性开发，为其进行配套，核心企业为生产性服务业的发展提供了需求，从而成功地引进新的生产性服务业。生产性服务业得到初步发展后，其匹配于生产企业的发展，从而其整体规模得到进一步扩大；最终两者形成一个良性的循环系统，在经济总量扩大的过程中相互协调发展，同时拉动地方经济的发展。当生产性服务业达到一定的规模并获得一定的能力后，会形成独立的产业，相关的生产性服务业就发展起来了，使落后地区产业结构最终得到调整，完成产业结构重构，从而欠发达地区的生产性服务业就可以从无到有、从小到大而得到发展。

在这个产业创新的过程中，通过核心城市区域高级产业转移，通过整个产业链条中、低级别产业的接替实现，通过核心区域生产性服务业的扩散作用，就可以达到促进非核心区域与核心区域之间产业的融合，进而实现区域产业协同发展的目的。

目前，《辽宁中部城市群经济区规划》与相关专项规划已基本完成。规划中确定了区域发展定位，提出了产业整合的思路，特别是规划了产业链的构筑和产业集群的建设重点。沈阳大型装备制造企业要与周边城市形成产业链条和良好的集群式空间发展格局，以实现沈阳经济区协同发展，如加快鞍山和本溪的钢铁产业整合步伐，打造中国的钢铁"航母"；加速推进抚顺的重点企业及产品与其他城市特别是核心城市沈阳装备制造等主导产业的协作配套；加速推进辽阳与沈阳汽车及装备制造等相关产业的产业链接；加速推进铁岭与沈铁工业走廊和沈北新区的产业整合，构筑合理的区域产业分工格局。通过以沈阳为核心的沈阳经济区同城化与城际连接带建设，不仅可以强化经济区的整体城镇化效应，而且可以实现非均衡区域生产性服务业的创新发展。

第三节　增长极培育研究
——以 LED 产业为例

面临一系列全球能源危机问题，促使国际社会形成共同认知逻辑：低碳节能，环保发展。在低碳节能和环保发展已经成为当今世界能源发展主导认知逻辑潮流之下，LED 作为全球瞩目的新一代光源，以其高亮度、低热量、长寿命等优点，被称为 21 世纪最具发展潜力的绿色照明光源。目前，国家对新能源产业高度重视，从全国范围看，随着 LED 的照明主流技术已经成熟并产业化，品质不断上升，单位产品价格不断下降，LED 产业已经成为绿色产业的领军行业，LED 产业不仅顺应了国际、国内节能环保和绿色发展制度逻辑的大趋势，而且带动了我国产业结构的调整。因此，带动了全国发展 LED 产业的热潮，工业和信息化部电子信息产业发展研究院直属研究机构赛迪顾问发布的《中国光电产业地图白皮书（2011 年）》显示，我国已经初步形成了四大片区格局。环渤海、长三角、珠三角、中西部地区都在大力发展 LED 产业，LED 产业发展呈现四处开花的局面，但是，我国 LED 企业主要分布在珠三角、长三角，其中广东封装产量占全国的70%，是全国 LED 照明的重要生产基地和贸易中心。总体上看，全国 LED 产业布局处于不稳定的急剧发展状态之中。

从辽宁省情况来看，LED 产业基本分布区域在大连，从 2004 年被国家科技部批准为首批"国家半导体照明工程产业化基地"后，发展形成了大连路明、大连路美以及九久光电等一批企业，辽宁的 LED 产业初具规模。但仍存在一些亟待解决的问题：一是结构性矛盾突出，产品主要集中于中低档；二是缺乏核心技术，产品利润低；三是企业规模小，研发投入不足。从全国范围来观察，大连LED产业从销售收入到销售量均处于全国中下游位置。由于LED产业进入门槛并不高，初始投资一亿元就可建厂。因此，在节能环保热潮下，在国家相关政策的激励下，全国对发展LED产业的热情不断高涨，导致LED企业参差不齐。工业和信息化部的数据显示，2011年1—4月，LED产业投资保持高速增长，投资额已超过300亿元，增速超过90%，成为名副其实的投资热点。伴随产能释放、竞争加剧，LED产业的低水平过度膨胀，必然导致LED产业在未来的几年进行重新洗牌。因此，沈阳经济区应审时度势，在LED产业的整合期到来前，沈阳经济区如不能提前进行产业布局，并走到产业前端，将会在几年内丧失一个具有极大潜能的新能源产业。

面对前途未卜的辽宁LED产业，沈阳经济区是突出增长极，实现非均衡发展，还是实现均衡发展，带动非核心区域发展，还是利用"后金融危机"时代国际LED跨地区产业转移的新机遇承接国内及国际LED产业链一个部分，还是及早退出，转移产业资本？沈阳经济区LED产业当前主要有四条出路：

出路之一：突出增长极，以大连为基地，实现非均衡发展。当前可以从两方面入手：①品牌方面。中国的LED企业缺少标杆性的品牌，导致整个行业缺乏公信力。辽宁可依托"9·11"事件报道（如美国《商业周刊》曾经详细地报道蓄光发光标志如何引导1.8万人在断电和浓烟的情况下利用一个半小时逃生的过程），加大路明等自有品牌公信力培育。沈阳经济区要以国际的视野，通过本土标杆性品牌建设，占据行业品牌的高端位置。②产业链方面。政府需要大力扶持LED产业基地的建设，以LED产业园区形式，完善从外延片生产、芯片制备、封装集成到LED应用的完整产业体系。在产业链方面，沈阳经济区可以借鉴中国台湾LED产业自下而上成长的经验，中下游企业要抓住我国LED产业大发展的时机，在政府的扶持下，在技术、市场及资金不断积累的基础上，向上游延伸。产业基地要充分发挥政策的覆盖效用，要在政策、资金、配套服务等多方面得到政府的扶持，如为企业设立产业发展基金和科技资金，鼓励、扶持企业规模化发展，尽快缩短产业化周期。尤其是对技术密集型的上游环节要重点扶持，以进入克服 LED 产业上游芯片和外延领域的资金滞压和核心技术掣肘等门槛。在工业园区内，政府要与企业开展合作，进行商业性开发，为其进行配套，最终两者形成一个良性的循环系统，在经济总量扩大的过程中相互协调，从而成功培育沈阳经济区 LED 产业的增长极，走非均衡发展之路。

出路之二：在沈阳经济区现有 LED 产业基础上，开拓新产业基地，实现沈阳经济区地区 LED 产业的均衡发展，并带动其他区域发展。当前可以从扩散和产业转承两方面入手。①产业扩散。沈阳经济区要从全区域发展的空间均衡布局角度出发，打破地方政府对产业扩散的限制。通过 LED 核心区域高级产业转移，实现 LED 产业在沈阳经济区能源充足、经济发展方式亟待转变地区的发展，并通过产业园区的形式，在政府扶持下，引入 LED 产业。②产业转承。非 LED 产业核心区域，通过对全产业链中低端的转承接替，实现整个 LED 产业在沈阳经济区的均衡发展。对比 LED 产业发达的核心区域，由于核心区域生产要素的吸空作用，使非核心区域处于劣势。就必须依靠政府提供政策，通过政府在经济活动中的主导作用，将核心生产企业引入经济欠发达地区，建立工业园区，这将为企业发展提供空间，并逐步形成当地所具有的区域性竞争优势。但是，政府引入何种类型 LED 企业，要根据所在区域资源优势，而这些优势既可以是该区域先天要素禀赋优势，也可以通过一定的政策导向，形成后天要素禀赋优势。在政策主导及政府行为管控下，非 LED 核心地区的产业就可以得到发展机会。

出路之三："走出去"。承接国内及国际 LED 产业链一个部分，发挥比较优势，做强 LED 产业链的一个环节。沈阳经济区应从经济全球化和全球范围内产业重组分工的高度来考虑发挥沈阳经济区整体的比较优势，承接国际及地区 LED 产业转移，构建局部产业优势。大陆市场一直是台湾半导体照明厂商所重视的投资商机大、潜力大的目标市场，沈阳经济区在重点打造 LED 产业基地的同时，不仅要展开欧美日等国际企业的招商工作，更要重点展开对台商的招商引资工作，开出一系列优惠政策条件来吸引外商落户沈阳经济区。

出路之四：放弃原有产业，转移产业资本，集中力量，投入其他新兴产业。沈阳经济区作为欠发达区域，可利用资源有限，必须慎重地选择战略性产业，面对新能源产业热潮，慎重地选择退出 LED 产业，集中沈阳经济区有限的能源、资金及技术等所掌控的资源投入其他新兴产业中，加速适合沈阳经济区区情产业的发展，同样，可以为沈阳经济区谋得新产业利益。

综上所述，作为新兴产业，LED 照明的大规模产业化还需要一个长期的过程，因此，无论抉择前三条路中的哪一条，都需要技术积累、时间和资金的大量投入，这些离不开"看得见的手"政府的扶持和投入。这四条路能否走下去，关键看政府，对政府重点支持的重大项目，经营好的 LED 企业要给予如政府补贴、财政贴息、土地使用等优惠政策并立即注入巨量资金，给予更大扶持。此外，政府不仅要加大对 LED 产业的优惠政策，而且要加大对 LED 消费者的补贴。在目前情况下，可以通过市政工程、政府采购等形式直接向企业下订单，首先在公用领域大规模起动，对于积极应用 LED 灯的地方政府和企业团体单位，给予一定的补贴，在扩大 LED 市场需求的同时，起到公共示范作用。对于第四条出路，产业资本转移，政府应考虑如何谋求最大利益。

第四节　欠发达地区生产性服务业发展路径
——基于宏冠船业案例

如何实施可持续发展、调整与优化产业结构已经成为欠发达地区发展中一个严峻的课题。因此，准确选择经济结构调整中的突破点就成为最关键的问题。生产性服务业发展潜力巨大，对于经济欠发达地区调整产业结构、实现经济可持续发展有重大的现实意义。

本章为了探讨经济欠发达地区如何发展生产性服务业，选择典型的经济欠发达地区盘锦，通过案例研究的方法，对其所属宏冠船业进行了探索性案例分析。通过实地调研、文献研究及专家访谈，验证经济欠发达的非核心地区发展生产性服务业路径，以期为该问题解决提供研究思路与对策。生产性服务业作为为生产者提供服务的新兴产业，贯穿于企业生产的上游、中游和下游诸环节中。如果生产服务业和制造业两者能形成一个良性的循环系统，那么两者就有可能在经济总量扩大的过程中相互协调发展，促进欠发达地区经济整体竞争力的增强。

目前，在生产要素趋于向发达地域聚集的经济环境下，欠发达地区或者非核心区域能否聚集新的生产要素进行产业创新、发展高端生产性服务业是值得怀疑的。而我国辽宁省的盘锦属于典型的欠发达地区，其所面临的产业转型问题在该类型地区中具有代表性。本节的研究目的在于，通过分析宏冠船业案例来验证、归纳、探索欠发达地区生产性服务业的发展路径，推动生产性服务业从低级向高级发展，最终在经济欠发达地区确定其地位，实现产业结构调整，促进区域经济发展。

一 研究回顾

在全球化和新技术革命的形势下，区域发展理论也从中心—边缘的二元经济结构模式发展成为以知识和技术为驱动力的动态竞争均衡、马赛克模式。美国学者斯科特和斯托尔珀把当代世界的区域经济格局看成是马赛克模式，认为区域创新网络可以在多点萌发，发达地区和落后地区均可以根据本地区的特色来建立适合自己的区域创新网络，区域创新网络就像马赛克一样，不规则地镶嵌在发达地区和落后地区。阿布拉莫维茨的追赶假说以及布雷齐斯、克鲁格曼的 Leap-Frogging 模型对此进行了详细解释。

增长极的概念最初由法国经济学家佩鲁提出，并由鲍德维尔等引申，其被解释为在特定环境中的"推动性单位"，而推动性单位则是指起支配作用的经济单位，如一家工厂或同部门内的一组工厂或有共同合同关系的某些工厂的集合，它的增长或创新能诱导其他单位的增长。"把推动性工业嵌入某地区后，该地区将形成集聚经济，产生增长中心，从而推动整个区域经济的增长"。对于盘锦这样经济欠发达地区，其要想发展生产性服务业，必然要依托一定的生产企业才能进行下去，因此，依托什么样的企业就决定了生产性服务业的起点问题。而作为带动生产性服务业发展的生产企业不能是一般的企业，而必须是作为"增长极"出现的企业，这样，生产企业与生产性服务业共生的网络才能建立起来，并带动生产性服务业的发展。

赫克歇尔和俄林最先提出了资源禀赋学说，即各个国家的资源禀赋如劳动资源、自然资源、资本资源等存在差异，各个国家分工生产使用本国最丰富的生产要素的产品，并经过国际贸易来获得最大的福利。诸多经济学者在资源禀赋学说的基础上进一步提出，决定某一国家综合国力的并不是资源禀赋的多少，而是如何优化配置其所拥有的资源，该理论对指导资源禀赋各异的欠发达地区具有重要意义。

资源禀赋的差异给欠发达地区的发展造成了巨大的约束。外包理论发展为打破资源限制提供了理论依据。资源外包理论认为，企业在内部资源有限的情况下，为取得更大的竞争优势，应仅保留其最具竞争优势的核心资源，而借助于最优秀的外部专业化资源对其他资源予以整合，以达到降低成本、提高绩效、提升企业核心竞争力和增强企业对环境应变能力的目的。

企业的发展离不开内部资源、外部情景要素的影响和制约，企业内部资源与外部情景要素的正确适配是企业发展壮大的重要原因。适配理论的发展为此提供了理论契机。匹配理论是组织行为学、组织心理学、人力资源管理领域的研究重点。目前，匹配理论已经得到进一步的应用，更多地被用于战略研究等领域。例如，贝茨总结了前人的相关思想，提出了"战略匹配"的概念；亨德森与文卡特拉曼规范了众多与战略匹配相关的概念并提出了企业战略匹配的理论模型；拉夫曼提出了业务—信息技术战略匹配成熟度模型（Business–IT strategic alignment maturity model）等。

从以上相关理论研究可以归纳出，在一定条件下，现代生产性服务业在像盘锦这样的经济欠发达地区是可以产生并得到发展壮大的。

二　研究架构及研究方法与设计

（一）研究架构

在经济欠发达地区，一般原有的生产性服务业比较落后、发展程度不够，而且主要是围绕原有产业来发展的。经济欠发达地区的生产性服务业有两个发展区域：发展该地区原有的生产性服务业；新主导产业引入欠发达地区后，发展新兴生产性服务业。但引入生产性服务业需要有一定的契机。要在经济不发达地区引入并发展生产性服务业，建立工业园区是必要的，即通过政府将核心生产企业引入经济欠发达地区，建立工业园区，这将为企业发展提供空间，并逐步形成当地所具有的区域性竞争优势。政府引入何种类似企业，要根据所在区域资源优势，而这些优势既可以是该区域先天要素禀赋优势，也可以通过一定的政策导向，形成后天要素禀赋优势。在生产企业的主导下，欠发达地区生产性服务业可以得到发展机会；当生产性服务业发展成熟后向高级化发展时，其必然要跳出本区域而不再受地域限制，成为具有核心能力的、成熟的产业。因此，生产性服务业的发展离不开生产企业，生产企业的发展促进了生产性服务业的发展。

本章按上文所提出的"非均衡区域生产性服务业创新发展的路径模型"，结合盘锦的地域特征，本节采用探索性案例分析方法，研究欠发达地区盘锦通过发展后一种生产性服务业来带动经济欠发达地区生产性服务业的发展路径。

（二）研究方法与设计

本书主要选择我国辽宁省盘锦地区的相关领导、企业负责人及领域专家作为调研对象，对其进行访谈，调研对象基本覆盖盘锦地区，主要来自当地政府部门（包括对外贸易经济合作局、市政府办公室、市发展和改革委员会、市统计局等）、辽宁宏冠船业有限公司（以下简称宏冠船业）及生产性服务业研究领域的专家。调研内容包括对生产性服务业产生影响的各个部分、行业，通过系统访谈来收集相关资料；资料收集完毕后，在原始记录的基础上对个案资料、访谈资料进行分类整理，并与该领域的专家进行多次座谈。研究方法主要是定性研究方法，具体为探索性案例研究方法。

三　案例介绍

（一）案例企业的地区背景

辽宁省盘锦市地处辽东半岛中央、辽河三角洲的中心地带，是全国第三大油田——辽河油所在地。油气资源的开发在区域经济中处于绝对地位。总体上看，盘锦市国内生产总值呈高速攀升态势，但近年来受原油价格变动的影响，盘锦市国内生产总值徘徊在 300 亿元；盘锦市的产业结构属于典型的二元结构，第二产业产值所占国内生产总值的比重多年持续在 70% 左右；内部产业结构单一（石油开采业、化工业的产值占第二产业产值的比重很高），即石油经济发达，而非石油经济较为落后；第三产业产值所占国内生产总值的比重偏低，第三产业中为生活服务的一般性服务业与石化产业的关系并不密切，生活服务业占第三产业比重相对较高，而与之密切相关的生产性服务业所占的比重偏小。

（二）案例企业的基本情况

宏冠船业是由百步亭集团控股同浙江省台州宏冠船业有限公司共同投资兴建的一家股份制中型现代化造船企业，现有员工 2856 人，于 2008 年通过 ISO9000 质量管理体系认证。公司位于辽宁省"五点一线"的沿海经济带中心区域，地处辽宁省盘锦市辽滨开发区，位于辽河入海口右岸，离渤海湾交汇口仅 2 千米，系天然深水港区，紧靠盘锦港，邻近沈大高速公路，毗邻中国第三大油田——辽河油田，并与营口市隔河相望，水陆交通十分便利，是建造 5 万吨级以下船舶的理想之地。

公司占地面积为 1447 亩，项目建设总投资 4.5 亿元。其中，2005 年第一期工程建筑拟投资 1.2 亿元，占地约 600 亩，建设有 2 万吨船台 2 座、3 万吨船台 1 座；现代化标准厂房 21915 平方米；分段建造和集配场地 8.5 万平方米，2 万吨级标准集装箱码头 1 座；公司配备的办公大楼、高级公寓、单身宿舍、食堂等达 1.1 万平方米；各类现代化的设计、制造、检测设备一应俱全。一期工程建设竣工后，员工人数达 1200 人，主要产品为 16800 吨成品油轮、900TEU—1280TEU 集装箱船和 13000 吨级多用途散货船等系列出口船舶，年生产能力约 10 万载重吨。2008 年第二期工程建设拟投资 2.8 亿元，占地约 700 亩，其中主要规划包括 5 万吨级干船坞 2 座、标准舾装码头 2 座、标准厂房约 2 万平方米、12 层现代化办公大楼 1 座以及其他配套设施。二期工程完成后，员工将增加到 2000 人，主要产品为 900TEU—3000TEU 集装箱船和 5 万吨以下的各类型成品油轮、多用途船、散货船等系列出口船舶，年生产能力约为 20 万载重吨。2010 年三期工程建设拟投资 4.8 亿元，占地面积 1200 亩，主要规划有 3 万、5 万吨级干船坞各 1 座，5 万吨级外海不冻标准舾装码头 2 座和用于各类高速船舶和豪华游艇研发与建造的设备与设施，员工增加至 5000 人，主要产品为国内外 900TEU—3000TEU 集装箱船和 5 万吨级及以下的各类型成品油轮、多用途船、散货船等，年生产能力将提升到 50 万载重吨以上。2012—2015 年四期工程建设计划投资 8 亿元，规划建设 10 万吨、17 万吨级干船坞各 1 座、配套舾装码头 2 座以及其他生产配套设施，主要生产 17.5 万吨级及以下各类船舶，年生产能力将达到 100 万载重吨。

　　宏冠船业的船舶制造项目实现了当年建设、当年投产。2007 年 5 月 16 日，为新加坡 PCL 公司建造的 16800 吨成品油轮"加里曼丹"号成功下水，成为盘锦第一艘驶入海洋的大船；同年 8 月 10 日，16800 吨成品油轮"马鲁古"号顺利下水；同年 7 月 16 日，16500 吨 Ⅱ 类化学品船"伯德"号成功下水。经过几年努力，宏冠船业所承接的来自希腊、法国、挪威等国家的船只订单量 30 余艘，先后与德国 TB Marine 公司、新加坡 PCL 公司签订了十余艘成品油轮和化学品船合同订单。

　　宏冠船业的企业精神是"团结、敬业、诚信、务实、创新、进取"，宏冠船业的质量方针是"以人为本、设计精确、生产精细、服务精良"。宏冠船业的产品策略是：依托傍河临海的自然区位优势，与大连、葫芦岛两大船舶修造基地形成错位发展，侧重于发展 5 万吨级以下的中小型成品油轮、化学品船、散货运输船、工程船、豪华游艇、高速快艇等船舶的制造业务，特别是具有较高附加值的游艇、快艇类船舶的制造业务，以填补辽宁船舶制造业的空白。由于其所在工业园区只能为其提供部分配套能力，不能为其提供的配套主要靠外包异地企业实现。因此，宏冠船业采取外包战略：其船舶设计主要外包给上海船舶设计类研究单位。船舶产业体系由科研设计、生产、总装、配套、修理等组成，依据宏冠船业总体外包思路，宏冠船业在整个船舶制造链条中，选择总装环节作为切入点。宏冠船业外包的具体情况见表 5 - 1。

表 5 - 1　　　　　　　　　　宏冠船业的外包情况

船舶制造环节	是否外包	外包地
设计	是	上海等
生产	是	大连、上海等
总装	否	
配套	兼有	盘锦、大连、上海等
修理	兼有	盘锦、大连、上海等

四　案例分析及研究结果

（一）宏冠船业的案例分析

宏冠船业是百步亭集团和浙江省台州宏冠船业有限公司共同投资兴建的。随着公司的发展，基于企业资本、规模扩张的目的，公司需要投资建设新厂区。在企业投资战略考虑中，许多投资地点可供选择，其中很多地点都位于经济发达地区。虽然经济发达地区对生产要素有强烈的吸引作用，但公司却出人意料地将投资地点定为盘锦这一经济欠发达地区。公司之所以选址在盘锦并得到了较大的发展空间，有诸多原因。

首先，公司董事进行公司负责人的选择。公司董事之所以选择辽宁宏冠船业有限公司现任负责人来管理宏冠船业，是相信其能真正代表股东权益。现任负责人理顺了公司内部各利益群体的平衡关系，使公司上下一致，为实现公司战略目标而努力，减少了内耗等现象的发生。加之其所制定的公司发展策略匹配于当地的区域环境，从而为公司的顺利运作和下一步发展壮大打下了坚实的基础。在选择好领导者后，公司开始进行投资地的选择。公司选择盘锦最根本的原因是：在该地建厂除可以享受国家振兴东北老工业基地的增值税抵扣等多项税收减免政策外，还可享受辽宁省"五点一线"区域内企业免交公路养护费、城市污水处理费等20余项行政事业性收费的优惠，以及可以享受辽宁省鼓励外资企业发展资金、中小企业国际市场开拓资金的倾斜和资助；符合国家鼓励发展产业的企业，还可得到省、市财政出资的产业开发资金的扶持，在金融方面也可以得到相应的融资支持。公司投资建厂在河海荒地滩涂上，该类型土地属于非农业用地，易于用于造船基础设施建设，在这里投资建设既不与农民争地，又无动迁之累，极具开发空间，加之当地政府给予宏冠船业优惠的土地政策，使公司进行土地开发成本非常低。因此，可以铺开进行造船业基础设施建设。

其次，宏冠船业在当地政府的主导下被引入盘锦市辽滨开发区后在政府的支持下获得较快发展的主要原因在于，其正确地选择了产业链的切入点，即主要从事最后的船舶建造和集中装配环节的业务，而并非从事从船舶设计到最后装配的整个产业链的制造业务。新产业的发展、壮大需要产业的各环节联结成一个完整的产业链条，要依靠产业链中上游产业和下游产业的相互配套来发展；而打开产业链则需要正确选择产业链的切入点，新产业切入产业链后，在配套产业的支撑下，产业才能步入正轨。盘锦市属经济欠发达地区，其经济结构是典型的二元经济结构。经济欠发达地区的生产要素的集聚能力弱，区域发展受资源禀赋限制，因此，高端生产性服务业企业、科研机构和相关配套产业企业大部分集聚于本区域外的发达地区。为实现企业的发展战略，宏冠船业依据盘锦当地的资源禀赋，制定了企业全面外包战略，并依据宏冠船业总体外包思路，选择了总装环节作为切入点。

最后，宏冠船业以利润为企业导向，在明晰不同市场结构的基础上，抓住市场机遇，获得了快速发展。在白热化的市场竞争中，商机稍纵即逝，能否抓住市场机遇决定着企业能否实现生存与发展。宏冠船业本着"快上、利润、市场差别化"的运营思想，经营企业，力图领先竞争者，获取竞争优势地位。根据产业经济学的观点，市场分为不同的结构，而对不同结构的市场应采取不同的策略，企业正确地划分市场，对企业制定正确的战略至关重要。宏冠船业的产品策略为企业向造船业的高端发展确定了方向，奠定了基础。由于宏冠船业采取了正确的发展战略，使其匹配于企业的内、外部环境，因此逐步形成了以其为"增长极"的工业园区，而围绕该核心企业又聚集了一批配套企业，其中包括为其服务的生产性服务类企业。随着宏冠船业的企业规模与实力的不断扩大，该公司拟向工业园区引入生产性服务业高端企业即船舶设计研发机构。

（二）生产性服务业的发展路径

通过实地调研、专家分析、案例归纳，我们可以归纳、分析、提炼、验证出经济欠发达地区生产性服务业的发展路径，如图 5 - 2 所示，从而使该案例具有可推广性。

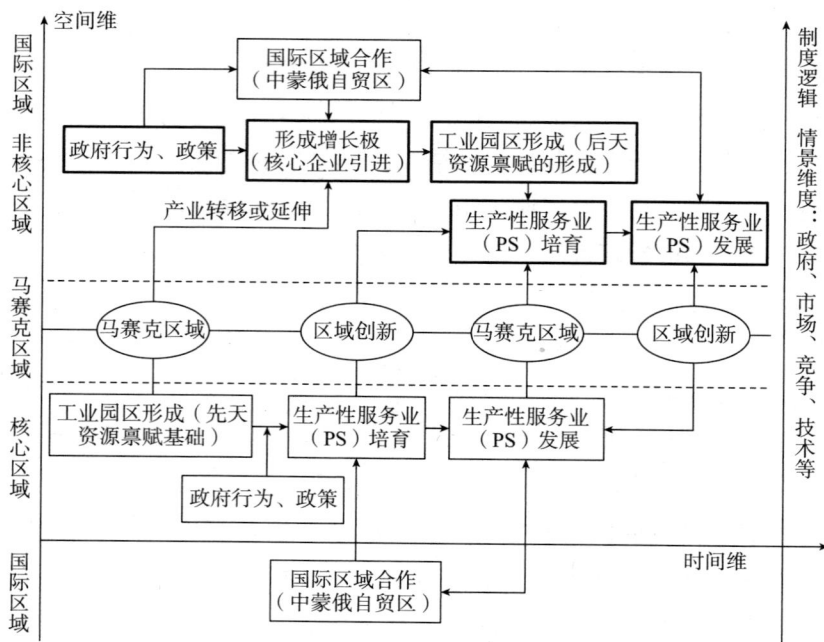

图 5 - 2 盘锦非均衡区域生产性服务业创新发展路径模型

首先，在政府的主导下建立工业园区，引入具有带动作用的企业。由于盘锦市本地缺乏生产制造配套条件，而其周边具备此条件，因此，宏冠船业准确地采取了外包策略。正是由于主导企业正确选择了外包策略，使企业匹配于内、外部环境，因此，工业积聚区逐步形成，从而带动了区域经济的发展。

政府引进新产业的手段既可以通过高级产业转移实现，也可以通过整个产业链条中、低级别产业的接替实现。欠发达地区引进何种产业，既可以根据本地区所具有的区域优势，也可以通过营造产业条件，形成区域优势，进而引入新产业。因此，当地政府应从经济全球化和全球范围内产业重组分工的高度来考虑产业转移，以构建局部产业优势。政府是企业外部环境中重要的影响因素，其深刻影响着新兴产业的引入、形成和发展。政府在人脉关系、帮助动迁和补偿等政策方面所做的大量深入的实际工作对顺利、成功地引进主导企业具有至关重要的作用。

其次，在工业园区内，当主导产业形成后，政府自然是将其作为本地区的一家龙头企业来对待，希望通过其发展带动生产性服务业的发展，因此，政府与企业开展合作，进行商业性开发，为其进行配套，从而成功引进新的产业。核心企业为生产性服务业的发展提供了需求；生产性服务业得到初步发展后，其匹配于生产企业的发展，从而其整体规模得到进一步扩大；最终两者形成一个良性的循环系统，在经济总量扩大的过程中相互协调发展，同时拉动地方经济的发展。

生产性服务行业自身的规模实力是生产性服务企业拥有竞争力所必备的要素。随着时间的推移，企业的匹配程度得到提高；当生产性服务企业达到一定的规模并获得一定的能力后，会形成独立的产业，相关的生产性服务业就发展起来了。而欠发达地区也就成功地突破了经济转型的"瓶颈"，得以实现相关产业的发展，使欠发达地区产业结构最终得到调整，完成产业结构重构。从而经济欠发达地区的生产性服务业就可以从无到有、从小到大而得到发展——这就是本案例的现实意义所在。

（三）结论

产业创新具有连锁反应，即某些产业的创新会引起另一产业的创新，连锁式地对产业创新产生影响。此外，一个产业的创新还会成为另一产业创新的供给因素。产业创新可以形成有效的产业竞争性环境以及产业集群，可以提高地区产业竞争力并带动科技创新、管理创新和市场创新等，进而带动整个社会创新能力的大幅度提升，提升区域创新能力。经济欠发达地区的经济发展水平低、经济基础薄弱、产业结构不合理、服务业发展落后，因此，要在此类地区建立、发展生产性服务业几乎没有任何优势，但如果作为工业园区"增长极"的企业能够采取正确的发展策略，使其匹配于企业的内、外部环境，从而形成产业规模，最终可带动生产性服务业的发展。

第五节　马赛克区域发展生产性服务业的可能性分析
——以沈抚同城为例

一　马赛克区域发展生产性服务业的可能

以"过道"连接沈阳与抚顺，即以马赛克方式镶嵌在沈阳与抚顺之间。通过这种连接方式，成为过道马赛克式发展区域。这种连接方式，对沈阳和抚顺两个城市的发展以及整个区域的发展都有益处。

从城市空间角度来看，作为连接区域，融合非均衡区域的同时（作为通道），而又分割两极，避免"摊大饼"式城市的发展通病。为生产性服务业的发展，留下了充分的发展空间。

从产业空间配置角度来看，沈阳与抚顺同城主要有两方面的显著优点：第一，有利于沈阳产业链的延伸、转移、承接，为产业发展扩展空间。产业竞争优势地位的增强，有利于生产性服务业的发展，围绕制造产业，形成生产性服务业。第二，推进沈阳与抚顺同城化的意义。一是有利于地方文化输出，形成新兴产业增长极。旅游文化输出，促进"绿色无烟产业"的旅游产业发展，可以为资源枯竭型城市转型树立标杆。二是形成旅游产业增长极，构建完整的旅游产业价值链。特别是增强生产性服务业的发展，如为文化产业提供生产性服务业的设计、制作、会展、金融等服务业的发展。

二　马赛克区域发展生产性服务业的路径

作为连接核心区域、城市与非核心区域及城市之间的马赛克区域，经济发展比较非核心区域具有临近核心区域的空间便利，但也有临近非核心区域的空间劣势，区域内发展呈现未分化发展态势。根据这种特殊区情，为在达到非均衡区域核心区域与非核心区域实现协同发展的同时，避免马赛克区域被边缘化，而产生新的落后区域，并最终实现非均衡区域的经济区，包括马赛克区域在内的区域协同发展目的，本章在"非均衡区域生产性服务业创新发展的制度逻辑概念模型"的基础上，对概念模型进行细化，并重点考虑马赛克区域独特空间特征，以及政府、多边区域等构成制度逻辑的情景因素主体，提出"马赛克区域生产性服务业创新发展的路径模型"并以沈阳和抚顺同城为例，进行系统分析情景主体因素的逻辑，最终明晰马赛克区域生产性服务业得以发展的制度逻辑规律，如图5-3所示。

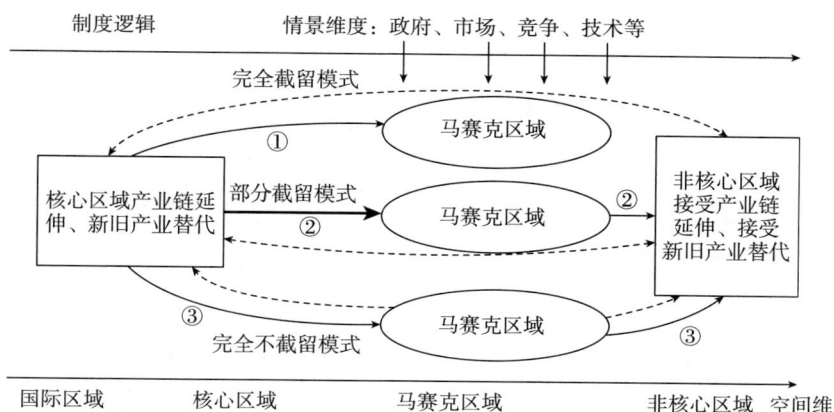

图 5-3　马赛克区域生产性服务业创新发展的路径模型

在核心区域与非核心区域间，非核心城市区域可以借助核心区域、核心城市高级产业链条的延伸以及低端产业的转移实现。通过信息技术等新兴技术手段和精细产业链，在提升价值链过程中，延伸产业链。在产业链延伸过程中，将低级别产业转移到非核心区域，通过接替作用实现非核心区域产业发展。在产业转移、替代过程中，作为连接两非均衡区域的马赛克区域，可以借此获得发展机遇。在主导性产业建立后，就可以实现生产性服务业的发展。

核心区域生产性服务业经过资源聚集，在得到快速发展之后，资源要素的辐射作用，得以发挥。通过生产性服务业的扩散作用，为非核心区域生产企业提供服务，并以类似产业链延伸的方式，通过生产性服业的转移和接替，促进非核心区域与核心区域之间产业的融合，进而实现区域产业协同发展的目的。而马赛克区域凭据地理空间便利，可以嵌入延伸的产业链中，包括制造业产业链与生产性服务业产业链。

加速推进抚顺的重点企业及产品与其他城市特别是核心城市沈阳装备制造等主导产业的协作配套。通过以沈阳为核心的沈阳经济区同城化与城际连接带建设，不仅可以强化经济区的整体城镇化效应，而且可以实现非均衡区域生产性服务业的创新发展。作为马赛克区域，其具体的生产性服务业创新发展路径，可以描述为三种类型。

（一）完全截留模式

在组织外部技术创新、区域经济一体化加深、国家振兴东北系列政策以及企业竞争等压力下，核心区域原有产业为适应新制度逻辑变化，寻找新的生存发展空间。在向非核心区域转移、延伸产业链的过程中，马赛克区域凭借优越的空间优势以及有利的资源禀赋，可以采取第一条路径，将核心区域转移、延伸的产业链条完全截留到马赛克区域，实现产业量的增加与产业技术水平质的提升，并在形成一定资源集聚之后，反馈核心区域与非核心区域，构建以马赛克区域为核心或者为重要角色的核心区域与非核心区域协同发展局面。因此，在发展非均衡区域时，要注重区域的动态协同，不能仅仅将产业发展重心放在核心区域。

（二）部分截留模式

马赛克区域作为连接性区域，连接核心区域与非核心区域。在向非核心区域转移、延伸产业链的过程中，由于非核心区域所具有的资源禀赋是马赛克区域所不全部具备的，由于资源禀赋的优势不足，马赛克区域可以采取第二条路径即部分截留模式，将核心区域转移、延伸的产业链条部分截留到马赛克区域，充分利用区域内所具有的资源禀赋，使所截留产业实现量的增加与产业技术水平质的提升，并在形成一定产业规模之后，反馈核心区域与非核心区域，构建以马赛克区域为核心或者为重要角色的核心区域与非核心区域协同发展局面。

（三）完全不截留模式（支撑模式）

在向非核心区域转移、延伸产业链的过程中，马赛克区域较非核心区域，缺乏资源禀赋，面对不能将核心区域转移、延伸的产业链条截留到马赛克区域的局面，马赛克区域可以采取第三条路径即支撑模式，为核心区域和非核心区域的产业提供生产性服务，接续非核心区域产业转移，借此实现产业量的增加与产业技术水平质的提升，并最终构建以马赛克区域为重要区域角色或者为核心的非均衡区域协同发展局面。

第六节　区域发展黏性剂研究
——以教育为例

从现实来看，改革开放以来，我国经济持续快速增长，综合国力明显增强。但从总体上看，教育发展相对落后，教育公平与非均衡区域教育水平差距逐步拉大等问题，已经严重影响到教育事业的发展。特别是比较经济发达区域，沈阳市还属于欠发达地区。不仅面临着教育发展的问题，而且面临着教育协同发展过程中核心城市与非核心附属城市的区域协同发展难题。因此，如何通过调整与优化教育结构，实现区域协调发展，进而破解这一系列难题，就成为区域教育发展中一个严峻的课题。相应地，如何准确选择教育调整中的突破点成为关键的问题。因此，如何实现城乡教育公平，加快城乡教育一体化发展的新格局，是沈阳市民生建设的核心议题之一。从现实来看，影响制约城乡非均衡区域教育发展的原因有很多，也很复杂。这里，既有教育外部环境方面的因素，也有内部教育资源方面的因素，都对其产生影响，而这些因素彼此间如何产生影响、如何发挥作用以及内在作用机理怎样等问题都是需要解决的现实问题。通过对沈阳城乡非均衡区域教育协同发展形成与演化机理等的分析和典型模式的提炼，可以增强城乡非均衡区域教育之间协同发展对策的系统性、针对性、科学性及可操作性，可以从实践中为教育公平的发展提供宏观政策建议参考和微观行动指南。对于全球化背景下指导沈阳教育协同发展的管理实践，提升沈阳市教育的成长性和竞争能力，都具有十分重要的实践意义。

从理论上说，本部分试图从协同提升的视角出发，研究区域教育公平问题，揭示其影响因素、动力机制等。通过本章的研究，在一定程度上有助于揭示中国城乡非均衡区域教育发展规律，补充完善现有理论创新研究，有助于加深政府和教育界对实现教育公平的正确认识和理解，有助于带动经济欠发达地区的教育发展。本章通过创新性地引入"协同提升"视角分析沈阳城乡非均衡区域教育的协同关系，进而对相关的关键性问题进行研究；通过构建协同提升的整合框架，揭示非均衡区域多因素协同提升视角下的沈阳城乡教育协同发展的内在机制，对沈阳民生建设具有重要的理论意义。

通过以上研究成果，除在一定程度上有助于揭示我国教育发展的普遍规律、补充完善现有理论研究外，还可以应用到教育创新等领域的研究中。

一 非均衡区域教育问题产生的原因分析与协同发展框架研究

（一）非均衡区域教育问题产生的原因分析

城乡之间教育水平的差距是客观存在的现实，而造成城乡间教育水平差距的原因是多方面的，如国家教育投资的力度、城乡师资力量悬殊、教育基础设施差距、城乡教学资源的不对称等因素均造成了教育水平的差距。而教育水平的差距必然直接或间接地造成教育公平问题的产生与存在；反之，教育不公平也直接影响城乡教育水平的差距，两者是密切联系、辩证统一的整体，是一个问题的两个方面。为了缩小城乡教育水平的差距，实现城乡教育公平具有非常重要的意义。

首先，城乡教育存在的差距以及涌现的诸多教育不公平现象是在传统的城乡二元结构背景下发展的。城乡二元结构体制导致了社会贫富差距拉大，40年来，核心区域工业化发展突飞猛进，可是农村城市化发展比较缓慢，导致出现了一个与主体社会运行脱节的、被滞留于农村的庞大的农民群体，成为产生社会分层的基础群体。随着资本不断地向城市流动，农民工由于不属于城市常住人口，导致无法分享资本聚集区的各项优厚条件，绝大多数农民只能处在金字塔的底层，导致了社会分层中贫富差距越来越严重。而教育作为个人向上层社会流动的阶梯，是一种合理的社会流动机制。而教育就是决定社会分层结构或促成社会流动的原因重要因素之一。由此，在城乡二元结构体制下，社会分层因素和教育公平之间相互影响，其实是一个恶性循环的过程。如果目前的城乡二元结构体制得不到根本的改革，将会制约城乡教育的均衡发展，导致教育不公平，加大城乡间教育水平的差距。反之，教育不公平又会进一步影响并强化二元经济结构的特征，从而加大社会成员之间的贫富差距，阻碍社会各阶层的良性流动。而稳定固化的金字塔社会分层会导致教育公平与社会公平成为泡影。因此，单纯通过教育政策的改革并不能实现教育公平，通过城乡一体化，逐渐破除城乡二元结构体制，实现经济均衡发展，将会从根本上实现社会公平，从而推进教育公平，缩小城乡教育水平的差距。

其次，由于城乡区域性差异，城乡教育公平不是盲目地追求平等发展，而是城乡教育要均衡发展，发挥自身的优势，获得的资源应能够满足自身发展的需要，所以，只有从观念上正确认识城乡教育公平问题，才能真正实现教育公平，不断缩小城乡间教育水平差距。那么，什么是正确的教育公平观呢？显然，人们总是在一定的教育公平观引领下去理解和追求教育公平的。从公平研究的历史角度来看，我国教育公平观学者主要有两种类型的研究：一是平等倾向的公平观；

二是功利主义公平观。前者的典型代表人物罗尔斯的核心观点是，在"合乎最少受惠者的最大利益"的公平观引领下，提出了著名的公平二原则，以期实现他的"有平等倾向的教育公平"。后者的代表人物亚当·斯密、诺齐克等认为，效率是公平的基础与标准，坚信只要有了效率，财富扩大，那么广大人民就可能随着社会财富的增加而受益。其实，如果我们追溯历史上对公平的最初理解还有另外一种"应得的"观念。也许对解决当前教育公平难题更有启发与实践意义。如古希腊的梭伦认为，公平就是"给一个人以其所应得"。穆勒进而提出，人公认每个人得到其应得的东西为公道；也公认每个人得到他不应得的福利或遭受他不应得的祸害为不公道。麦金太尔也认为，正义是给每个人——包括给予者本人——应得的本分。

通过对公平及教育公平的理解，从观念上对教育公平的问题有了新的认识。再从教育的本质来看，由于教育本质上是一种培养人的活动，决定了"人是教育的出发点"。但功利主义的公平观决定了人的发展的平等权；而平等倾向的公平观决定了人的发展的多样性，两者是相冲突的。而在倾向平等的公平观与功利主义的公平观之间还存在一种应得的公平观。因此，对于城乡教育公平的内涵，本书赞同，其是指"城乡公民各自得到应得的教育资源"。而当前"城乡教育均衡发展"的公平性意蕴就比较模糊，加之我国"均贫富"及"大同社会"等传统文化的作用与影响，以及承担教育改革成本过大而受损的利益群体对解放初"平等"的公平观的怀念，"城乡教育均衡发展"有极易陷入"城乡教育平等发展"的风险，重新出现改革前的"平均发展导致共同落后"的局面。因此，由于区域的差异性而盲目地追求教育平等发展不可能实现教育公平，必须通过改变教育公平观，各个区域的发展都能获得应得教育资源，才能从根本上推进教育公平，缩小城乡教育水平的差距。

（二）非均衡区域教育协同发展框架

协同学的理论核心是自组织理论（研究自组织的产生与调控等问题），这种自组织随"协同作用"而进行。"协同作用"是协同学与协同理论的基本概念。沈阳市非均衡区域教育协同发展，是指区域内各地域单元（子区域）和教育系统组分之间协同和共生，自成一体，形成高效和高度有序化的整合，实现区域内各地域单元和教育组分"一体化"运作的区域教育发展方式。由于序参量主导着区域经济系统整体演化过程，因此，确定区域教育系统协同竞争中的序参量是进行区域经济协同发展分析的理论前提。但序参量的形成不是外部作用强加于系统的，它的来源在系统内部。当多组分系统处于无序的旧结构状态时，众多子系统独立运动，各行其是，不存在合作关系，无法形成序参量。当系统趋近临界点时，子系统发生长程关联，形成合作关系，协同行动，导致序参量的出现。

区域主导教育系统是区域教育发展的序参量，该系统与区域经济主导产业具有相通的内涵。主导产业最早是由罗斯托（Rostow）提出的，他在《经济成长的过程》和《经济成长的阶段》中首先使用"主导产业"来替代"经济基础部门"这个概念，接着又在《由起飞进入持续成长的经济学》一书中，详细阐述了主导产业理论体系。罗斯托认为，在区域经济发展中，在不同层次的产业结构中，各个产业的地位和作用是不同的，现代区域经济增长中，实质上是部门成长的过程，成长首先是从主导产业部门开始的，然后通过前瞻影响、回顾影响和旁侧影响，形成扩散效应，辐射传递到产业关联链上的各产业中去，最终带动并促进整个区域经济的全面发展。借鉴罗斯托对主导产业的论述，本书认为，区域教育的发展是由主导教育系统带动的，教育发展的过程就是主导教育系统不断转换，并将教育系统不断地推向更高发展阶段的过程。主导教育系统，具有序参量的特征。一般来说，地区教育结构的变动，主要是由于主导教育体系的变动引起的。

根据国内外学者的研究成果与本章上述分析，结合沈阳市非均衡区域教育发展的现状，搭建了如图5-4所示的概念模型。面对国际教育竞争跨国、跨区域发展的逻辑，政府及教育部门希望通过教育发展、带动区域经济发展的发展逻辑。区域教育发展要吸附区域教育资源并获得足够的发展资源，就需要构建一定的条件，而"推动性单位"是区域教育吸附资源的重要支撑。在"推动性单位"作用下，进行教育体系创新。当新兴教育体系达到一定的规模和素质后，通过大都市圈子系统区域内教育协同和子系统区域间教育协同作用，最终达到非均衡区域协同发展的目的。因此，对于大都市圈内，其要想发展教育事业，必然要依托一定的主导性教育单位才可以进行下去，因此，依托什么样的教育单位决定了实现教育公平、缩小城乡教育水平差距的起点问题。因此，作为带动区域教育发展的教育单位不能是一般的教育单位，而必须是作为"增长极"出现的教育单位，这样，才能带动教育业的发展。

制度逻辑　情景维度：政府、教育部门、同类教育部门、其他教育部门、其他利益相关者

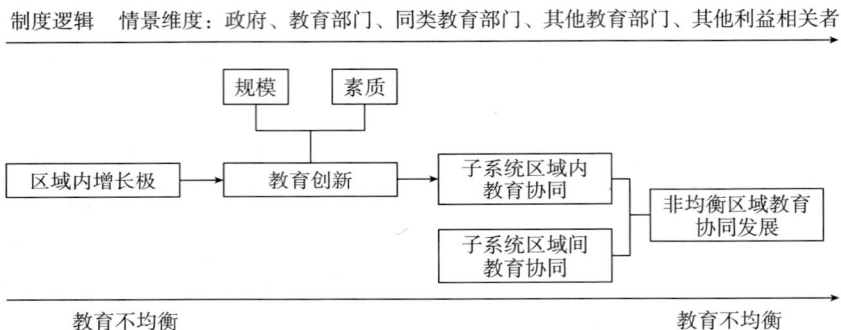

图5-4　沈阳市非均衡区域教育协同发展的概念模型

二　沈阳市非均衡区域教育协同发展路径

（一）沈阳市非均衡区域教育协同发展路径模型

沈阳市非均衡区域既有核心城市，也有非核心城市。现实情况是，沈阳大都市圈是"一强七弱"，随着经济二元化发展严重，区域内教育发展同样呈现非均衡发展态势。根据这种特殊区情，为达到区域内教育协同发展目的，本章从时间维、空间维和制度逻辑三个维度，在沈阳市非均衡区域教育协同发展的概念模型的基础上，提出沈阳市非均衡区域教育协同发展路径模型，如图5-5所示。

在核心区域，沈阳市非均衡区域核心区域的核心城市聚集着一定的教育单位，教育资金、科学技术、智力等资源也得到一定程度的聚集。加之交通便利，信息灵通，使其在区域教育发展中起教育中心的作用。

　　面对国际教育竞争跨界竞争、政府发展教育带动地方经济的逻辑，核心区域原有教育基础为教育发展提供了空间，核心区域教育单位获得了难得的发展机遇。在主导性教育单位的主导下，发达地区教育体系可以得到进一步的发展机会；当原有的教育体系成熟后，向高级化发展时，其必然要跳出本区域而不再受地域限制，成为具有核心能力的、成熟的教育体系。因此，原有教育体系的创新性发展离不开主导性教育单位，而政府的主导作用为主导性教育单位的引入、培育以及高级化带来了发展的契机。

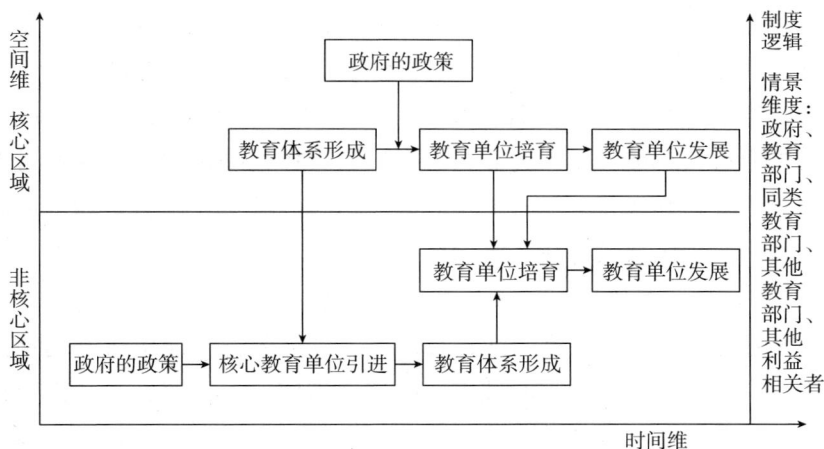

图 5 – 5　沈阳市非均衡区域教育协同发展路径模型

　　在非核心区域，一般原有的教育体系比较落后，发展程度不够。经济欠发达地区的教育体系同样有两个发展区域：该地区原有的教育体系；新教育单位引入该地区后产生的教育体系。由于该区域原有教育体系对其教育结构调整所起作用有限，本书提出，通过发展后一种教育体系来带动非核心地区教育的发展。

　　在沈阳市非均衡区域的非核心城市区域引入教育单位需要有一定的契机。要在经济欠发达地区引入并发展教育系统，建立教育体系是必要的。但其对比教育发达的核心城市区域，由于核心区域教育要素的吸空作用，使非核心城市处于劣势。就必须依靠政府提供政策，通过政府在教育活动中的主导作用，将核心教育单位引入经济欠发达地区，建立教育体系，这将为教育发展提供空间，并逐步形成当地所具有的区域性竞争优势。政府引入何种类型的教育单位，要根据所在区域教育资源优势，而这些优势既可以是该区域先天要素禀赋优势，也可以通过一定的政策导向，形成后天要素禀赋优势。在主导性教育单位的主导下，欠发达地区的教育体系可以得到发展机会；当该地区的教育体系发展成熟后而向高级化发展时，其必然要跳出本区域而不再受地域限制，成为具有核心能力的、成熟的教育体系。

在沈阳市非均衡区域的子系统区域间，非核心城市区域政府既可以通过核心城市区域高级教育单位转移实现，也可以通过整个体系中、低级别教育体系的接替实现。而核心区域教育体系的快速发展，又可以通过其扩散作用，为非核心区域教育体系提供服务，并通过教育单位的转移和接替，促进非核心区域与核心区域之间教育体系的融合，进而实现区域教育体系协同发展的目的。

（二）沈阳市非均衡区域教育协同发展路径

通过专家访谈、文献归纳，我们可以总结分析出沈阳市非均衡区域教育协同发展过程中核心城市与附属城市协同发展路径，从而使该路径模型更具有可推广性。

1. 沈阳市非均衡区域的核心区域

首先，在原有教育体系的基础之上，形成具有带动作用的教育单位，形成区域教育优势。

其次，在教育体系内，依托主导性教育单位，政府与其开展合作，为其进行配套，从而成功地实现教育单位升级，促进新的教育单位培育和发展。

教育单位自身的规模实力是教育单位拥有竞争力所必备的要素。随着时间的推移，当教育单位达到一定的规模并获得一定的能力后，新的教育体系就发展起来了。而核心地区也就成功地突破了教育转型的"瓶颈"，使核心地区教育结构最终得到调整，完成教育结构高级化的重构，从而实现核心区域教育的创新发展。

2. 沈阳市非均衡区域的非核心区域

首先，在政府的主导下引入具有带动作用的教育单位，而后形成教育体系。政府引进新教育单位的手段，既可以通过核心区域高级教育单位转移实现，也可以通过整个教育体系的中、低级别教育单位的接替实现。欠发达地区引进何种教育单位，既可以根据本区域所具有的区域优势，也可以通过营造教育单位条件，形成区域优势，进而引入新教育单位。因此，当地政府应从教育全球化和更广范围内教育重组分工的高度来考虑教育单位的转移，以构建局部教育优势。政府是教育单位外部环境中重要的影响因素，其深刻影响着新兴教育单位的引入、形成和发展。

其次，在教育体系内，当主导性教育单位形成后，政府自然是将其作为本地区的主导性教育单位来对待，希望通过其发展带动当地教育的发展，因此，政府与教育单位展开合作，为其进行配套，核心教育单位为教育业的发展提供了需求。当其达到一定的规模并获得一定的能力后，新兴的教育体系就发展起来了，使欠发达地区教育结构最终得到调整，完成教育体系结构的重构，从而使欠发达地区的教育体系就可以从无到有、从小到大而得到发展。

在整个教育体系发展的过程中，通过核心城市区域高级教育单位转移，通过整个教育体系的中、低级别教育单位的接替实现，通过核心区域教育体系的扩散作用，就可以达到促进非核心区域与核心区域之间教育的融合，进而实现区域教育协同发展的目标。

三　沈阳市非均衡区域教育协同发展机理及相应的管理策略

（一）协同演化机理

根据协同学理论，非均衡区域协同进化机制在于系统内部和外部存在大量的随机微涨落，推动系统离开初始点；其中只有少数微涨落（在非线性作用下放大为巨涨落）达到一定强度时，才能使系统不断发现并接近于更能适应环境的结构或行为模式。而协同发展是系统内部，以及各子系统之间的相互适应、相互协作、相互配合和相互促进，耦合而成的同步、协作与和谐发展的良性循环过程。它不是单个系统的事情，是一种整体性、综合性和内生性的聚合，是系统整体中所有子系统之间相互关联、作用的动态程度的反映。即协同学的核心方法是"寻找宏观尺度的性质变化"（Haken，2000）。

面对区域经济外部制度逻辑变化，沈阳市非均衡区域要充分利用发挥其教育资源优势，带动区域教育结构的调整和优化，实现非均衡区域教育的协同发展，并最终达到教育公平与缩小城乡之间的教育水平差距目的。本部分研究以沈阳市非均衡区域为研究对象，通过描述其核心区域与非核心区域教育体系创新形成、发展和完善等阶段的进化过程，以及区域所面对的政府政策环境、资源禀赋条件等方面论述非均衡区域教育体系协同进化机制，并在此基础上，通过空间和时间两个维度的划分，分析了其进化路径，从而为在区域的层面构筑非均衡区域教育体系协同发展机理提供依据。

主导性教育单位的产生与更替是区域教育系统结构转换的重要标志，所以，区域主导性教育单位是表征，区域教育系统演化状态的宏观参量。区域内一个教育单位能否成长为主导性教育单位，受教育系统内各个关联关系的制约，受来自系统内政策、智力以及资源等多种因素变量的作用。沈阳市非均衡区域协同发展协同演化机制具体表现在三个方面：第一，教育体系创新是非均衡区域协同进化动力源泉；第二，主导性政府政策环境是区域教育协同演化的保障；第三，本地资源禀赋是沈阳市非均衡区域教育协同发展的物质基础。

（二）管理对策

教育单位的发达程度是衡量地区教育综合竞争力和现代化水平的重要标志，加快发展教育体系，对沈阳市实现教育公平与缩小城乡之间教育水平的差距具有重大意义。因此，必须加快教育体系的协同发展。针对沈阳市非均衡区域教育协同发展演化机理，本书提出了对沈阳市非均衡区域教育协同发展的基本对策。

1. 通过区域内外教育资源整合，增强区域教育系统开放性

以内外资源整合为途径，促进非均衡区域教育体系开放性提升，可以考虑从构建完整、有效的政策扶持体系入手。

第一，认真落实国家对教育发展的扶持政策。政府有关部门应加大宣传咨询力度，积极帮助和引导教育系统的管理部门及教育单位掌

握并运用好国家的政策，并将各项政策落到实处。

第二，促进教育发展的地区政策。如财政政策、规制政策等应集中在有增长潜力的、对当地教育结构变化较为敏感的、在教育快速发展时期，能够支持教育发展的教育单位。因此，要制定配套的激励政策措施，积极运用经济手段，通过财政补贴、贷款贴息等形式，支持"增长极"式的教育单位。

第三，创造公平竞争的教育发展秩序，为教育体系内的教育单位发展提供良好的软环境。

第四，政府要逐步打破原有法律法规对发展教育业的不合理限制，并极其慎重地放宽行业限制，鼓励民营资本和外部资金进入，增加教育供给，着力培育新的教育体系。

第五，加大政策倾斜力度，对主导性教育单位加以扶持。有选择地输入一些具有比较优势的教育单位，发挥示范效应，带动教育系统整体水平的提高。为教育系统集成化发展创造有利环境；促进教育业的协同发展，依赖政府教育政策的引导和支持，政府应拿出具体的推动方案，确定教育系统的结构调整目标。

第六，增强财政的引导作用。积极探索教育系统投资基金的设立和运行方式，在不干预教育单位按教育规律正常运转情况下，以更好地发挥财政投入对民间资本和社会资本的引导作用；支持教育系统公共平台的建设，强化其对地域教育高级化发展的引领和支撑功能；在尊重教育事业独立发展、不人为改变教育规律前提下，拓展教育体系的融资渠道，加快建立有利于教育系统发展的投融资体系。

2. 提升区域的协同性

每个城市各自的教育资源禀赋、教育基础等不尽相同，不同的区域，首先应根据区域教育优势在沈阳、辽宁、中国乃至于国际教育体系中的地位和竞争优势来决定自己的定位。充分利用本地优势教育资源，培育具有较强竞争力的教育体系。围绕这一核心教育体系，培育、发展本土教育单位。特别是非核心区域要承接核心区域教育转移带来的发展机遇，形成城市间、城乡间的融合配套、优势互补的发展格局。教育体系包括的具体教育单位较多，不同的教育单位具有不同的特征，其对地区教育的影响也有所不同。因此，要根据本地区的经济、教育发展水平、发展程度、基础设施条件等情况，有选择地鼓励和支持教育体系的发展，使教育体系的结构和深度也因此而升级，并在这个过程中激发教育的发展为整个区域教育发展创造更多新的机遇。

3. 建立教育单位间协作机制，维护非均衡区域教育的柔性

第一，要制定能够反映区域总体教育发展战略目标要求、实现教育协同发展的战略。首先，区域教育发展战略目标应该基于自身地位和自身所处环境的认识，着眼于未来，把握未来发展趋势，明确面临的机会和威胁，做强教育业。其次，政府要理顺地方政府和教育单位之间的关系，制定新的教育组织政策，把教育发展政策与城市发展政策有机地结合起来，并协助科研单位加大对非均衡区域教育发展规律的研究，制定适合本地区教育体系的发展规划，引导与协调本土教育的发展。最后，应制定加快教育协同发展的实施纲要，出台相关的政策措施，发挥沈阳本地教育资源优势，以切实的政府行为促进非均衡区域教育发展，最终实现本土教育公平与缩小城乡之间教育水平差距的目标。

第二，政府充分发挥"第三方"的功能，协调沈阳非均衡区域间的各种矛盾和冲突。由于政府的特殊地位，在协调与维护非均衡区域冲突方面具有独立性和权威性，使政府在教育的治理制度安排中应积极充当"第三方"角色，从而减少系统内部子系统间因微小冲突而导致区域间协同性遭到破坏的可能性。

《国家中长期教育改革和发展规划纲要》指出，教育公平的主要责任在政府，全社会要共同促进教育公平。良好的公共服务是实现社会基本平等与和谐的基础。就教育而言，我们没有形成可持续的财政支持体制，没有建立起规范的政府分工、事权、财权相统一及其相应的决策与问责机制，还没有形成地区间、城乡间教育资源公平配置的制度，这严重影响了公共教育服务提供的数量和质量。因此，必须强化政府责任与行为，充分发挥主导作用，加强政府调控，加大投入与保障，尤其是农村义务教育经费投入，保障教育资源的合理配置，制

定和确保区域间、城乡间教育水准，缩小差异，维护教育目标的统一。尤其是要以法律形式明确各级政府的教育支出责任，通过平衡各地城乡之间教育条件，来保证所有社会成员享有均等的教育机会。省、市级财政应建立专项教育财政转移支付制度，重点解决农村地区、薄弱学校的办学、教学条件的改善等问题。

第三，加快教育体系基础设施建设，提供政策法规和技术等的交流平台。发展教育体系，首先要加快和完善教育基础设施的建设。通过硬件基础设施的建设与完善，积极承接教育体系转移，促进教育单位的地理集聚，进而促进沈阳市非均衡区域教育体系的发展。其次，聚焦重点教育领域、建设重点区域、构筑人才高地等营造教育发展环境。最后，构建和完善教育信息等交流平台。信息平台不仅仅是政府信息、教育业信息综合信息平台，而且是包括供求信息、合作信息及其沟通协调的平台。

教育公平是和谐社会的重要标志，实现教育公平是政府的责任，同时教育公平是社会公平在教育领域的延伸和体现，我们的社会一旦失去了公平就为整个社会问题的爆发埋下了深层次的隐患，后患无穷，所以，各级政府以及普通大众都非常关注教育公平问题。目前，我国的城乡教育存在的巨大差距，成为教育公平问题凸显的主要因素，而城乡教育存在的差距以及涌现的诸多不公平现象是在传统的城乡二元结构背景下产生与演变的。

温家宝在《政府工作报告》中指出，要着力建设和谐社会，建设民主法治、公平正义、诚信友爱、充满活力、安定有序、人与自然和谐相处的社会主义和谐社会。构建和谐社会落实到教育上，就是实现教育的公平问题。因此，如何实现教育公平就成为本章研究的关键问题。

本章研究发现，以主导性教育单位带动区域教育创新政府具有主导作用，发展教育业带动教育结构转变具有不同的地域路径依赖，核心地域与非核心地域发展教育的路径具有明显的差异性。沈阳非均衡区域教育发展程度较高，但相对南方及京津等发达区域教育相对落后，且其内部存在发展程度差距。为此，要实现跨越式发展，实现后发都市经济圈教育结构调整与优化，必须借助本土教育资源的禀赋优势，大力提升教育体系。通过量的积累，逐步达到质的改善，最终实现教育发展均衡，实现教育公平与缩小城乡教育水平差距的目的。

核心区域的附属地区教育和经济发展水平低、基础薄弱、教育发展落后，因此，要在此类地区建立、发展教育体系几乎没有任何优势，但如果作为教育体系"增长极"的教育单位能够采取正确的发展策略，使其协同于区域的内、外部环境，从而形成一定的规模，进而带动当地教育体系的发展，实现教育创新，而非均衡区域之间的协同互动将最终带动沈阳市非均衡区域教育的协同发展。

第六章 非均衡区域协同发展机理及相应的管理策略

第一节 协同演化机理

根据协同学理论，非均衡区域协同进化的机制在于系统内部和外部存在大量的随机微涨落，推动系统离开初始点；其中，只有少数微涨落（在非线性作用下放大为巨涨落）达到一定强度时，才能使系统不断发现并接近于更能适应环境的结构或行为模式。而协同发展是系统内部，以及各子系统之间的相互适应、相互协作、相互配合和相互促进，耦合而成的同步、协作与和谐发展的良性循环过程。它不是单个系统的事情，是一种整体性、综合性和内生性的聚合，是系统整体中所有子系统之间相互关联、作用的动态程度的反映。

沈阳经济区域要充分利用发挥其技术资源优势，以生产性服务业为切入点，带动区域产业结构的调整和优化，实现经济发展方式转变，最终达到非均衡区域间协同发展，达到沈阳建设国家中心城市与区域协同发展对策研究的目的。本部分以沈阳经济区域为研究对象，通过描述其核心区域与非核心区域产业创新形成、发展和完善等阶段的进化过程，以及区域所面对的政府政策环境、产业环境和资源禀赋条件三个方面论述非均衡区域协同进化机制，并在此基础上，通过空间和时间两个维度的划分，分析了其进化路径，从而为在区域的层面构筑非均衡区域协同发展机理提供依据。

主导产业的产生与更替是区域经济系统结构转换的重要标志，所以，区域主导产业是表征区域经济系统演化状态的宏观参量。区域内一个产业能否成长为主导产业，受产业系统内各个产业关联关系的制约，受来自系统内政策、技术、要素资源等多种因素变量的作用。沈阳经济区非均衡区域协同发展、演化机制表现在三个方面：①产业创新是非均衡区域协同进化的动力源泉；②主导性的政府政策环境是区域协同演化的保障；③本地资源禀赋是沈阳经济区非均衡区域生产性服务业与制造业协同发展的物质基础。

第二节　管理策略体系

生产性服务业发达程度是衡量地区综合竞争力和现代化水平的重要标志，加快发展生产性服务业，为制造业技术升级和降低成本提供支撑，促进经济结构优化，推动经济增长方式转变，对非均衡区域的经济发展具有重大意义，也是作为增长极的核心城市加速推进新型工业化、城市化的必然选择。如作为辽宁增长极的沈阳经济区就应致力于把原来的老工业基地、制造工厂转变为新型工业基地、创意工厂，因此，必须加快生产性服务业与制造业的协同发展。针对区域生产性服务业与制造业协同发展演化机理，本章从制度逻辑层面出发，主要从区域、政策、产业以及协助机制方面入手，提出通过生产性服务业在非均衡区域的产业创新，实现非均衡区域产业结构优化升级、中心城市与区域协同发展的管理策略体系。

一　区域空间发展策略

（一）重新整合空间区划，先将鲅鱼圈整合到沈阳市内，后将盘锦整合到沈阳市，先后将两地作为沈阳市海洋港口飞地

沈阳经济区一体化最重要的环节，是内陆和海洋的距离。沈阳经济区的缺点是不沿海，距离较近的港口有盘锦港和鲅鱼圈港，相比较而言，沈阳到盘锦铁路距离 202 千米、公路距离 155 千米。沈阳距离鲅鱼圈港口区 230 千米。论经济基础，盘锦经济基础薄弱，尽管有辽河油田，但是，辽河油田是中央直属企业，对地方经济贡献不大。而

鲅鱼圈地方经济基础强，不仅不会给沈阳背包袱，而且会带动作为沈阳经济区增长极的沈阳市发展，沈阳增长极的跨越将从战略上带动整个沈阳经济区的跨越发展，使沈阳经济区有可能一跃成为一级经济圈。因此，可以先将鲅鱼圈港纳入沈阳市。

盘锦境内建设两条铁路，沈西工业走廊火石岗至渤海铁路工程，线路全长108.5千米。渤海站至盘锦港的疏港铁路，线路全长48.298千米。两条铁路对接后，盘锦港将连接沈阳或者说东北腹地，将成为沈阳经济区、中北部城市群以及蒙东地区最近的港口城市。与到营口鲅鱼圈港口相比，沈阳到盘锦要节省100千米的距离。沈阳至盘锦只需要一个半小时，大大节省了时间。在条件成熟时，可以将盘锦港纳入沈阳市规划。到此为止，作为沈阳经济区增长极的沈阳市将先后有两个港口，这直接将沈阳由内陆城市变成沿海城市，并通过增长极作用，将整个沈阳经济区发展成沿海发达经济带。

因此，从时间维度考虑，先将鲅鱼圈港，后将盘锦港先后纳入沈阳市城市规划，将距离海洋的空间距离缩短是沈阳建设国家中心城市与区域协同发展对策研究的首要的空间措施。

（二）强化马赛克区域建设——加强沈抚同城化，增强中心城市生产性服务业发展动力

沈阳已经以沈阳为中心，采取同城式、珠链式和区域组团式的布局模式，推进了沈铁、沈抚、沈本、沈辽鞍营和沈阜五条城际连接带建设。从2007年开始，沈阳与周边城市同城化建设工作已经开展了十年。沈阳与其他各城市之间在城际轨道交通、城际客运公交化、城际快速通道等方面得到了推进，加快了沈阳与其他城市同城化建设进程。

在各个城际带建设过程中，沈抚同城化最具条件，建设基础也相对较好，条件较为成熟。沈阳和抚顺作为空间距离最近的两个大型城市，都是重要的老工业基地，产业关联度高、互补性强，经济社会联系十分密切。目前，沈阳和抚顺两市在接壤地区的基础设施建设、区域综合交通体系、沈抚同城化保障机制日益完善。沈抚立交、沈抚大道、沈抚客运公共交通等交通项目的完成，为沈阳经济区发展提供了

极大的发展空间。但是，为了促进沈抚同城化程度的增强，要进一步建设好连接沈抚的基础设施建设，特别是在空间连接上要完善连接区交通体系，建设、维护保障好沈抚同城公路、城际轨道交通网以及沈抚城际大公交等路网的规划、建设工作。同时，要按照统一标准，推进同城化区域其他基础设施的建设，如供电、供水信息网络资源同城共享等，促进沈阳和抚顺现代服务业的协调发展。

加快推进沈抚同城化，有利于完善提升沈阳的城市功能和综合实力，增强其辐射带动作用，为抚顺发展接续产业、扩大就业空间、实现资源型城市转型提供重要条件。为了使以沈阳为中心的辽宁中部城市群能在东北、东亚，形成具有极大竞争力和辐射力的增长极城市，构筑具有增长极作用的辽宁中部城市群，对形成辽宁腹地对沿海经济带的支撑能力，构筑沿海与腹地良性互动发展新格局，具有重要意义。因此，在多城际带建设过程中，应当分清主次，以沈抚同城化为城际马赛克区域建设重点。该马赛克连接区域即两个城市中间地带，应该以浑河南岸的产业区为载体，基于本章所提出框架模型，调整完善产业发展思路，科学规划产业发展区域。产业得到创新发展是推进沈抚同城化的关键，发展新型产业是沈抚同城化最重要的支撑。沈阳和抚顺要结合各自区域的优势产业，推进沈阳和抚顺产业优势互补，通过不断延长产业链条，增强配套能力，逐步形成开放度大、集群度高、承接力强的新型产业区，建设成熟后可以称为"沈抚新城"。

二 政策应对

通过内外资源整合，增强区域的系统开放性。以内外资源整合为途径，促进非均衡区域开放性提升可以考虑从以下两个方面入手。

（一）突出招商重点，完善招商机制

重点引进对区域工业具有积极带动作用的大项目、好项目、聚焦主导型产业，着眼于发展成长性好、关联度大、带动性强的产业集群，进入工业园区。优先发展生产性服务业，将其作为改善沈阳经济区引资环境、发展非均衡区域、新型都市产业和支撑滨海新区建设的重要举措。此外，沈阳经济区应对生产性服务业的优势项目和具有发展潜力的项目进行梳理，形成进出口贸易、软件应用服务等重点服务

业，确立自己的主导性生产服务业。生产性服务业要与现代制造业协同发展，通过完善技术服务、现代物流以及工业咨询服务等，构成产业集聚的服务支持体系，并在此基础上，推进生产性服务业集聚区规划建设。在部分地区逐步形成了生产性服务业集聚的态势，像沈阳的软件业、金融业已初具规模，但仍然需要政府推进集聚区的规划建设，以引导更多的具有协同效应和学习效应的生产性服务业在一定区域集聚。

（二）构建有效的政策扶持体系

第一，认真落实国家扶持政策。政府有关部门应加大宣传咨询力度，积极帮助和引导工业园区管理部门及企业掌握并运用好国家的优惠政策，并将各项政策落到实处。如在推进沈抚同城化建设过程中，随着同城化建设的方向和重点得到确认，政府要对落实的同城化建设项目给予政策性贷款支持，以方便抚顺市调整城市规划，加强沈抚同城区域的交通、能源、通信等基础设施，不断完善推进沈抚同城化保障政策的补充、完善与落实。

第二，促进生产性服务业发展的地区政策。如税收、规制政策等应集中在有增长潜力的、对当地制造业结构变化较为敏感的、在制造业快速发展时期能够支持制造业发展的生产性服务业。因此，要制定配套激励政策措施，积极运用经济手段，通过财政补贴、税收优惠、贷款贴息、市场奖励等形式，支持"增长极"式的企业。

第三，进一步完善政府的服务职能。坚持政府协调，市场运作，在推进调整改造中，发挥政府指导服务的重要作用。通过创造公平竞争的市场秩序，建立股票债券融资、招商引资、金融信贷等多元化筹融资体系，为园内企业发展提供良好的投资软环境；通过制订园区管理办法和企业合作的法律依据，建立园区内企业信用评价和信用信息披露制度，协调企业关系；特别是政府要逐步打破原有法律法规对发展生产性服务业的不合理限制，放宽行业限制，鼓励民营资本和外部资金进入，增加生产性服务供给，着力培育生产性服务体系。生产性服务业是涉及区域产业结构升级能否成功的关键所在，因此，在引进非国有资本进入时，一定秉承慎重态度，避免关键性生产性服务业，特别是金融服务业为外资垄断。

第四，加大政策倾斜力度，将生产性服务业列入主导产业加以扶持。有选择地引进一些具有比较优势的生产性服务业，发挥示范效应。在一些行业加快建设信用评价体系，制定服务标准，并逐步引进国外先进服务技术和标准，以带动服务业整体水平的提高。为生产性服务业集成化发展创造有利环境，要努力增强财政的引导作用。积极探索生产性服务业产业投资基金的设立和运行方式，以更好地发挥财政投入对民间资本和社会资本的引导作用；支持行业协会的发展和生产性服务业的公共平台建设，强化其对生产性服务业发展的引领和支撑功能，如根据企业需求开展共性技术开发，提供技术服务，减少企业重复投资；拓展生产性服务业的融资渠道，加快建立有利于生产性服务业发展的投融资体系。积极推动政府设立支持生产性服务业与装备制造业发展的产业基金，改善生产性服务业与装备制造业的融资条件，为生产性服务业与装备制造业实现跨越式发展提供有力的金融支撑。政府要落实好相关政策措施，为装备制造业创造良好的发展环境。运用产业政策和相应手段进行引导和扶持，通过发展公用平台，进一步整合资源，支持形成与发展工程公司和设计公司，促进产业升级。

第五，促进生产性服务业与制造业协同发展。依赖政府产业政策的引导和支持。政府应拿出具体的推动方案，确定服务业的结构调整目标，如推动现代物流业的规模化经营，进行相关基础设施建设等。加快企业主体业务与生产性服务业务分割的改革，实现零部件生产、物流配送、后勤及信息服务等的剥离，建立独立的生产性服务企业作为主业的配套。

第六，合理安排空间要素，推进产城互动。城际连接带建设要与产业创新发展相适配，严格控制建设规模，避免出现"空城""鬼城""睡城"等情况。为此，空间要素安排要特别慎重。政府要从政策层面建立新城区与产业化、工业化、信息化等要素统筹规划、协同推进的联动机制，形成并做大做强切合当地实际的主导产业和支柱产业。构建以先进装备制造业、战略性新兴产业、现代生产性服务业为主体的城际产业体系。如辽宁政府有关部门要认真研究和落实相关产业政策措施，积极推进沈西工业走廊装备制造业聚集区建设，打造具有国际竞争力的世界级装备制造业基地，带动辽宁省装备制造业实现跨越式发展。在以产业体系构建带动城际带建设的过程中，要从政策层面制定出台扶持和奖励政策，鼓励核心企业、成熟企业由非均衡区域的核心城市向非核心城市区域转移或设置分支机构。

对新区域建设，政府要依据现实条件，进行有针对性的分类指导。要对产业相对聚集、新兴产业发展趋势比较明显的区域（如沈抚区域）或者极具发展潜力的区域要给予重点支持，营造良好发展环境，加强招商引资，吸引人口流进，促使其大发展快发展。

第七，强化人才队伍建设。高素质的员工队伍是产业创新成长的关键性因素，优秀的科技人才更是不可缺少的骨干力量。要通过产业创新、产业体系创新，推进非均衡区域发展方式创新，最根本的是要依靠创新的力量，包括技术创新、管理创新等，以创新实现装备制造业改造升级，实现生产性服务业的成长。要实现这些目标，都需要人才和智力的支撑。从前面的实证分析来看，生产性服务业更需要大量人才的支撑，特别是在非均衡区域实现生产性服务业的发展，很大程度上在于培育、引进适应非均衡区域发展需要的创新型人才。因此，要高度重视人才和知识资源的开发，大量吸收引用各类人才特别是科技拔尖人才，使沈阳真正成为高端人才荟萃之地。

从政策角度来看，政府要大力开发人力资源。通过教育倾斜、科研扶持等手段，不断增加人力资本投资，改进知识人才收入分配，为经济的持续快速增长创造更为有利的条件。因此，必须建立合理、完善的人才保障体系，以满足制造业智能化、生产性服务业高端化等建设现代产业体系的需求。非均衡区域应从加强高层次人才队伍建设、培养高新技术产业人才和加大人才引进力度等方面入手，使区域内的人才数量和质量与产业体系相适配。

三 产业对策

（一）产业层面对策，主要是通过产业适配，以提升区域的协同性

每个城市都有各自独特的资源禀赋、产业基础，非均衡区域首先

应根据区域优势产业在中国乃至于国际分工体系中的地位和竞争优势来决定自己的定位。充分利用非均衡区域本地优势资源，培育具有较强国际竞争力的产业集团。围绕这一核心企业群，延伸产业链条，通过外包方式，培育生产性服务业产业群。只有延伸产业链之后，才能在产业链的更多环节上进行创新。

以非均衡区域典型代表辽宁为例，结合辽宁区域产业特征，辽宁的核心城市沈阳要着力打造具有国际竞争力的装备制造业基地。沈阳经济区经过多年调整改造，目前装备制造业聚集发展效应已经逐步形成。加之，沈阳经济区作为装备制造业骨干企业集中的地区，装备制造业基础较为雄厚，沈阳经济区的装备制造业产业呈现规模大、门类多、技术力量雄厚的特点。因此，为沈阳打造具有国际竞争力的装备制造业基地加快发展提供了有利的条件。

在经济全球化不断发展、科学技术突飞猛进的大背景下，要用先进装备工业支撑先进制造业，以带动生产性服务业的发展。装备制造业的发展，要认识到我国企业先进技术与发达国家相比还有相当大的差距，努力提升企业的技术层次和水平。要坚持先进技术的引进与消化、吸收、创新相结合，鼓励企业在引进技术的同时积极做好消化吸收工作，支持企业开发具有自主知识产权的核心技术。在引进、消化和吸收的过程中，加大具有自主知识产权产品的开发力度，不断提升产品科技含量和竞争力，加快实现关键设备、部件替代进口，使企业的技术水平得以迅速提升，不断增强核心竞争力。

此外，在空间要素安排上，"沈西工业走廊"距营口港为100—200千米，要充分利用这一港口条件，在抓住营口开发契机的同时，通过各种方式包括区域重新规划的方式将营口和沈阳连接起来，将大型制造企业迁至临海建立基地，推动重点行业大型企业的联合重组，通过打造主业突出、核心竞争能力强的大型企业集团，在发展重型装备制造业的同时促进临港工业发展。临港工业建立起来后，要大力推进交通设施规划建设，同时形成有效的协作配套体系，不断提高产业集群的聚集度。

（二）沈阳经济区域内非核心区域要利用产业垂直分工和产业链延伸性、承接大都市产业转移（包括制造业、现代服务业等）带来的发展机遇，形成城市间融合配套、错位分工、优势互补的发展格局

延伸产业链条，有选择地支持培育生产性服务业产业群的发展。生产性服务业包括的具体行业较多，不同的行业具有不同的特征，其对地区产业竞争力的影响也有所不同。因此，要根据沈阳经济区的经济发展水平、制造业发展程度、基础设施条件以及企业状况等，有选择地鼓励和支持生产性服务业的发展。发展现代服务业，有助于拉动消费，扩大生产性消费、生活性消费和服务性消费，不断扩大消费需求。扩大消费需求是保持经济平稳较快增长的重要举措。发展现代服务业带动消费需求可以不断完善沈阳市中心城市的功能，加快推进沈阳经济区一体化，充分发挥好沈阳的各种资源优势，进一步扩大沈阳的辐射和服务半径。通过第二产业和生产性服务业之间的相互融合，使两个产业都得到发展壮大，两者相互融合使产业结构升级，并在这个过程中激发诸多产业的发展，为整个区域经济发展创造更多新的机遇，使经济区域内的优势产业链条变得更加完整。

沈阳经济区大力发展生产性服务业，要不断提高装备制造业聚集区的整体发展水平，为生产性服务业提供发展源头。发展现代服务业，有利于沈阳在合理发挥省域范围内政治、经济、文化中心作用方面开创新局面，使之成为区域内的金融中心、物流中心、跨国公司运营中心、装备制造产业的技术中心。同时，产业结构的调整，现代服务业的高度集聚，有助于高新技术产业和现代装备制造业的发展，加快产业结构优化升级，还可以更深地介入国际分工，积极同跨国公司合资合作，在同世界一流企业的战略合作中迅速提升企业的核心竞争力。

加快物流中心建设，充分利用产业集聚效应，重点发展生产要素配送业务，降低生产企业的物流成本。发展现代服务业，加快区域内外物流体系的构建，发挥物流、资金流、人流、技术流和信息流的吸纳及辐射作用，为沈阳经济区在制造业支持、信息、技术的扩散和产业集群实现技术创新等方面提供有力的技术支持。

在八类生产性服务业中，金融服务业具有举足轻重的作用。沈阳经济区发展生产性服务业，尤其是要发展金融服务业，为实体制造产业提供发展资金。促进生产性服务业集聚，强化东北金融中心地位。作为在非均衡区域，起到增长极作用城市的沈阳是建设东北金融中心的空间载体，政策驱动、产业吸引等制度性情景可以吸引区域性总部金融机构在沈阳得到集聚发展，但要根据功能的不同，进行合理配置，形成"核心区+后台服务基地"的空间格局。金融商贸开发区沿金廊扩展，可以充分利用沿线土地资源与在建商务楼宇，引导新的金融总部机构集聚，凸显金廊上金融产业的主体功能，进而形成东北金融中心的核心区。金融后台服务基地要重点建设金融后台机构，如各类票据中心、数据中心等。此外，发展现代服务业，有助于发挥沈阳同跨国公司在全球产业链的紧密联系、全球市场的及时响应和降低资金占用成本等方面的优势，使之成为沈阳经济区乃至东北地区承接发达国家制造业转移的桥梁，吸纳集聚区域外部的产业要素，并向周边城市辐射扩散，充分凸显沈阳作为中心城市的强大功能。

四　完善协助机制的建设

建立网络成员间协作机制，维护非均衡区域的柔性，具体途径包括以下三个方面。

（一）制定能够反映其总体经济发展战略目标要求的生产性服务业与制造业协同发展战略

首先，生产性服务业发展战略目标应该基于自身地位和自身所处环境的认识，着眼于未来，把握未来发展趋势，明确面临的机会和威胁。在观念上，要破除单纯生活服务的思路，做大做强生产性服务业。

其次，政府要理顺地方政府和企业之间的关系，制定新的产业组织政策，把产业发展政策与城市发展政策有机地结合并联合科研单位加大对生产性服务业发展规律的研究，制定适合本地区生产性服务业的发展规划，引导与协调该产业的发展。

最后，应制定加快生产性服务业与制造业协同发展的实施纲要，出台促进生产性服务业与制造业协同发展的政策措施，在"十三五"

期间，将发展工业生产性服务业作为实现沈阳经济区发展战略的契机。并可以将沈阳经济区大型企业生产性服务业独立出来成立综合性机构，发挥沈阳经济区本地特色资源优势。

（二）政府充分发挥"第三方"的功能，协调沈阳经济区域内的各种矛盾和冲突

政府要打破不同城市行政区划限制，逐步消除行政壁垒，以市场为基础配置资源，积极探索促进城际马赛克区域发展的有效机制和管理模式。由于政府的特殊地位，在协调与维护非均衡区域冲突方面，具有独立性和权威性，使政府在企业的治理制度安排中应积极充当"第三方"，从而减少系统内部子系统间因微小冲突而导致区域间协同性遭到破坏的可能性。

目前，为消除行政壁垒和地方保护主义，在《辽宁中部城市群（沈阳经济区）合作协议》确定的内容以外，还达成多项合作共识，并共同签署了《辽宁中部城市群交通一体化合作协议》等规范统一的专项协议 50 余项。此外，如辽宁中部城市群高层协调等机制也在不断地构建与完善。每年召开一次辽宁中部城市群（沈阳经济区）书记市长联席会议，可以深化区域合作的方向和重点，解决区域合作中遇到的重大问题。但是，区域内各城市仍旧需要不断地加强组织机构建设，创新区域合作机制，以充分发挥政府的第三方作用，形成区域创新合作网络体系。

（三）加快生产性服务业基础设施建设，提供政策法规、培训和技术等交流平台

第一，发展生产性服务业。首先要加快和完善交通、通信以及信息等基础设施的建设。通过硬件基础设施的建设与完善，积极承接生产性服务业转移和服务外包，促进生产性服务企业的地理集聚，进而通过生产性服务业对制造业的联动作用，促进沈阳经济区的非均衡区域制造业集群的发展。

第二，加强对区域内的节能监测和执法监督。通过对不同区域的宣传和培训，增强区域内"产业创新"的意识，推动技术创新，聚焦重点领域，建设重点区域，构筑人才高地，实施品牌战略，营造发展

环境等。同时，运用信息通信技术建立生产企业和生产性服务业的供需信息数据库，为双方提供信息交流平台，以保证区域内部网络协同关系的形成和发展。目前，尽管非均衡区域内部科技合作不断加强，如沈阳经济区各城已经签署了《辽宁中部城市群（沈阳经济区）科技合作框架协议》《沈阳经济区知识产权合作框架协议》《辽宁中部城市群创新合作宣言》，但相关协议等依旧需要深化落实。

第三，构建和完善信用、信息等交流平台。辽宁省生产性服务业发展相对滞后，尤其在信息和咨询服务业。促进生产性服务业与制造业的互动交融，企业间的合作信用是前提。信息平台不仅是政府信息、制造和生产性服务业信息综合信息平台，而且是包括供求信息、合作信息及其沟通协调的平台。目前，沈阳经济区在非均衡区域人才工作一体化工作上，取得了一定的经验和效果。七城市达成了《辽宁中部城市群人才工作一体化框架协议》《辽宁中部七城市人才工作一体化委员会工作规则》《辽宁中部七城市"十一五"期间人才队伍建设规划提纲》《辽宁中部七城市"十一五"期间人才工作一体化工作规划》《辽宁中部七城市人才工作一体化 2006 年度合作项目意向》和《辽宁中部七城市人才理论研究会章程》。此外，在不同层次的人才劳务合作方面，建立了劳动市场合作与发展研讨会工作机制、供求信息共享机制、招聘洽谈会合作机制、七城市就业服务同城化机制。

第七章 辽宁自贸区完善生产性
服务业发展政策

本章单独将辽宁自贸区完善生产性服务业发展政策提出来并着重研究，是因为辽宁自贸区的建立对于典型的非均衡区域辽宁，具有不可替代的重要意义。其重要意义表现在：第一，为辽宁打破原有发展惯性，提供了千载难逢的战略机遇；第二，为东北三省及整个东北区域的发展，提供了发展示范；第三，为我国其他非均衡区域发展，提供了区域发展经验。本章主要从制度逻辑主要载体政府的角度，研究辽宁自贸区完善生产性服务业的政策。

第一节 生产性服务业发展概况

2014 年 2 月，沈阳在全市支持服务业发展工作会议上，确定了加快服务业发展总的思路。出台了辽宁省政府 2014 年 1 号文件——《关于加快发展服务业的若干意见》。沈阳结合全面建成小康社会规划和建设国家中心城市目标，研究制定了《沈阳市人民政府关于加快发展服务业的实施意见》。2015 年 5 月，辽宁省委常委、市委书记曾维在服务业发展座谈会上表示，服务业不仅是绿色产业、朝阳产业，而且辐射力大、带动面广，在促进结构调整、完善区域功能、吸纳要素聚集上具有举足轻重的作用，对沈阳建设国家中心城市意义重大。他强调，要坚持从战略的、全局的高度出发，推动服务业发展提质提速，进一步夯实沈阳建设国家中心城市的产业支撑。

在沈阳市委、市政府的高度重视下，沈阳服务业取得较快发展。

2014 年上半年，沈阳服务业增加值实现 1616.4 亿元，同比增长 5.8%，占 GDP 的 43.2%；社会消费品零售总额实现 1684.9 亿元，同比增长 12.4%；限额以上社会消费品零售额实现 1018.2 亿元，同比增长 10.5%；服务业集聚区主营业务收入实现 2976 亿元，同比增长 21%；商品市场交易总额 1256.9 亿元，同比增长 20.6%；服务业固定资产投资 2180.8 亿元，同比增长 7.7%。总体来看，全市服务业主要经济指标总量稳步增长，结构继续优化，对区域经济增长拉动作用明显增强。

同时，沈阳主要县区服务业也在快速发展。其中，沈河区已初步形成以国家级金融商贸开发区为龙头的五个现代服务业集聚区发展格局。2014 年上半年，沈河区服务业增加值和社会消费品零售总额均超过全市总量的 1/4，地区生产总值和固定资产投资约占全市总量的 1/7，服务业增加值占 GDP 的 87.5%，服务业税收占全区税收的 92.2%；皇姑区服务业增加值占全区 GDP 的 76.1%，比 2013 年增加了 1.7 个百分点。

第二节　辽宁自贸区建立的政策意义

2017 年 4 月 1 日上午，中国（辽宁）自由贸易试验区（简称辽宁自贸区）（授）牌仪式正式举行。国务院印发的《中国（辽宁）自由贸易试验区总体方案》（以下简称《总体方案》）也随之亮相。《总体方案》指出，建立辽宁自贸区，是党中央、国务院做出的重大决策，是新形势下全面深化改革和扩大开放的一项战略举措，对加快政府职能转变、积极探索管理模式创新、促进贸易投资便利化、深化金融开放创新，为全面深化改革和扩大开放探索新途径、积累新经验，具有重要的意义。

《总体方案》提出，自贸区要当好改革开放"排头兵"、创新发展"先行者"，以制度创新为核心，以可复制可推广为基本要求，在构建开放型经济新体制、内陆开放型经济发展新模式和建设法治化国际化便利化营商环境等方面，率先挖掘改革潜力，破解改革难题。要着力深化行政管理体制改革，提高行政管理效能，提升事中事后监管能力和水平，进一步推进简政放权、放管结合、优化服务改革。要推动西部开发、东北振兴、中部崛起和长江经济带发展、"一带一路"建设等国家倡议的贯彻实施。

一　辽宁自贸区的现行政策及现状

（一）实施范围及主要功能

辽宁自贸区涵盖沈阳、大连和营口三个片区。沈阳片区重点发展装备制造业、汽车及零部件、航空装备等先进制造业和金融、科技、物流等现代服务业，提高国家新型工业化示范城市、东北地区科技创新中心发展水平，建设具有国际竞争力的先进装备制造业基地。

大连片区重点发展港航物流、金融商贸、先进装备制造、高新技术、循环经济、航运服务等产业，推动东北亚国际航运中心、国际物流中心建设进程，形成面向东北亚开放合作的战略高地。

营口片区重点发展商贸物流、跨境电商、金融等现代服务业和新一代信息技术、高端装备制造等战略性新兴产业，建设区域性国际物流中心和高端装备制造、高新技术产业基地，构建国际海铁联运大通道的重要枢纽。

（二）以装备制造业带动生产性服务业发展

作为辽宁自贸区三大片区之一，沈阳片区的功能定位是重点发展装备制造、汽车及零部件、航空装备等先进制造业和金融、科技、物流等现代服务业，提升国家新型工业化示范城市、东北地区科技创新中心发展水平，建设具有国际竞争力的先进装备制造业基地。沈阳重点发展装备制造、汽车、航空等。

大连片区的功能定位是立足东北、服务全国、面向世界，围绕建设东北亚深度合作示范区、引领老东北基地全面振兴和全国新一轮改革开放先行地的总目标，把大连辽宁自贸区大连片区建设成为东北老工业基地体制机制改革创新和产业结构优化升级的先导区、经济社会发展的先行区、面向东北亚区域开放合作的示范区和"一带一路"的重要枢纽。重点发展金融、现代物流、信息服务、科技服务等战略性新兴服务业，努力打造我国金融业对外开放试验示范窗口、世界服务贸易重要基地和国际性枢纽港。

营口片区的功能定位是按照《总体方案》的部署，围绕港口核心战略资源和营满欧大陆桥，重点发展商贸物流、跨境电商、科技服务、金融等现代服务业和新一代信息技术、高端装备制造等战略性新兴产业，建设区域性国际物流中心和高端装备制造、高新技术产业基地，构建国际海铁联运大通道的重要枢纽，努力建成辽宁乃至东北地区对外开放新高地、制度创新示范区和产业转型升级先导区。

装备制造业是沈阳乃至辽宁工业发展的心脏，经过近些年的发展，辽宁省装备制造业发展态势呈现节节上升的良好态势。2005 年，时任省委书记、省人大常委会主任李克强就反复强调，要紧紧抓住东北振兴和环渤海湾开发的有利时机，加快产业结构调整步伐，把装备制造业放到更加突出的位置，抓住世界制造业转移的有利时机，努力提高消化吸收、自主创新和市场竞争的能力，以基础设备、成套设备和运输设备为重点，使辽宁成为中国中药的新型装备制造业基地，实现"中国装备""中国制造"。

生产性服务业主要是从制造业的生产环节分离出来的中间性服务，总结出生产性服务可以分为以下八类：①向制造业提供资金支持的融资服务，如贷款、信用担保等；②物流服务；③进出口后服务；④科技服务（产品开发或升级、技术获取、技术合作、技术服务等）；⑤信息技术服务（办公自动化系统维护、ERP、电子商务、网络和数据库建设与维护等服务）；⑥营销服务；⑦人力资源服务；⑧法律、会计、管理咨询服务。

目前，优先发展装备制造业成为辽宁产业结构调整的主线，把装备制造业放在更加突出的位置上并给予倾力扶持。辽宁省装备制造业具有比较完善的体系，涵盖了普通机械制造业、交通运输设备制造业、电器机械制造业、专业设备制造业、仪表制造业等。产业工人优势比较突出，具备一定的研发能力，主干企业主要集中在沈阳和大连两个地区。沈阳的重大装备设计、生产能力国内领先；嵌入式软件系统、机器人及自动化生产线、燃气轮机等新型装备制造技术及产业化居国内领先地位；在输变电、石化、机床、冶矿、环保、机器人、数字化设备等产品领域，有 40 多种重要产品的市场占有率处于全国第一位。另外，辽宁具有承接国际产业转移的得天独厚的地理优势。辽宁省与日本、韩国相邻，沈阳、大连已具备良好的装备制造业基础和良好的投资环境；大连、营口沿海城市已建成具有较大规模的港口，为辽宁装备制造业同国际的合作与发展提供了良好的条件。

二　完善辽宁自贸区装备制造业政策

（一）有利于企业发现新商机

自贸区是对外开放度更加扩大的一种体现，经济层面的结果是进出口贸易增加、人才流动加速、产品市场渠道拓宽、地区经济规模增长；行政层面则是随着进出口贸易的增长，带来国际知名度的提升，以及区域职能部门行政管理素质整体水平的提高，有助于改善区域营商环境。

自贸区建设时涉及技术、规划设计、基建，建成后涉及相关功能配套的商业机会，人口流入衍生的其他吃、穿、住、行机会。最重要的是，随着自贸区制度创新，自贸区作为一个窗口和平台，可以让企业"走出去"接触更丰富的资源或进行资源交换，这个过程就是发现商机的过程。

（二）装备制造业是辽宁省工业第一支柱产业

2016 年，辽宁省装备制造业工业增加值占规模以工业企业的 34.1%，比上年提高 1.8 个百分点；实现主营业务收入 7457.3 亿元，占辽宁省工业的 31.4%；实现利税 597.2 亿元，占辽宁省工业的 29%；实现利润 319.2 亿元，占辽宁省工业的 47.6%。

重点行业实现平稳发展。2016 年，辽宁省汽车产量 113.2 万辆，实现主营收入 2706.7 亿元，占辽宁省装备的比重由 2015 年的 23.7% 提高到 36.3%，汽车产业的快速发展对辽宁省装备制造业稳增长起到重要支撑作用。辽宁省船舶行业造船完工 537.3 万载重吨，同比增长 15.2%，连续 7 个月保持正增长。

辽宁省工信委副主任高巍介绍，装备制造业作为辽宁工业的第一支柱产业，是辽宁省的立省之本、强省之基，也是供给侧结构性改革的核心所在。针对辽宁省装备制造业高端装备供给不足、核心技术依赖进口、配套不完善的短板，工信委经反复论证，制定了《辽宁省装备制造业重点领域发展指导意见》（以下简称《指导意见》），并由省委办公厅、省政府办公厅联合印发，按照《指导意见》要求，明确了重点发展高档数控机床、机器人及智能装备、航空装备、汽车装备、先进轨道交通装备等八大领域，作为辽宁省当前及"十三五"时期的发展重点。在省委、省政府的高度重视下，辽宁省工信系统积极采取有效措施，坚持创新驱动、补齐短板、工业强基、智能转型，加快推进装备制造业平稳健康发展。

第三节　辽宁自贸区与上海自贸区政策对比

　　现在的辽宁缺少当年深圳那样的开放政策，一个人要跑起来，不能束缚手脚，必须放开。同理，一个地区要发展，必须开放，地区要有格局，有国际化眼光，不要盯着东北各省比，不要盯着某发达地区，捡人家剩下的吃过的废弃的东西，而应该直接"走出去"，寻求与先进国家直接对话。与一流合作，你就可能成为一流；与二流合作，只能成为三流。人才是跟着产业走的，没有产业就没有人才。有了新松机器人，那么自控和机械的人才就来了；有了东软，计算机专业的人才就来了……谁不想和先进国家合作，但人家没有利益为啥和你合作，深圳优势大，大家就去与深圳合作，上海自贸区的政策好，人们就会去上海投资。也就是说，良好的营商环境和好的政策很重要。这次国家重新提出振兴东北，那么优势来了，振兴东北老工业基地，对自贸区来说，提升装备制造业是关键。现在正是转型的关键时刻，好的政策是提升装备制造业、为生产性服务业产业发展奠定产业基础的首要条件。

　　上海自贸区在2013年9月挂牌之际就推出了23项服务业扩大开放措施，并于2014年又发布了31项准入特别管理措施，共有54项开放措施。上海自贸区的先行先试，为沈阳建设提供了宝贵经验。仔细对比上海自贸区与辽宁自贸区部分政策（具体内容对比见附录）：

第一类生产性服务业政策对比。向制造业提供资金支持的融资服务，如贷款、信用担保等：推出政策重合性较其他类型生产性服务业好，但复制性依旧不高。

第二类生产性服务业政策对比。物流服务：推出政策重合性较其他类型生产性服务业不好，复制性低但为辽宁借鉴上海，加大复制推广留下空间较大。

第三类生产性服务业政策对比。进出口后服务：推出政策较多，但与上海自贸区政策重合性较其他类型生产性服务业不好，复制性低，但为辽宁借鉴上海，加大复制推广留下空间较大。

第四类生产性服务业政策对比。科技服务（产品开发或升级、技术获取、技术合作、技术服务等）：推出政策较多，与上海自贸区政策重合性较其他类型生产性服务业好，但复制性依旧不高。

第五类生产性服务业政策对比。信息技术服务（办公自动化系统维护、ERP、电子商务、网络和数据库建设与维护等服务）：推出政策较上海自贸区少，与上海自贸区政策重合性较其他类型生产性服务业不好，但为辽宁借鉴上海，加大复制推广留下的空间较大。

第六类生产性服务业政策对比。营销服务：推出政策较上海自贸区少，与上海自贸区政策重合性较其他类型生产性服务业不好，但为辽宁借鉴上海，加大复制推广留下的空间较大。

第七类生产性服务业政策对比。人力资源服务：推出政策较上海自贸区少，与上海自贸区政策重合性较其他类型生产性服务业不好，但为辽宁借鉴上海，加大复制推广留下的空间较大。

第八类生产性服务业政策对比。法律、会计、管理咨询服务：推出政策较上海自贸区少，与上海自贸区政策重合性较其他类型生产性服务业不好，但为辽宁借鉴上海，加大复制推广留下的空间较大。

研究发现，制造、物流服务、进出口后服务、科技服务类型的生产性服务业在自贸区政策的内容上具有部分相同之处。但在信息技术服务、营销服务、人力资源服务、法律、会计、管理咨询服务方面，上海自贸区政策措施并未被或者很少被辽宁自贸区复制推广。也就是说，上海自贸区在金融服务、专业服务等服务业领域继续充当先行探索的角色，上海自贸区较辽宁自贸区仍然明显存在政策优势。

第四节　完善辽宁自贸区政策的建议

一　关于完善装备制造业自贸区政策的建议

继续大力推进供给侧结构性改革，做优做强先进装备制造业，加快实现由装备制造大省向强省的转变。

（一）深化产业结构调整

围绕《〈中国制造2025〉辽宁行动纲要》《辽宁省装备制造业重点领域发展指导意见》确定的重点领域，分行业认真梳理产业链"短板"，围绕产业链配置政策、资金、人才、技术等服务链，研究提出推进产业发展的路线图，并整合各类要素资源，推进重点装备领域发展。

扩大制造业高端供给。推进信息技术与制造技术深度融合，发展基于工业互联网的新型制造模式，加快向高端制造、智能制造迈进。

"互联网＋协同制造"。以敏捷制造、柔性制造、云制造为核心，集成各类制造资源和能力，统一行业标准，共享设计、生产、经营等信息，快速响应客户需求，缩短生产周期。

"互联网＋智能终端"。融合新一代信息网络技术，提升传感器、高档数控机床、机器人、汽车、可穿戴式设备等终端产品的智能化水平和服务能力。

实施战略性新兴产业重大项目，突破一批国家亟须、具有国际影响力的关键核心技术。深化物联网、云计算、大数据、机器人、3D打印等信息技术在生产制造各环节的应用。推动装备产业升级，钢铁、石化产业向新材料领域延伸产业链。在扩张装备制造业产业规模的同时，注重探索破解重点产业发展"瓶颈"。

（二）完善交通运输设备制造业

（1）完善交通基础设施体系。加快实施新一轮轨道交通建设规划，构建一网多模式的轨道交通体系。加快推进轨道交通扩能增效，提高既有线网运输能力。

（2）鼓励航运装备制造企业加强节能环保等新技术、新材料的研究和产业化。支持高能效、低排放的运输工具和机械设备的市场推广。

（3）鼓励相关企业提高装卸、运输、仓储管理等关键设备的自动化、智能化水平，逐步推进信息化与生产、服务、管理各环节的融合，建立并完善物流信息平台，提供物流全过程动态信息服务，构建智慧航运服务体系。

（三）优化港口、船舶制造业

（1）优化船舶登记及相关业务流程，为船舶营运、融资、保险、修造、交易等提供便捷高效的船舶登记服务。

（2）鼓励船舶制造企业重点研发大型集装箱船、液化气船、邮轮等船舶。

（四）拓展金融开发力度

（1）进一步放宽投资准入。最大限度缩减自贸区外商投资负面清单，推进金融服务、电信、互联网、文化、文物、维修、航运服务等专业服务业和先进制造业领域对外开放。

（2）拓展企业融资渠道。企业充分利用国家专项建设基金、先进制造产业投资基金、新兴产业创业投资引导基金及辽宁省产业（创业）投资引导基金、融资租赁和跨境融资租赁等方式引导社会资本进入装备制造业重点领域，促进装备制造业发展；充分利用国家财政补贴政策，推进辽宁省新能源汽车产业发展和推广应用。鼓励融资租赁公司在工程机械等传统领域做大做强，积极拓展新一代信息技术、高端装备制造、新能源、节能环保和生物等战略性新兴产业及文化产业等新领域投融资渠道。支持开展跨境租赁。鼓励通过融资租赁引进国外先进设备，扩大高端设备进口，提升国内技术装备水平。支持符合条件的融资租赁公司设立专业子公司和特殊项目公司，开展重大装备等租赁业务，提高专业化水平。

（五）建立资金扶持政策

设立产业引导基金，有效发挥财政资金杠杆放大效应，引导扶持装备制造产业发展。全力推动智能制造发展。设立智能制造专项资金，重点支持智能制造功能平台和示范工程建设，支持企业新产品研制、智能制造技术研发，支持智能制造基础设施建设和服务应用。推进产业能级提升。扶持战略性新兴产业发展，对新一代信息技术、高端装备制造、新能源、新材料等战略性新兴产业，给予资金支持；推进产业转型升级，对符合条件的项目给予资金支持。

（六）积极争取国家支持

继续落实国家首台（套）重大技术装备保险补偿政策；做好高档数控机床重大科技专项申报工作；积极争取国家智能专项资金支持，促进辽宁省制造业智能转型升级。

（七）加快推广示范应用

继续推进重大技术装备在国家重点工程的应用；依托省装备产业联盟、行业协会促进省内企业的协作配套；加大智能制造装备和智能服务试点示范，提升辽宁省制造业智能化、网络化、信息化水平。

（八）大力实施工业强基工程

推进核心基础零部件、先进基础工艺、关键基础材料和产业技术基础的自主研发和工程化、产业化，逐步解决制约装备制造业发展的"瓶颈"问题。

（九）补齐装备制造业高端化的人才短板

尽快制定装备制造人才发展专项培养引进和使用规划。有计划引进海内外优秀专家人才短期工作、长期创业，重点做好现代装备制造业的高端人才培养和使用计划。

（十）加强政府监管

（1）违反法律法规禁止性规定或者达不到节能环保、工程质量等强制性标准的市场主体，依法进行查处；情节严重的，依法吊销相关证照。简化和完善企业注销流程。试行对个体工商户、未开业企业以及无债权债务企业实行简易注销程序。加强安全生产、建筑工程装备制造行业违法人员从业禁止管理。探索引入市场化保险机制，提高医药生产等领域的监管效率。

（2）建立联动的金融监管机制。加强跨部门、跨行业、跨市场金融业务监管协调和信息共享，探索建立融资租赁行业监管指标体系和监管评级制度，强化对重点环节及融资租赁公司吸收存款、发放贷款等违法违规行为的监督。

（3）建立配套服务监管机制。构建上下游协同的产能合作链条，注重技术交流，做好后期维护服务，做到装备走出去与配套服务共推进，产能合作和技术升级"双丰收"。

（十一）引导市场主体自律

创新市场评价机制。鼓励支持电子商务等互联网平台企业为交易当事人提供公平、公正、透明的信用评价服务。创新市场化保险机制，在安全生产、建筑工程等领域推行责任保险。

（十二）加强自贸区司法保护

（1）健全知识产权保护和运用体系。探索互联网、电子商务、大数据等领域的知识产权保护规则；建立健全知识产权服务标准，完善知识产权服务体系；完善知识产权纠纷多元解决机制。

（2）加强自贸区内知识产权的司法保护。重视解决侵犯知识产权跨境犯罪问题，鼓励以知识产权为标的的投资行为，推动商业模式创新，简化维权程序，提升维权质效。鼓励知识产权质押融资活动，促进知识产权的流转利用。

现在辽宁已经有自贸区政策，而且给了三个片区，这样，才能"八仙过海，各显其能"。放眼全国，学习其他省份自贸区适合辽宁的政策，结合具有辽宁特色的装备制造业特点，贯彻落实好自贸区政策。

二 关于完善生产性服务业自贸区政策的建议

（一）完善向制造业提供资金支持的融资服务的自贸区政策

1. 推动开展无形资产、动产质押、公司债券等多种形式的融资服务

要有步骤地实现融资租赁业务领域覆盖面不断扩大，使融资租赁成为企业设备投资和技术更新的重要手段，成为社会投融资体系中的

重要组成部分。要培育壮大市场主体，鼓励引导境内外资支持融资租赁公司为中小微企业提供个性化、定制化服务。

2. 鼓励金融创新

如鼓励商业银行等金融机构为科技企业提供自由贸易账户、境外本外币融资、人民币资金池、外汇资金集中运营管理等金融创新服务，降低企业资金成本。此外，要加大金融开放创新力度。创新面向国际的人民币金融产品，扩大境外人民币境内投资金融产品的范围。

3. 加大人民币国际化力度

加快建设面向国际的金融市场，健全以自由贸易账户为基础，以人民币跨境使用、投融资汇兑便利、利率市场化、外汇管理改革为主要内容的金融改革创新框架体系。进一步扩大人民币跨境使用，扩大人民币境外使用范围，推进贸易、实业投资与金融投资三者并重，推动资本和人民币"走出去"，拓宽境外人民币投资回流渠道，促进人民币资金跨境双向流动。

4. 强化金融监管

完善融资租赁物登记公示制度，加强融资租赁事中事后监管。支持民营资本进入金融业，支持符合条件的融资租赁公司接入人民银行征信系统，并逐步建立统一、规范、全面的融资租赁业统计制度和评价指标体系。加强跨境资金流动风险防控，统一内外资融资租赁企业准入标准、审批流程和事中事后监管制度。配合金融管理部门完善金融风险监测和评估，建立与自贸区金融业务发展相适应的风险防范机制。配合金融管理部门，关注跨境异常资金流动，落实金融消费者和投资者保护责任。

（二）完善物流服务的自贸区政策

（1）以"互联网＋模式"，鼓励电子商务和物流（快递）企业发展"仓配一体化"综合服务。利用互联网同步信息流与物流，提高采购效率和透明度，推动供应链管理向互联网模式转型。

（2）设立绿色通道，便捷通关手续。推进实施多式联运一次申报、指运地（出境地）一次查验，对换装地不改变施封状态的货物予以直接放行的措施，但需要在口岸实施检疫和检验的商品、运输工具和包装容器除外。

（三）完善进出口后服务的自贸区政策

全面推广"快检快放"便捷化监管措施，有步骤地推进"自主报税、自助通关、自动审放、重点稽核"作业模式，"入境维修产品监管新模式"，"一次备案，多次使用"，深化实施全国海关通关一体化，"双随机、一公开"监管以及"互联网＋海关"等举措。

（四）完善科技服务的自贸区政策

（1）健全知识产权保护和运用体系，推进知识产权资源集聚，促进技术和知识跨境双向流动。

（2）推动金融创新，更好地服务科技创新企业，设立重点产业基金，支持保险机构为科技创新企业提供风险保障和资金融通。

（3）大力发展知识产权服务业，扫除限制新技术、新产品、新模式、新业态发展的不合理准入障碍。

（4）构建市场导向的科技成果转移转化机制，帮助科创企业规范改制并在科技创新板、新三板、创业板、沪深主板等资本市场上市。

（五）完善信息技术服务的自贸区政策

（1）做大做强电子商务众创空间，将网络从业人员纳入各项社会保险。鼓励互联网企业与实体店合作，推进跨境电商园区建设，促进线下线上协同发展，集聚跨境电商企业主体，培育完整产业链。

（2）对优化上海电子口岸资源，实现跨境电子商务公共服务平台和上海国际贸易"单一窗口"系统与功能对接。

（3）创新制度改革。如创新海关监管模式，支持 B2B、B2C 等多种出口业务模式落地。深化商事登记制度改革，推行全程电子化登记和电子营业执照改革试点。开展"一照多址"改革试点。深化金融服务模式创新，在技术类无形资产入股等方面加大探索力度。

（4）加强监管。推广应用具有硬件数字证书、采用国家密码行政主管部门规定算法的移动智能终端，保障移动电子商务交易的安全性和真实性，预防和打击电子商务领域违法犯罪。建立跨境电子商务清单管理制度，探索跨境电子商务线上监管模式，实现无障碍通关，创新跨境电子商务监管模式。

（六）完善营销服务的自贸区政策

加速推动能源、钢铁、化工、有色金属、汽车等领域网上交易平台发展，推进国际贸易"单一窗口"建设。

（七）完善人力资源服务的自贸区政策

坚持以创新人才作为第一资源，探索与国际接轨的人才跨境流动制度。探索适应企业国际化发展需要的创新人才服务体系和国际人才流动通行制度，对接受区内企业邀请开展商务贸易的外籍人员，出入境管理部门应当按照规定给予过境免签和临时入境便利。

（八）完善法律、会计、管理咨询服务的自贸区政策

加强社会信用体系应用。研究制定本市电子商务交易信息规则和安全管理制度。完善负面清单管理模式，发布政府权力清单和责任清单，进一步厘清政府和市场的关系。推进"多证合一"和全程电子化登记，提高注册便利化水平，"一照一码，一码通用"。通过社会机构提供公共服务的方式给予技术、资金等援助，帮助其恢复进出口竞争力的救济制度。

第八章 生产性服务业资源行为框架及机理研究

第一节 企业资源分类框架研究

关于企业资源的定义与分类，国内外学者在企业资源论的表述上并未取得统一的认识，相关理论成果层出不穷。一方面，说明该问题已经得到相关研究的重视，学者各抒己见，极大地促进了企业资源论发展。另一方面，在这个问题上的分歧也影响到企业资源基础理论的深入开展。因此，构建一个企业资源分类分析框架十分必要。本章在对中外企业资源理论及相关理论研究成果整合的基础上，力图通过资源的形态、资源与竞争的关系及资源与人的关系三个维度，考虑到企业家的作用，构建三维度企业资源分类分析框架。力图以最简明的方式，为企业资源分类提供一个统一的分析框架，希望能为企业资源论的发展提供参考作用。企业资源是企业竞争优势的主要来源，战略资源论研究的自变量是企业资源，因变量是企业竞争优势。因此，资源定义与分类应该服务于自变量的确定以及自变量与因变量的关系的确定（罗辉道和项保华，2005）。除此之外，企业在一定资源的基础上获得企业竞争优势的过程中，离不开"人"这个调节变量，对资源的计划、组织、控制、配置等，物质资源能够发挥多大的效用，完全取决于使用它的人，资源异质性的背后是人的异质性。

因此，资源论的统一定义与分类可以从三个方面相结合来进行。首先，从企业资源本身出发来定义与分类，并考虑到企业家在其中的作用。其次，从企业资源与竞争优势的关系来定义与划分。再次，从是否从属于人的角度来定义与分类。从这三个维度对资源分类进行明晰的阐述。近年来，已经有学者如霍尔（1992，1993）、法思（Fath，1999）等开始对资源的划分框架进行研究，并将资源归结为有形资产、无形资产和能力的框架中，但是，这种分类和企业能力理论涵盖的范围有交叉，在划分上容易造成概念混淆。本书研究的分析框架主要建立在霍尔（1992，1993）、弗兰德兹（Fernandez，2000）、项保华（2005）等的基础上，并通过专家咨询，最终构建成三维企业资源分类框架，具体如图8－1所示。

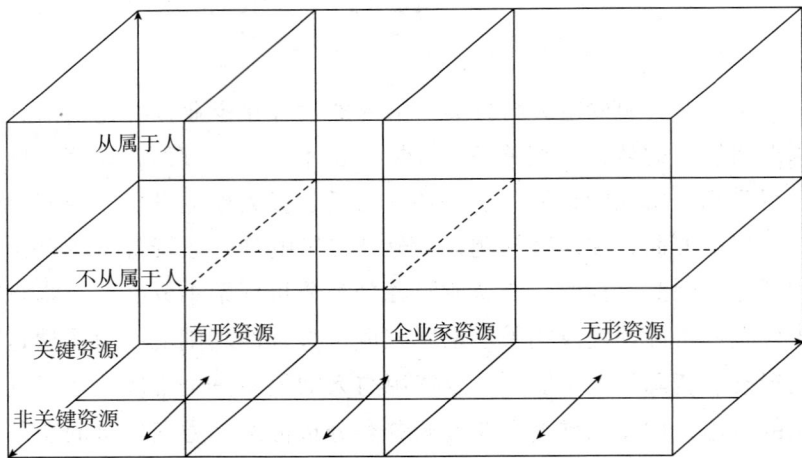

图8－1　企业内部资源三维度分类框架

并不是所有的企业资源都能够带来竞争优势，只有企业拥有和控制的异质性资源和不可流动性资源中具备价值性、稀少性、不可模仿性、不可替代性的资源，才是能够产生竞争优势的资源。而这些资源对企业来说是最关键的资源（巴尼，1991），只有获取这些能够产生竞争优势的资源，才能为企业赢得和维持企业竞争优势。

从企业与人的关系角度来看，按照是否从属于人，可以将企业资源分为从属于人的资源和不从属于人的资源。按照资源本身的形态划分，分为有形资源和无形资源，是普遍被接受的维度。之所以要将企业家资源独立地分解出来，主要是考虑到企业家贡献的独特性。企业家不仅为企业的发展提供了创意、直觉、感悟，而且企业家的态度、对企业所做出的承诺，将一直影响着企业的发展方向和发展速度，实际上，企业的竞争力在一定程度上说就是由企业家决定的。企业家拥有不同于一般人力资本的责、权、利，是重要而又稀缺的特殊人力资本，企业家作为企业生产力诸要素的第一组织者，调配内部诸资源，并对其优化配置，形成企业现实的生产力。因此，将企业家这一特殊的人力资源要素从企业内部无形的人力资源中单独划分出来。

框架内部各组成部分之间的关系主要包含以下三个方面的内容。

其一，考虑到企业家的特殊作用，将企业资源分为有形资源、企业家资源和无形资源三类，包括企业所有的资源。对它们的定义并没有加上与竞争优势有关或者是否从属于人的约束。而且在不同的条件下，无形资源、有形资源和企业家资源为企业所带来竞争优势的作用是不同的。

其二，是否从属于人是从"人"的角度来划分企业的资源。一般来说，从属于人的资源比不从属于人的资源对企业更重要。

其三，关键资源和非关键资源是从企业资源与竞争优势的关系来划分企业资源的。并不是所有的有形资源、无形资源和企业家资源，从属于人与不从属于人的资源都能给企业带来竞争优势。能给企业带来竞争优势的是企业的关键资源；反之就是非关键资源。当然，是不是关键资源并不是绝对的，企业资源在不同的条件下会产生不同的作用。

第二节　方案设计

一　资源行为机理研究的步骤

上文对影响资源分类框架进行了研究，为企业面对制度逻辑采取相应的资源行为奠定了基础。但是，企业诸资源要素，要实现与组织外部制度逻辑相适配，组织必定采取一定的行为，才能调动组织内的有限资源，完成与制度逻辑的适配过程。目前，对于企业资源行为如何适配制度逻辑的机理尚不明晰。为了明晰企业资源行为诸要素与制度逻辑适配关系以达到有利企业成长的适配过程，需要对适配企业制度逻辑的资源行为机理进行研究。虽然国内外学者在相关研究中已经作出了富有成效的贡献，但是，关于制度逻辑、资源行为的相关研究，大多停留在定性研究或集中于某一层面的研究上。尽管随着中外研究的深入，国内外学者已经意识到这个问题，并已经逐步展开对多元因素适配的研究，但是，对多元因素适配机理的研究较少，特别是在一定程度上忽视了对作为活的资源企业家资源在适配机理中作用的研究，关于从属于人的资源，特别是企业家资源已在本章资源分类框架中给予阐述。

为此，本章在相关文献回顾、制度逻辑与资源行为总体框架、制度逻辑框架、资源分类框架等基础上，对生产性服务业企业适配于外在制度逻辑的资源行为机理进行研究。具体包括下列两个步骤：第一，从适配视角出发，对生产性服务业企业适配制度逻辑的资源行为路径进行研究，构建了以战略为核心的制度逻辑与资源行为适配的路径模型，以阐释生产性服务业企业适配机理，揭示企业如何通过不同的战略选择，面对组织外部制度逻辑的现实约束，实现企业内部资源与之相适配的路径条件等。第二，选取生产性服务业的典型企业即辽宁 A 国际货运有限公司和沈阳 BJC 快递公司，通过双案例研究，研究并初步验证以战略为核心的制度逻辑与资源行为适配机理。

二 资源行为机理研究的方法

案例研究一般通过选择一个或几个案例来说明问题。根据案例数量的不同，案例研究可以分为单案例研究和多案例研究。单案例研究主要用于证实或证伪已有理论假设的某一个方面的问题，它也可以用作分析一个极端的、独特的和罕见的管理情景。目前，有许多学者认为，单案例研究能够深入、深度地揭示案例所对应的经济现象的背景，可以保证案例研究的可信度。为了进一步增加研究结论的普适性，本章通过双案例研究，以进一步增加研究信度。为此，本章首先进行案例内分析；依托于同一研究主旨，在彼此独立的案例内分析的基础上，再对所有案例进行归纳、总结，并得出抽象的、精辟的研究结论，这一分析被称作为跨案例分析。本章是对生产性服务业物流企业制度逻辑与资源行为适配机理的探索性研究，属于理论构建型研究。为增加案例研究结果普适性，本章采用双案例研究方法，并通过不同证据源进行三角测量来增加案例的信度和效度。

具体双案例研究过程是：首先，对每一个案例进行案例内深度分析。其次，进行跨案例分析，对两个案例进行统一的抽象和归纳，将每一个案例所得到的观点进行相互比较以实现对理论的论证。

第三节　资源行为机理研究

一　概念模型构建

关于适配路径机理等相关研究，贝茨（1992）总结了前人的相关思想，提出了"战略适配"概念。战略设计学派认为，"战略形成应该是一个有意识、深思熟虑的思维过程"，因此，制定战略需要设计模型"以寻找内部能力和外部环境的适配"。亨德森和文卡特拉曼（1992）规范了众多与战略适配相关的概念，并提出了企业战略适配的理论模型。亨德森和文卡特拉曼（1993）提出了企业战略和信息技术战略对应的战略适配模型（SAM）。Jerry Luftman（2000）提出了业务—信息技术战略适配成熟度模型。Zaijac、Kraatz、Bresser（2000）提出了战略变革适配环境的规范模型，对企业的战略变革如何适配环境具有深远的影响。陈蔚珠、陈禹（2006）介绍了"业务—信息技术战略"适配成熟度模型的起因、研究过程及其框架与内容，并对该战略适配问题进行阐述，主张"业务—信息技术战略"适配是基于关系和过程的共同适应和共同演化的适配过程。俞东慧、黄丽华、石光华（2005）通过对联合包裹服务公司（UPS）与联邦快递公司（FedEx）战略适配案例研究，验证并进一步揭示了 SAM 模型，以上研究领域局限在信息技术战略领域，而关于信息与战略适配的相关研究还需要对企业内部资源划分进一步细化，外部情景因素对企业影响考虑得不够且研究没有从逻辑角度考虑外部情景的主体要素。

    基于以上国内外相关研究成果，融合企业外部情景、企业战略、内部资源等理论的研究成果，通过业内专家访谈及调研实际情况，本章初步构建了以战略（Strategy）为核心的制度逻辑（Institution logic）—资源行为（Resources behavior）（S—I—R 模型）适配路径模型，如图 8 - 2 所示。

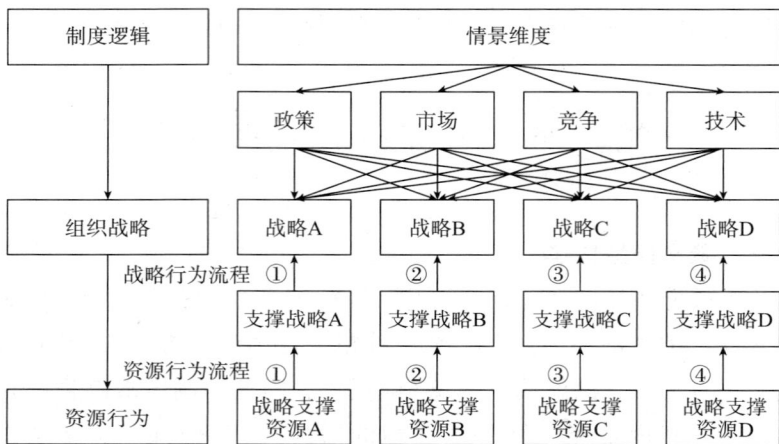

图 8 - 2　以战略为核心的制度逻辑—资源行为适配路径模型

二　概念模型阐释

    从适配路径模型可以看出，整个制度逻辑—资源行为适配路径模型，以战略为中心，构成一个严密的系统。其中，战略作为企业响应制度逻辑变化，调用资源，促进制度逻辑情景化的枢纽环节，连接制度逻辑与资源行为。

    企业战略行为的采取，始于企业家对组织外部制度逻辑的感知，企业家创造性决策的认知建构过程也往往是从感知机会出发，识别能为企业带来的资源，进而创造新的价值。因此，企业家多是机会导向和机会驱动的，机会意识是企业家创造性决策的认知基础。企业家的机会意识可以超越现有资源约束，突破资源能力的"瓶颈"，对闲置资源、隐含能力和潜在机会有独特的认知倾向。企业家可以通过对组织外部制度逻辑的扫描、预测，发掘可盈利的潜在价值，并在发现机会的基础上认知机会，选择有前景的机会，抓住至关重要的机会（Chandier and Hanks，1994；Mintzbefg and Waters，1982）。当前，许多学者从机会导向维度去定义企业家精神（Stevenson，1990；Brazae，1999；Shane and Venkataraman，2000），提出个体对机会创造和价值发现的认知敏感度具有很强的异质性。通过对情景不同维度主体逻辑的感知、体验、互动等行为，成为企业制定、执行战略的依据。企业在与市场、政府、经济、技术等互动过程中，对重要外在制度逻辑所提供的机会、条件等进行认知、选择及决策等，这些机会、条件等代表着组织外部非均衡状态上存在的可以给企业带来盈利的市场潜在价值（Mintzberg et al.，1982；Chandier et al.，1994）。企业家感知的异质性导致企业家所发现问题的差异性，决定了组织采取战略的不同，同时战略也成为制度逻辑在企业具体情景的一种内化，推动了组织内部资源行为适配制度逻辑。最后，制度逻辑的情景化就成为组织内部资源行为。

通过该模型，可以解释和探究在制度逻辑约束下采取恰当的企业资源行为与之达成适配的路径。相对于其他相关研究，本章所构建的S—I—R模型，能够为企业寻找到实现制度逻辑与资源行为适配的具体路径，提供理论指导。其特点在于基于适配的视角，强调生产性服务业企业内部资源行为与外部制度逻辑的适配，并且突出了战略在适配路径中的中心作用。在模型构成上，制度逻辑主要按照情景因素维度，确定组织外部制度主体，对生产性服务业企业内部资源，依照本章对企业内部资源分析框架进行了细分，强调了模型的行业特性，并将企业战略进行了拓展，使该模型更具适用性。

三 模型构成部分阐释

以战略为核心的制度逻辑—资源行为适配路径模型主要由制度逻辑、组织战略、资源行为等部分构成，各个构成部分详述如下：

（一）制度逻辑

企业外部环境是存在于组织边界之外直接或间接影响组织绩效的事务，是存在于组织边界之外，可能对组织总体或局部产生影响的所有因素，可以直接影响企业行为活动，进而影响企业绩效。外部环境可以分为企业总体宏观环境（社会、政治、经济、法律等）和微观环境（供应商、竞争者、劳动力市场、金融服务等）。传统的产业组织理论与企业理论等将企业绩效视为特定产业环境的结果，企业绩效在这种情况下完全受环境力量的支配，如经济危机、石油提价等外部宏观环境现象出现后，将会直接威胁到企业是否盈利，甚至破产。根据德斯、伦普金和科文（1997）及其后续研究，将环境分为复杂性、动态性和敌对性三个维度。复杂性是指在决策过程中所考虑的因素与问题的增长与多样性（异质性）以及环境因素的可预测性（Lukas et al.，2001；Aragon - Correa and Sharma，2003）；动态性即环境因素的变化或改变程度；敌对性主要从环境因素及其变化对企业的稀缺程度、约束程度、造成危害的程度等不利影响的方面对环境变量进行衡量。本章采用复杂性、动态性和敌对性三个维度对组织外部环境进行衡量。

（二）组织战略（组织目标）

组织战略分为组织总战略分战略两类。组织的总战略，是指组织在竞争激烈的市场环境中，为求得生存和发展，做出的全局性、长远性以及纲领性目标的规划。组织总战略作为企业的整体战略，是对企业整体性、长期性、基本性问题的谋划，是指导和控制组织一切行为的最高行动纲领；组织的分战略是组织实现总战略的一种定位选择，组织分战略作为组织局部的战略，是指导和控制组织该局部行为的最高行动纲领。企业分战略（目标）的目标主要是构建一个有利于企业总体战略的组织机构、管理模式和运行机制等。

（三）组织资源与流程

组织资源与流程根据支撑的战略分类不同，分为支撑组织总战略实现和支撑组织分战略实现的资源（包括基础硬件设施等有形资源与组织资源、人力资源、技术资源以及关系资源等无形资源）与流程两类。支持组织战略目标实现的资源与流程是根据管理战略目标和企业业务运作来确定的企业目前及未来的应用需求，包括有形资源和体系结构、技能、技术、关系等无形资源及流程六个方面。有形资源，按是否基于信息技术，划分为信息技术资源和非信息技术资源，是支持战略的基础设施。流程是指用来进行业务运作的各种实践和活动，主要考虑企业运作效率等。其中，技能主要是指人力资源方面的考虑因素，包括员工的知识和技能、学习培训水平、适应力、判断力和工作态度等情况。组织资本资源是为实现企业目标对企业各种要素进行组织运作的联结性资源，包括企业的管理系统、组织结构、正式的报告结构、正式和非正式的计划、控制和协调系统以及组织文化等。技术是指技术资源，指任何企业在创立和经营过程中拥有的技术、各种知识产权以及与之相关的技术知识，如产品研发技术、生产工艺、企业专利技术、专有技术、商标使用权、版权、软件等无形资产。关系是指企业关系资源包括与雇员、顾客、供应者、竞争者、大学、投资者、行业、组织、社会等关系。

（四）适配路径分析

麻省理工学院教授希普提出，用户、制造商以及供应商常常能提供有价值的创新概念。企业家作为创新主体的"统帅"，为达成新的适配，从对组织外部环境的考察出发，包括市场变化、技术变化、对需求的认识以及竞争对手的举动等，感知组织所面临的问题后，依据组织战略、资源约束（组织本身的资源，决定了组织利用潜在创新机会的能力），形成4条达成适配并取得管理创新标志性成果（组织绩效）的适配路径。

第一条适配路径，始于组织外部制度逻辑（一般来说，组织外部市场因素是引发创新的主要因素。此外，新的科学技术进步和机会等也可引发创新），企业家对外部制度逻辑考察后，从组织分战略到支撑组织分战略实现的资源与流程，再到支撑组织总战略实现的资源与流程，最终实现组织绩效，该路径立足于组织的分战略为组织的总战略提供战略支撑。

第二条适配路径，始于组织外部制度逻辑，企业家对情景因素主体考察后，从组织的分战略出发到组织的总战略，再到支撑组织总战略实现的资源与流程，主要考虑通过新的企业战略，获得新的战略优势（创新过程就是形成战略优势的过程），进而确定支撑组织总战略实现的资源与流程等，最终实现组织绩效。组织总战略作为轴心，围绕组织总战略展开活动，并对支撑组织总战略实现的资源与流程做出调整。

第三条适配路径，始于组织外部制度逻辑，企业家对情景因素主体考察后，从组织占据主导地位的既定总战略出发，设计出合适组织的人力、组织、技术、关系等资源及流程等，然后把新的内部资源整合到组织中，最终实现组织绩效，该路径中组织的分战略不占主要地位，不是轴心，主要是对组织原定战略的贯彻执行。

第四条适配路径，始于组织外部制度逻辑，企业家对情景因素主体考察后，从组织的总战略到组织的分战略，再到支撑组织分战略实现的资源与流程，最终实现组织绩效，完成战略的转型。在该路径中，组织的分战略占据主要位置，主要是通过战略的转换，完成适配创新，提升组织竞争力。

第九章　资源行为视角下生产性服务业成长的案例分析

第一节　研究方法

案例研究一般是通过选择一个或几个案例来说明问题。根据案例数量的不同，案例研究可以分为单一案例研究和多案例研究。单一案例研究主要用于证实或证伪已有理论假设的某一个方面的问题，它也可以用作分析一个极端的、独特的和罕见的管理情景。单一案例研究可以系统地构建新的理论框架。加之，许多学者认为，单一案例研究能够深入、深度地揭示案例所对应的经济现象的背景，以保证案例研究的可信度。但难免存在案例样本少、研究成果在普适性上有局限的问题。由于单案例的局限性问题（Kathleen and Eisenhardt，1989），以 Kathleen、Eisenhardt 为代表的学者认为，多案例研究能够更好、更全面地反映案例背景的不同方面，尤其是在多个案例同时指向同一结论的时候，案例研究的有效性将显著提高。因此，本章采取双案例研究。

在双案例研究过程中，研究者首先进行的是案例内分析；依托于同一研究主旨，在彼此独立的案例内分析的基础上，研究者将对所有案例进行归纳、总结，并得出抽象的、精辟的研究结论，这一分析被称作跨案例分析。

大量的实证研究表明，企业信息化建设的地位已经从传统的"后台"走向"前端"，向支持企业战略的选择甚至塑造企业战略的"战略性"地位转变。企业成功应用信息技术能显著改善其效率和效能，能改变企业的业务范围、管理方式、供应链和竞争优势，催生新业务并创造无限商机。Melville（2004）等发现，信息系统资源不仅对顾客服务、存货管理、信息共享等过程绩效有积极影响，对于利润、竞争优势、市场价值等结果绩效也有积极影响。企业信息化战略决定着信息技术战略投资的有效性，并影响着企业战略目标的实现，是企业战略能力形成的关键。美国信息管理协会（SIM）近年来的调查表明：业务—信息技术战略匹配已成为"信息管理头号问题"。中国信息化推进联盟信息技术治理专业委员会也将其列为"信息技术治理头号问题"（陈蔚珠、陈禹，2006）。尽管信息技术系统能够为企业创造巨大的便利和商业价值，许多企业也都在极力地推行信息技术战略，但相关研究表明，其成功率很低，没有达到期望的目标和收益。如格里菲思（Griffith，1999）等的研究表明，75%的ERP实施均以失败告终。因此，研究企业信息化资源行为是如何适配组织外部制度逻辑的问题，已经成为亟待解决的问题。

第二节　研究设计

本章是对生产性服务业企业制度逻辑与资源行为适配的探索性研究属于理论构建型研究，故采用了双案例研究方法。为了保证研究的科学性和严谨性，本节严格按照以下三个步骤进行。

一　案例选取

本章选取辽宁广泛存在的生产性服务业企业较为典型行业的物流行业案例。其中，辽宁 A 国际货运有限公司，成立于 1993 年，性质为民营企业，属于中小型第三方物流企业。沈阳 JC 快递公司，成立于 2003 年，性质为民营企业。案例样本企业按资产类型划分，都属于中小型第三方物流企业。两个案例样本的选择涵盖了大部分中小型 TPL 企业，本书选取的案例具有较强的代表性，让我们的论证更有说服力。

所选样本具有共同性。首先，两家案例企业均为生产性服务业八种分类中的物流业，企业所属类型均为第三方物流企业。其次，两家企业从资产类型划分上，都属于轻资产类型，沈阳 JC 快递公司和辽宁 A 国际货运有限公司是辽宁区域具有代表性的本土物流企业；从所有制性质来看，沈阳 JC 快递公司和辽宁 A 国际货运有限公司都是私营企业。两家案例样本企业共同面临着生产性服务业企业的信息化问题。

二　案例资料数据收集

按照罗伯特的观点，多案例研究需要通过不同证据源进行三角测量来增加案例的信度和效度。帕顿（Patton，1987）提出了四种类型的证据三角形：第一，不同证据来源构成的资料三角形；第二，不同评估人员构成的研究者三角形；第三，同一资料集合的不同维度构成的理论三角形；第四，不同方法构成的方法论三角形。本书收集的证据符合第一类，为了提高数据收集的质量与效率，我们以生产性服务业企业适配机理的中心即企业战略作为线索与主轴，通过这些相关资料来获得企业情况。在我们的前期相关研究中，通过关注各个核心企业组织的官方网站，企业的文件、年度报告、高层管理者在不同时间的演说陈述等，也包括外界的媒体报道、各种媒体报纸、酷狗、百度等资料、论述专著、媒体文章、独家采访及科研数据库等。

三　案例分析

我们首先对每一个案例进行案例内深度分析，然后进行跨案例分析，对两个案例样本进行统一抽象和归纳，进而得出分析结论，即将每一个案例所得到的观点相互比较并实现理论论证。

第三节　案例企业背景介绍

一　辽宁 A 国际货运有限公司背景

辽宁 A 国际货运有限公司，成立于 1993 年，公司经过多年的发展，在辽宁省物流领域初具规模。1999 年，公司出于拓展业务需求，在主管部门牵头下合并了另外一家国有物流企业，2007 年国有资本全部撤出，成为真正的民营物流公司。公司总部在沈阳，性质为民营企业。属于中小型第三方物流企业。公司服务内容包括：物流信息咨询服务以及国内、国际物流方案设计等，国内、国际航空快递服务，展品等货物运输服务及 VMI 管理等物流相关业务。公司主要客户包括清华同方、普利司通、米其林、沈阳飞机制造工业集团、中国印钞造币总公司造币厂等。公司同 UPS、TNT、DHL、EXEL 及大田等国内外著名物流公司结成了合作伙伴。

2000 年，随着业务量的增加，主要依靠人工处理信息的传统处理手段已经不能满足公司业务的需要，公司管理复杂程度也随之增大，信息技术系统的问题已经成为企业业务发展、日常管理的"瓶颈"，由此为企业发展带来巨大阻碍。辽宁 A 国际货运有限公司分别于 2004 年年末和 2008 年年末引进了 EFT 和 C6 信息系统。C6 信息系统实施后，精简了原来公司内部复杂的管理程序，使公司管理日趋扁平化，极大地提高了公司内部管理效率。EFT 信息系统实施后，实现了业务数据自动采集，系统自动化程度较高，使辽宁 A 国际货运有限公司内部业务数据交换的效率呈现数量级的提高，单位时间内处理业务量扩大，单证准确率提高，并且能降低企业员工的重复劳动的工作量。辽宁 A 国际货运有限公司的高效服务极大地提高了公司客户满意度，确保了客户的忠诚度，同时也为公司不断带来新的客户并得到了辽宁 A 国际货运有限公司客户与合作伙伴的高度认可，给辽宁 A 国际货运有限公司带来显著的经济效益。

二　沈阳 JC 快递公司

沈阳 JC 快递公司成立于 2003 年，总部设在沈阳，性质为民营企业。沈阳 JC 快递公司主要开展同城快递业务，业务范围包括国内、国际快递服务等物流相关业务。主要客户集中在沈阳区域的国内外著名公司、企业及事业单位，包括中国移动、联通以及电信等。沈阳 JC 快递公司成立初期客户集中在沈阳区域的同城快递上，随着过去以异地为主的快递公司网络布局正在逐渐完善，同城业务跟上后，沈阳 JC 快递公司的区域优势逐渐丧失。同时，电子商务作为崭新的营销渠道已经得到快速发展。外部营销环境的变化，对公司提出了保价理赔、代收货款等新的增值服务需求，在这样复杂系统的新需求面前，属于传统快递的沈阳 JC 快递公司业务劣势明显；且伴随着业务量的增加，在进货、出货以及历史单据查询等业务处理上，公司原有的人工操作，已经越来越难以应对，沈阳 JC 快递公司总经理敏锐地觉察到可以通过信息化，使企业摆脱困境，企业信息化问题已经成为沈阳 JC 快递公司发展的"瓶颈"。

第四节　资源行为过程分析

一　辽宁 A 国际货运有限公司资源行为过程分析

随着公司业务的不断拓展，公司规模不断壮大。在公司业绩不断提升的同时，公司在业务处理、公司管理等各个方面也面临着新的问题。

（一）制度逻辑阶段

公司在业务处理上，主要依靠人工处理信息的传统处理手段已经不能满足公司业务的需要，大量的单据、数据都需要在一定的数据平台上运作。公司早期的订单处理都是手工录入等人工操作，虽然公司业务处理、日常管理等在硬件上已经引入计算机，但是，记录的载体仅是 Excel 表格，手工操作效率低，容易造成结算上的遗漏。Excel 表格容易丢失，造成历史数据丢失，公司无法对以往的历史信息进行分析、处理，以总结经验教训等。对于未丢失的 Excel 表格数据，由于公司权限划分不能在表格中得以体现，不同部分的管理人员都可以对表格进行增加、删除等修改，误操作现象经常发生；在日常管理上，公司员工内部交流、信息传递、决策发布等主要是通过带有公司域名的办公邮箱。公司管理实行自下而上的内部请示、报销和借款等程序烦琐，并且经常因为各部门经理出差和不在同一地点办公等原因延误。

传统处理手段是不可能实现资源的有效配置的，随着业务量的增加，公司管理复杂程度的增加，辽宁 A 国际货运有限公司老总深刻认识到，管理信息系统的问题已经成为企业业务发展、日常管理的"瓶颈"，因此给企业发展带来巨大阻碍。

（二）转化阶段

1. 评估过程

为了解决 IT 问题，以辽宁 A 国际货运有限公司老总为首的管理层进行了一系列的管理创新。其主要举措是决定用信息管理系统来解决这个问题。而在采用何种信息系统的问题上，辽宁 A 国际货运有限公司老总及公司经过了相当长时间的评估过程。

业务处理信息系统，引进 E – FREIGHT（EFT）软件系统前，2000 年公司与沈阳东软金石软件有限公司开展初步的前期合作，在辽宁 A 国际货运有限公司老总主持下，双方组建合作团队，但是，由于所开发软件不能适应辽宁 A 国际货运有限公司需求，2001 年合作失败。此后，又与大连和上海等软件行业著名的软件公司等进行了商谈、合作，由于国内市场具有该种市场要求的客户并不多，国内软件企业开发的软件都不能很好地满足企业需要，最终都没有成功。例如，同嘉航软件公司进行了合作，但该软件更擅长的是海运业务，与公司的业务要求还有距离，最终合作不成功。2003 年，辽宁 A 国际货运有限公司老总经人介绍，了解到 EFT 软件系统，EFT 软件系统包含了完整的从空运、海运、陆运、进口、出口、查询到会计、银行、财务、统计，各种样式的不同国家的报表，应有尽有。该具备高度的稳定性和灵活性，可提供强大的操作功能和报表、权限及 EDI 等工具，拥有无缝插件式框架和接口，为物流信息系统提供了强大的技术支持和各种基础功能。物流一体化管理是通过对物流全过程的统一管理，消除各部门连接处的重复操作和多余环节，挖掘部门之间结合部的价值，降低物流成本。该综合物流信息系统集国际货代、拖车、报关、仓储、配送、堆场、船代等物流业务管理系统于一身，充分考虑了各个物流业务部门自身的管理特点和相互的依存关系，通过业务协同消除部门间的消息屏障，降低消息交互成本，提高第三方物流企业的整体运营效率，增强物流企业直接客户与间接客户的满意度。通过对该系统的了解，辽宁 A 国际货运有限公司老总考虑了公司所面临的外部环境和内部资源等诸多方面，发现该系统可以满足公司需求。有了该系统，辽宁 A 国际货运有限公司就可以掌控企业的业务信息，解决上述业务处理上发生的问题。

企业日常管理信息系统。2007 年，当辽宁 A 国际货运有限公司总经理在得知许多大公司都是通过办公自动化（OA）来实现公司内部沟通和精确管理的情况以后，开始关注 OA 办公软件。并由公司专门人员收集软件市场上的相关软件产品信息，递交公司总经理，由公司总经理将所获得的信息与企业自身情况多次对比，最终选定金和软件的金和协同管理平台 OA （C6），金和协同办公软件主要是为满足中小企业实现信息化管理的需求而设计的，有了该系统，公司就可以掌控企业的管理相关信息，解决上述日常管理上发生的问题。

2. 决策过程

经过长时间的比较、评估和权衡，辽宁 A 国际货运有限公司老总需要作出企业决策，以公司老总为首的企业管理层就此事进行紧张的讨论，公司老总认为，高效的信息系统对企业长远发展将起到巨大的作用，必须上马信息系统，并且经过长时间的评估，EFT 系统和 OA 系统是最适合公司现状的信息系统。最终，公司做出了从企业储备金中提取资金购买信息系统的企业决策，并分别于 2004 年和 2007 年从企业储备金中提取资金购买 EFT 和 C6 信息系统。

（三）资源行为阶段

1. 方案实施过程

制定决策后，辽宁 A 国际货运有限公司开始实施所作出的决策，调动各方面资源。终于，公司分别于 2004 年末和 2008 年年末使用上了 EFT 和 C6 信息系统。

EFT 应用到企业的过程中，基本没遇到更多的障碍，2004 年，公司对员工进行了 EFT 培训，经过培训后，公司员工基本上可以使用该软件，该部分信息化工作得以顺利地开展，而 C6 信息系统应用的过程并不顺利。虽然 C6 信息系统本身是比较成型的，但具体应用到企业，仍然需要进行修改。总经理在确定购买办公模块后，委任了公司专门的信息技术人员负责与金和方面沟通软件的具体执行和修改，但是，由于该工作人员对于公司业务费用的报销、请款程序并不熟悉，也没有做细致的调研分析工作，就按照自己的想法与金和软件方面商定了软件中的请示流程等。2008 年 7 月，经过一次全体员工都参加的使用培训以后，OA 首先在总公司进入测试过程。使用后，公司很快发现，流程设计与原来执行的纸质请示流程出入很大，很多流程无法继续，只能依靠原来的纸质单据。发现问题后，公司更换了信息技术负责人，同时由总经理组织全体业务经理以上干部召开会议，讨论流程的合理性并重新设计流程。2008 年，OA 在总公司进入实施过程。2008 年 9 月，OA 在分公司进入实施过程。OA 在分公司实施以后，由于总、分公司的业务流程和岗位设置有差别，使用与总公司相同流程的计划无法实现。分公司业务负责人，重新与信息技术人员沟通，并研发了适合分公司的流程。

EFT 和 C6 信息系统使用后，公司的组织结构等发生了新的变化，公司在管理部下新增加了信息技术部并派专人负责企业信息技术系统。公司要求员工每天写工作日记，部门经理能够看到本部门员工的日记，各部门经理，无论出差与否，都必须保证每天至少登录 OA 一次，批阅员工日记和流程，总经理能够看到所有员工的日记并可以直接批示，公司的管理趋于扁平化。

2. 惯例化过程

目前，辽宁 A 国际货运有限公司信息系统的开发工作已经完成，并在顺利运行。C6 信息系统实施后，精简了原来公司内部复杂的管理程序，极大地提高了公司内部管理效率。EFT 信息系统实施后，实现了业务数据自动采集，系统自动化程度较高。为公司不断带来新的客户并得到了公司客户与合作伙伴的高度认可，给公司带来显著的经济效益。

辽宁 A 国际货运有限公司管理创新适配过程的成功，不仅仅在于企业家能准确发现问题、决策正确和实施过程中对资源的有效整合，同时还在于企业家持续地在有形资源及人才、组织结构、创新型企业文化、制度、技术、关系网络等企业无形资源方面的培育和积累。公司经理重视对企业硬件的投入，随着信息技术系统的升级，不定期更换新的设施，使企业有适应企业新信息技术系统功能要求的硬件设施；注重人才培养，在企业内部加强关于信息技术方面的培训，提高企业员工素质；重新设计公司组织流程，组织结构趋于扁平化；公司在组织结构、部门设置上便于员工交流、沟通和协作。且重视员工的创新价值，注意满足员工自我实现的高层次需求，鼓励员工进行合作和沟通。鼓励员工进行创新实践的同时，容忍员工善意的创新失败。因此，在创新型文化中工作的员工较其他企业的员工能够更容易适应企业变革；关系网络的培养使企业获得更多的外部资源支持机会等。例如，客户关系的培养使公司能够前瞻性地获取客户需求信息，并进行贴近市场的改进，在客户中确立了良好的信誉和形象。

上述这些组织资源要素是通过企业家的主导作用培育和积累的结果，为管理创新成果融入企业管理系统奠定了基础。

二　沈阳 JC 快递公司资源行为过程分析

（一）制度逻辑阶段

我国经济的快速增长，带来了巨大的物流需求。快递业在短时间内得到了飞速发展，但是，快递行业公司良莠不齐，形成了庞大而又缺少规范的局面，普遍存在服务质量差、核心竞争力低等问题。伴随着国内市场的开放，跨国快递公司纷纷进入中国物流市场，快递市场变化剧烈，沈阳 JC 快递公司所面对环境的复杂度日益提升。占据资本和技术优势的国际物流企业，在中国正在加快布局，目前已经抢占国内高端市场，国内企业面临严峻的挑战，国内物流竞争日益加剧，造成包括沈阳 JC 快递公司在内的国内快递企业面临更加困难的经营局面，电子商务的发展加剧了沈阳 JC 快递公司外部环境变化，使公司不能满足新市场需求，企业效率大大降低。由于沈阳 JC 快递公司在规模、资金以及声誉等方面与大型物流企业相比没有优势，客户达成协议时成本高昂，获取信息方面成本高，发展资金不足。加之，新《中华人民共和国邮政法》及其他国家法律政策的不断出台，使与沈阳 JC 快递公司同类的轻资产 TPL 企业面对的环境的变化加快。沈阳 JC 快递公司总经理及管理层在权衡组织外部环境、内部资源的情况下，作为发起者的公司总经理敏感地发现，建设适配企业发展阶段的信息化系统已经成为公司破除发展"瓶颈"的关键问题。

（二）转化阶段

1. 评估阶段

为了解决公司信息化问题，以沈阳 JC 快递公司总经理为首的内部变革促进者进行了一系列的变革。其主要举措是决定用信息管理系统来解决这个问题。而在采用何种信息系统的问题上，沈阳 JC 快递公司总经理及公司经过了相当长时间的评估过程。由于内部资金约束，在选用什么类型的系统上，以沈阳 JC 快递公司总经理为首的内部变革促进者进行了为期四个月的评估。并分别详细地对引入成熟系统、同信息技术公司合作开发和交给专业的物流软件公司三种企业信息化模式进行考察。

2. 决策过程

为避免盲目性投资，沈阳 JC 快递公司内部变革促进者的代表总经理考虑公司需要引入懂得信息技术的知识型员工，以解决公司信息化过程受阻的困境。2006 年年初，公司委托公司内部知识型员工（一名计算机专业的硕士研究生）负责公司初步的信息化建设，作为创造者的公司技术部主管，该知识型员工成为公司中低层内部变革促进者的代表，探索解决公司信息化的方案。经过长时间的比较、评估和权衡，沈阳 JC 快递公司老总需要作出推进企业信息化建设的决策。

为推行公司信息化建设，内部变革促进者要动用资金，在公司经济状况紧张的情况下，公司总经理坚决支持技术部的工作，为企业信息化建设在资金上提供了保障。

（三）资源行为阶段

1. 方案实施过程

公司在作出信息化决策后，沈阳 JC 快递公司开始实施所作出的决策，公司作出改变组织结构的行为，设立了专门的技术部，以该部门经理及知识型员工为主体，形成了推进组织信息化建设的中低层内部变革促进者。沈阳 JC 快递公司的信息化建设展开之初，首先引入了信息化建设的硬件设施，并试图利用公共平台降低企业物流信息化成本，但公共平台无法满足公司业务的专业化需求。为了维持联盟网络业务关系和适应电子商务发展的需求，公司引进了同盟企业的物流信息系统，并于2006年年末使用上了该信息系统，实现了公司业务的对接，提高了公司业务处理效率。

2. 惯例化阶段

在企业信息化过程中，作为实施者的高层内部变革促进者起到了关键性作用。由于快递行业从业人员素质普遍偏低，知识型员工缺乏，企业内部员工对新变革有抵触，在总经理亲自参加培训并积极推动的带动下，公司员工适应了使用新系统完成工作的流程，公司信息化建设得以顺利进行。

沈阳JC快递公司高层内部变革促进者对企业信息化项目进行了宣传、培训，使其成为企业惯例化行为。目前，沈阳JC快递公司信息化建设的工作已经完成。新系统变革了公司原有的运营模式，使公司强化了物流虚拟联盟内部网络连接，顺应了电子商务给企业带来的新市场机会，并摆脱了公司在物流业务处理流程中手工操作带来的弊病，业务处理流程得到精简，工作复杂度得到降低，组织效率等得到提高。最终，公司的组织绩效得到了显著提升。

（四）案例小结

管理创新事件必然是能给企业带来效益的事件，从辽宁A国际货运有限公司、沈阳JC快递公司案例可以看出，实施过程中，管理创新事件作为连接决策阶段和惯例化阶段的中间变量，对整个适配流程起到承上启下的作用，至关重要。而企业家的作用渗透到整个流程的各个阶段中，起到调节功能。

三　资源行为的路径分析

（一）辽宁A国际货运有限公司适配路径分析

从整个辽宁A国际货运有限公司物流管理创新过程可以归纳出，辽宁A国际货运有限公司物流管理创新获得成功主要采用了第一条适配路径（见图9-1），该路径以组织分战略中心，为组织的总战略提供战略支撑，完成管理创新。首先，辽宁A国际货运有限公司为适应组织外部制度逻辑剧烈的变化，企业家在对制度逻辑考察后，发现组织存在的问题，制定企业的信息技术战略并围绕该战略，开始推进组织的管理创新。与之相应的是支撑组织信息技术战略实现的资源行为和资源流程行为，包括各种人力、组织资源以及行为流程等。其次，将组织的分战略及相应资源行为和资源流程行为等整合到支撑企业总战略的资源行为和资源流程行为中，支撑组织总战略的实现。最终，实现组织绩效的提升。

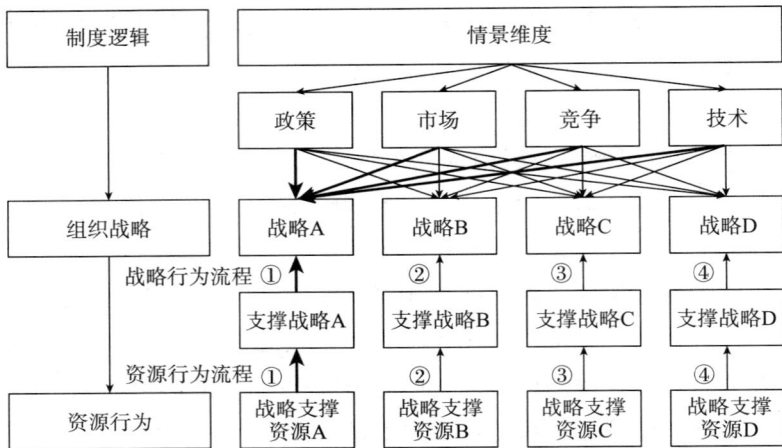

图9-1 辽宁A国际货运有限公司制度逻辑—资源行为适配路径模型

1. 辽宁 A 国际货运有限公司所面临的外部制度逻辑发生着剧烈的变化

随着公司外部情景的主体因素发生剧烈变化，导致组织外部制度逻辑发生变化。如金融危机带来了组织外部经济形势的恶化，企业间业务同质造成的竞争加剧以及跨国竞争者对本土市场的不断侵蚀，对企业产生不利影响。环境复杂度、不确定度及敌对度增加，使公司在业务处理、组织管理等各个方面也面临新的问题。特别是伴随公司业务的拓展，组织规模的壮大，企业需要处理业务量的增加，导致公司管理的复杂程度不断增加。辽宁 A 国际货运有限公司总经理认识到，企业业务发展和日常管理的巨大阻碍是管理信息系统。

2. 制定信息技术战略，围绕该战略，识别实现战略所需的资源行为及资源流程行为

为解决企业的信息技术系统问题，辽宁 A 国际货运有限公司总经理采取了一系列举措。但面对诸多的信息系统产品，究竟采用何种信息系统，总经理经过了相当长的时间进行探索、搜寻、评估及选择。

第一阶段（2000—2001 年），公司首先与东软金石开展初步的前期合作，但是，由于所开发软件不能适应辽宁 A 国际货运有限公司业务发展的需求，最终合作失败。

第二阶段（2002 年），辽宁 A 国际货运有限公司又与国内多家软件行业著名公司进行了商谈，但均不能达到公司的业务要求。例如，公司与嘉航公司进行的研发合作，主要由于软件公司提供的产品擅长于海运业务服务，而不同物流领域的业务要求各异，最终，致使两个公司之间的研发合作失败。

第三阶段（2003 年），辽宁 A 国际货运有限公司总经理通过一次偶然的机会，发现了 EFT 系统的强大功能，EFT 软件系统不仅集成了全部物流业务管理系统，如国际货代、报关以及仓储等。而且可以通过对业务依存关系的分析，协同平衡各部门之间的业务关联，消除信息屏障，提高企业业务处理效率，增强企业客户的满意度。此外，该系统包括各种运输方式、各种处理功能以及企业所需的各种报表等完整、强大的功能。辽宁 A 国际货运有限公司总经理考察后，发现通过该系统不仅可以掌控实时的业务信息，而且能实时地解决相关问题。

第四阶段（2007 年），当辽宁 A 国际货运有限公司总经理在对其他公司考察的过程中，觉察到 OA 系统可以消除部门间屏障，强化组织内部的沟通并实现对企业的精确管理。公司总经理开始组织人员，收集相关信息并将所获的 OA 系统信息与组织情况进行比较分析后，选定了金和 C6 系统。

在对信息系统进行综合衡量后，辽宁 A 国际货运有限公司高层就是否投资完成组织的信息化建设与是否采用 EFT 和 C6 系统进行了认

真的讨论。辽宁 A 国际货运有限公司总经理从战略优势形成过程的角度，提出 EFT 和 C6 系统有利于组织长期竞争优势地位的形成和商业成功。没有稳固的竞争优势，企业即便能应对当前市场竞争，也没有可能长期、可持续地经营下去。作为商业企业必须具有构筑和保卫竞争优势的能力，这是保持企业长期成功的关键，而 EFT 与 OA 系统是组织当前环境与资源约束下最适配公司业务发展的系统。最终，辽宁 A 国际货运有限公司总经理作出决策，并提取了储备金，先后采购了 EFT 与 OA 系统。

3. 通过适当的信息技术战略支持资源行为及资源流程行为整合，实现组织的信息技术战略，以组织分战略为中心，为组织的总战略提供战略支撑

辽宁 A 国际货运有限公司分别于 2004 年和 2007 年，开始逐步实施决策。公司从企业储备金中，提取资金购买 EFT 和 OA（C6）信息系统，EFT 和 OA（C6）系统先后上线，在公司内部得以应用。2004年，EFT 系统在公司内部得以应用，该系统的应用非常顺利，遇到的唯一问题，是由于员工素质良莠不齐，对系统使用不够熟练，但经过 EFT 系统使用的培训后，该问题被顺利解决；但 OA 系统在组织内部的应用遇到了极大的障碍，由于公司自身的差异，在具体应用时仍然需要对系统进行修改。2008 年 7 月，OA（C6）首先在总公司进入测试阶段。但是，由于公司所习惯的纸质单据处理流程与 EFT 系统设计存在较大差距，导致系统流程无法整合到企业中。面对实施过程中出现的问题，公司立即撤换了信息技术负责人，对组织业务流程的合理性进行了讨论并对公司的业务流程进行了重新的设计。

2008 年 8 月，C6 首先在总公司开始实施，随后在分公司开始实施。随着 OA（C6）和 EFT 系统在公司内部的全面应用，公司根据其业务流程和组织结构设置，对系统的流程和组织结构进行了进一步组合与修改，如在管理部下新增了信息技术部。由于新 OA 系统的应用，在制度上提出了新的要求，如员工需要在线填写工作日记，各部门经理每天必须保证至少登录 OA 一次，批阅员工日记和流程，公司的组织结构趋于扁平化。

OA（C6）和 EFT 信息系统成功实施后，辽宁 A 国际货运有限公司不仅极大地提高了劳动生产率，而且简化了企业复杂的管理程序，理顺了组织的结构配置，极大地提高了公司内部管理效率，提高了公司客户满意度，给 A 公司带来显著的经济效益。

（二）沈阳 JC 快递公司

从沈阳 JC 快递公司管理创新过程，可以归纳出沈阳 JC 快递公司物流管理创新获得成功主要采用了第一条适配路径（见图 9－2），该路径以组织分战略中心，为组织的总战略提供战略支撑，完成管理创新。首先，沈阳 JC 快递公司为适应组织外部激烈的竞争，企业家在对环境考察后，发现组织存在的问题，制定企业的信息技术战略并从该战略出发，推进组织的管理创新。与之相应的是支撑组织信息技术战略实现的资源及流程。其次，将组织的分战略及相应资源和流程等整合到支撑企业总战略的资源和流程中，支撑组织总战略的实现。最终，实现组织绩效的提升。

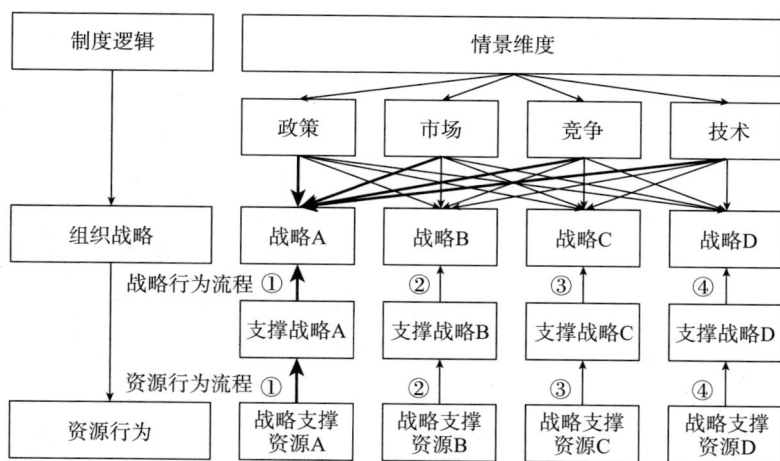

图 9－2　沈阳 JC 快递公司制度逻辑—资源行为适配路径模型

1. 沈阳 JC 快递公司面临的外部制度逻辑发生了剧烈变化

我国快递业在短时间内得到飞跃式发展，但是，快递行业公司良莠不齐，形成了庞大而又缺少规范的局面，存在诸多问题。伴随着跨国快速公司进入中国物流市场。

2. 制定信息技术战略，围绕该战略，识别实现战略所需的资源行为和资源流程行为

为解决企业的信息技术系统问题，沈阳 JC 快递公司总经理面对诸多选择，进行了相当长的时间进行探索、搜寻、评估及选择。

为了解决企业的信息技术问题，沈阳 JC 快递公司总经理进行了为期四个月的评估。由于内部资金约束，在选用什么类型系统上，沈阳 JC 快递公司总经理详细地对引入成熟系统、合作开发以及交给专业软件公司等企业信息化模式进行考察。为避免盲目性投资，沈阳 JC 快递公司总经理考虑引入懂得信息技术的知识型员工，以解决信息化受阻的困境。2006 年年初，公司委托公司内部知识型员工（一名计算机专业的硕士研究生）负责公司初步的信息化建设，作为创造者的公司技术部主管，该知识型员工成为公司中低层内部变革促进者的代表，探索解决公司信息化的方案。

3. 通过适当的信息技术战略支持资源行为及资源流程行为整合，实现组织的信息技术战略，以组织分战略为中心，为组织的总战略提供战略支撑

沈阳 JC 快递公司在作出信息化决策后，公司作出了改变组织结构的行为，设立了专门的技术部，以该部门经理及知识型员工为主体，形成了推进组织信息化建设的中低层内部变革促进者。沈阳 JC 快递公司的信息化建设展开之初，首先引入了信息化建设的硬件设施，并试图利用公共平台降低企业物流信息化成本，但公共平台无法满足公司业务的专业化需求。为了维持联盟网络业务关系和适应电子商务发展的需求，沈阳 JC 快递公司引进了同盟企业的物流信息系统，并于 2006 年年末使用上了该信息系统，实现了公司业务的对接，提高了公司业务处理效率。

沈阳 JC 快递公司信息化建设的阶段性工作完成后，使公司强化了物流虚拟联盟内部网络联结，充分利用了电子商务给企业带来的新市场机会，并摆脱了公司在物流业务处理流程中手工操作带来的弊病，业务处理流程得到精简，工作复杂度得到降低，组织效率、公司

客户满意度等得到提高。最终，给 A 公司带来显著的组织绩效。

第五节　跨案例分析与讨论

以战略为中心的"制度逻辑—资源行为"适配路径模型，经过双案例分析得到验证，通过对辽宁 A 国际货运有限公司、沈阳 JC 快递公司比较分析，可以发现：

一　适配过程

不同企业的适配过程是相同的，企业在"惯例"状态下运行，企业"不适配"发生，在企业家主导下，达成适配。经过一段时间运营，该适配状态，逐渐形成企业新的惯例，遂进入下一轮的适配过程。由此可见，管理创新适配过程都是从初始状态的适配到不适配、再达到一个新的适配的一个跃迁过程。

适配过程可以分为三个阶段、五个过程。其中，第一阶段，制度逻辑阶段。主要经历感知过程，发现问题。尽管不同生产性服务业物流企业的企业家可能由于知识背景、成长经历等的不同，而从非均衡的要素市场与产品市场运行过程中"识别机会和把握机会"的敏感性不同，但都是在感知阶段中发现问题，找出企业现状与企业目标间的差距，进而找到企业存在的问题。第二阶段，转化阶段。主要包括评估过程，权衡企业内部资源与外部制度逻辑和决策过程。在评估过程，都是在对外部环境约束和企业内部资源支撑情况进行评估的，为制订决策方案提供依据；在决策过程，尽管决策结果取决于决策者的个人判断，但决策都是在感知评估过程的基础上进行论证分析，制订实施方案，进行决策。第三阶段，资源行为阶段。主要包括方案制订实施过程与惯例化过程。每个阶段的顺利实施都离不开企业家的主导作用，正是在企业家的主导作用下，适配过程得以实施。在方案实施阶段，第三方物流企业适配过程中，在该阶段企业家尽管采取资源整合的方法不同，但都是通过对内部资源的整合，以保证所制订方案的实施。

二 适配路径机理

以战略为中心的"制度逻辑—资源行为"适配路径模型，不仅揭示了物流企业实现适配的路径，而且阐释了物流企业采取不同适配路径的选择依据与机理。不同企业所采用的路径是不同的，同一企业在管理创新的不同阶段，适配路径也可以是不同的，但企业家在企业适配路径中所起的主导作用是相同的，企业家在实现适配的过程中处于支配地位，起到主导作用。适配的完成，始于组织外部制度逻辑，企业家凭借其视野、知识及经验等，对组织内部资源与外部制度逻辑进行感知、考察以及市场预测，从非均衡市场中敏锐地发掘组织可盈利的潜在价值，并通过对制度逻辑变化所提供机会的认知、选择，掌控对企业至关重要的机会。而企业家感知的异质性导致企业家所发现问题的差异性，在企业外部环境影响和企业内部资源约束下，产生不同的适配路径。企业家在与市场的互动过程中感知到组织存在的现实和潜在问题后，为完成适配，围绕组织战略、资源约束（组织本身的资源决定了组织利用潜在创新机会的能力），形成 4 条达成适配并取得管理创新成果的适配路径，而且企业家在整个适配路径的各个阶段中都起到主导作用。

对于生产性服务业企业而言，通过不同类型的战略，可以实现组织的分战略为总战略提供支撑，并力图从组织的分战略中获取生产性服务业企业的竞争优势，进而提高组织的竞争力。生产性服务业企业管理创新的适配路径是在企业家驱动下完成的，但是，在适配创新路径的不同发展阶段，企业家的考察效果是不同的，在企业家主导作用的驱动下，所走的适配路径也是不同的，这不仅决定于对企业外部制度逻辑环境的适应，也取决于组织内部不同阶段具体资源配置行为以及战略情况。

第十章 制度逻辑对资源行为影响的内在逻辑：案例研究

在当今全球日趋一体化的背景下，创新在企业核心能力形成与竞争力提升中发挥着越来越重要的作用，同时也成为国家层面的优先战略（蒋建武、赵曙明等，2010）。本章系统地研究非均衡区域生产性服务业创新发展体系的重要结构制度逻辑—资源行为如何运行的机制，其研究方法和结论有助于企业部门和政府管理部门正确辨识和认知非均衡区域协同创新体系的内容及结构、有目的地构建和管理促进区域协同创新网络联系。本章研究符合振兴区域经济、升级优化产业结构目标，有助于增强我国区域经济竞争力。对于全球化背景下提升我国非均衡区域生产性服务业的成长性和竞争能力具有非常重要的实践价值和现实意义。

第一节 问题界定

本章基于协同理论，组织管理等理论，通过研究制度逻辑、企业资源行为、生产性服务企业实现协同发展的理论与对策，明晰制度逻辑对资源行为影响的内在规律。本章研究对象为制度逻辑（如政府）、制造企业资源行为、生产性服务业企业（如第三方技术源等）；协同学是研究开放系统通过内部子系统间的协同作用而形成有序结构机理和规律的学科，其核心是自组织理论（研究自组织的产生与调控等问题）。

本章所提及的"协同作用"是指通过制度逻辑（主要载体是政

府）、生产性服务业企业（如第三方技术源）或初态型生产性服务业企业（如类第三方技术源）、制造企业的三螺旋结构，驱动所在区域内不同层次、资源禀赋各异的生产性服务业企业（如第三方技术源或类第三方技术源）与区域经济发展实现协同发展，以实现区域内社会经济、制造企业、生产性服务业企业（如第三方技术源或类第三方技术源）整体协同创新的效应。对组织业务概念化，是为实现组织目标而作出决策的管理工具的集合（Prahalad and Bettis，1986）。因此，主导逻辑代表了组织的智力、思维方式和世界观，是组织关于如何竞争、经营的总的看法和世界观及战略思考方法的集合，是组织管理层经过多年的实践、经验积累和理论学习而逐渐形成的，代表了企业在内涵与经验世界之下的思维发展轨迹（黄旭、李一鸣、张梦，2004）。这种思维轨迹影响着组织的发展方向、重大决策，甚至是产品开发、技术创新等细微之处，因而构成了组织独特的竞争优势资源，能够解释相似组织绩效截然不同的根本原因（Amit and Schoemaker，1993；Barney，1991），本质上是组织的基因（Prahalad，2004），是多主体达成协同发展的潜在因素。

第二节　研究方法与路线

一　研究方法

研究方法的选择应根据研究问题的类型来确定，本章旨在探究重型工业机械设备产品系统制造企业中的主导逻辑是什么及如何形成的问题，以回答制度逻辑如何影响资源行为的问题，属于回答"如何"的问题，适宜采用案例研究方法（Gummesson，1991；Yin，2002）。本章以案例研究为主要研究方法，以理论研究和文献研究等方法为辅助，对第三方技术源或类第三方技术源即生产性服务业企业或者类生产性服务业企业、政府（组织外部情景中，重要的制度逻辑主体）、制造企业资源行为即制造企业采取资源行为以适配制度逻辑变化实现三螺旋协同发展的系列问题展开深入系统的研究。

（一）案例研究

由于单案例研究的局限性问题（Kathleen and Eisenhardt，1989），本书以单案例探索性研究开展深入的理论研究。通过分析提取案例信息，进行模型的建立并在此基础上进行模型的修正以及完善，总结提炼区域内第三方技术源或类第三方技术源、政府发展产业的逻辑、制造企业资源行为实现协同发展的运行机理。

（二）理论研究

本章通过文献信息分析和文本挖掘，在对区域内第三方技术源或类第三方技术源、政府发展产业的逻辑、制造企业资源行为实现协同发展有关的国际前沿理论与方法进行梳理的基础上，对本章关键问题进行研究，提出本章研究假设，构建研究的理论模型并分析内在机理。

二　研究路线

第一，区域生产性服务业企业、制度逻辑和资源行为三螺旋实现协同发展的资料收集和文献研究，对区域内 GPSI（第三方技术源或类第三方技术源、政府、企业）协同发展现状进行调查。

第二，在文献研究和经验总结的基础上，基于"主导逻辑"的视角，开展区域内第三方技术源或类第三方技术源、政府和企业三螺旋协同发展模式的识别研究。通过研究区域内第三方技术源或类第三方技术源、政府和企业三螺旋协同发展因素结构关系，提出概念模型，以明晰制度逻辑如何影响资源行为的问题。

第三，在理论框架模型分析的基础上，结合实践，研究区域内第三方技术源或类第三方技术源、政府和企业实现协同发展模式的内在运行机制，并不断地修正和完善。

第四，第三方技术源或类第三方技术源、政府和企业实现三螺旋协同发展的结论提炼与政策研究。以产业经济、管理和政策科学等理论为基础，综合运用文献研究、网络检索、实地调查、专家访谈和小组讨论等方法。在主导逻辑视角下，对第三方技术源或类第三方技术源、政府和企业实现三螺旋协同发展发展的具体实践进行剖析，总结制度逻辑如何影响资源行为的研究结论，并提出政策建议。

第五，在以上理论研究的基础上，进一步完善有关研究工作，开展并完成与本章有关的各项工作。

第三节　研究内容

一　研究思路

本章研究主要包括三个方面的内容。

第一，研究生产性服务业企业、制度逻辑和资源行为即政府、企业和生产性服务业企业（类型包括初态型生产性服务业企业）实现协同发展的框架模型，力图从理论上解释政府、企业和生产性服务业企业（类型包括初态型生产性服务业企业）三螺旋如何实现协同发展。

第二，从主导逻辑出发，引入惯性理论，研究政府、企业和生产性服务业企业（类型包括初态型生产性服务业企业）协同发展模型的运行机理。

第三，针对相关研究结果，提出管理对策。

以上研究内容基本上包括本章所设定的目标和内容。

本章综合理论与应用两部分内容。理论研究包括模式及运行机制两部分，应用研究包括管理研究。每部分内容涉及子项研究若干，子项研究结论之间又存在一定的关联性。本章的基本思路如图 10 - 1 所示。①从协同理论入手，从主导意识出发，破解政府、企业和生产性服务业企业（类型包括初态型生产性服务业企业）实现三螺旋协同发展的总体概念模型；②协同运行机理研究，主要从两个方面展开，包括协同要素的研究和主导逻辑的研究两部分；③在管理研究中，结合协同运行机理，提出了相应的管理对策。

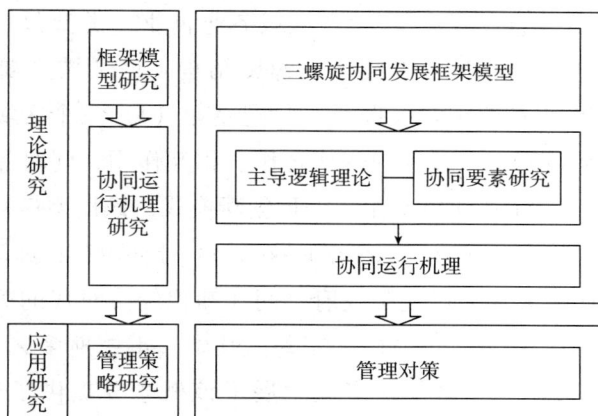

图 10 - 1　研究路线

二　制度逻辑、制造企业资源行为和生产性服务业企业三螺旋协同发展框架研究

在市场假设一定的情况下，制度逻辑的主体载体政府（G）通过政策、文件、鼓励性行为等举措，驱动区域经济主体的活动，其中包括区域经济的载体企业（I）与类第三方技术源的生产性服务业企业（类型包括初态型生产性服务业企业）（PS）。

生产性服务业企业（类型包括初态型生产性服务业企业）除教育功能外，其溢出功能具体表现为类第三方技术源的智力、技术服务，作为技术、智力要素的供给方，可以满足相关需求。

企业是区域经济的实际载体，其竞争优势地位的维持，主要由所具备的技术能力体现，但作为制造主体，其主要成本投入实体再生产过程中，导致研发费用在成本构成中的非主体地位。因此，导致技术研发能力的相对不足。作为技术、智力要素的需求方，需要独立的第三方技术源或者类第三方技术源，为企业提供相应服务。

生产性服务业企业（类型包括初态型生产性服务业企业）作为类第三方技术源要实现与区域经济的协同发展，为区域经济发展提供智力支持，关键是在政府政策、行为等的驱动、调节下与企业的协同，这种协同的内在运行机制是通过供需适配实现的。

政府（G）、企业（I）和生产性服务业企业（类型包括初态型生产性服务业企业）（PS）组成了三螺旋结构。该结构主要是指政府（G）—生产性服务业企业（PS）—制造企业（I）三个区域经济体系的重要载体在协同发展过程中密切合作、相互作用，同时保持各自主体的独立性。GPSI 协同模型作为一种创新模式，该模型最初由纽约州立大学亨利·埃茨科威兹（Henry Etzkowitz）于 1997 年创立，旨在通过三螺旋来研究大学、产业与政府之间在知识经济时代的关系。该模型逐渐得到学者关注，并进行了完善。其中，雷德斯多夫（Leydesdof）做出了重要贡献，雷德斯多夫发展了该概念并提供了理论系统。认为政府、制造企业和生产性服务业企业（类型包括初态型生产性服务业企业）所形成的螺旋状的联系可以为区域创新系统提供支持，该联系通过三链条形成螺旋联系，具体包括：①由地方或区域政府及下属机构组成的行政链。其中，政府作为区域创新的组织者、契约关系来源、形成组织外部情景中重要制度逻辑的主体，可以确保稳定的相互作用与交换。②由垂直和水平联系的公司构成的生产链。其中，产业作为进行生产的场所，承担着最终产品问世的重任。③由研究和学术制度组成的技术—科学链。其中，大学则作为新知识、新技能的来源，是知识经济的生产力要素。

综上所述，该模型在确保各个主体边界的基础上，表现出角色的交叉、结合、互换以及多边和双边沟通的作用，并形成持续的创新流。目前，已经有越来越多的国内外学者对政府、企业和生产性服务业企业（类型包括初态型生产性服务业企业）的三螺旋协同发展进行了系统研究。尽管国内学者已经并取得了卓有成效的成就，但该模型在以下五个方面尚需要深化研究。第一，在模型表达上，该模型未表达三主体的螺旋协同发展机制，在模型表达上需要完善；第二，在研究主题上，未深入三螺旋机制内部，剖析其形成过程与运行机制；第三，在理论使用上，未曾从主导逻辑视角讨论三螺旋协同发展机制，揭示三螺旋模式的内在形成机制；第四，在研究方法上，目前主要使用理论分析，缺乏使用多案例研究法，特别是结合了地域特征的本土化实证性研究基本上处于空白状态；第五，该理论属于西方理论，主要是为解决西方国家在发展过程中需要解决的问题。不结合中国管理实践和发展，只能完善西方理论，不能形成中国理论。因此，为形成、建立具有本土特色的理论，需要结合本土实践，开展研究，力图为形成本土理论做贡献。

基于现有理论的缺口，本书认为，基于主导逻辑理论，研究三螺旋协同发展机制在一定程度上能充实区域创新理论。以上研究工作和初步成果，成为我们从事此项研究的重要基础。本章所提出的具体政府（G）、制造企业（I）和生产性服务业企业（类型包括初态型生产性服务业企业）（PS）三螺旋协同发展物理模型，如图 10 - 2 所示。

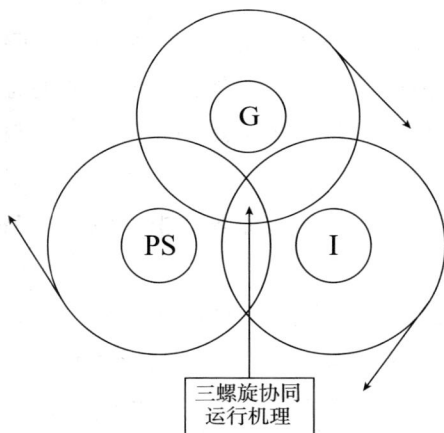

图 10 - 2　三螺旋协同发展物理模型

三　三螺旋协同运行机制

三螺旋物理模型阐明了三螺旋的构成与生成机理的宏观解释，但是，没有阐述因素之间是如何相互作用的运行机制。因此，本章从主导意识切入，力图破解三螺旋运行的内生机制，最终明晰制度逻辑对资源行为影响的内在机理。

近半个世纪以来，管理领域对于组织如何获得成功的起源开展了大量的研究，但大多数研究都将关注点聚焦在组织中观察到的各种新现象（Simon，H. A.，1991；Nadkarni and Narayanan，2007；马骏、席西民、曾宪聚，2007），很少涉及企业更本质的问题。而管理者有意识的认知行为对于组织成功的重要作用是显而易见的（Nadkarni and Narayanan，2007），目前，对于认知的研究持续增多。加里·哈默等曾指出，"目前的管理研究，忽略认知功能的重要作用"。目前，已有大量研究寻求阐释认知过程对于战略制定和实施、竞争优势等诸多方面的重要性（Hodgkinson，G. P.，2007；Eggers，P.，Kaplan，S.，2009）。在这种背景下，普拉哈拉德和贝蒂斯（Prahalad and Bettis，1986）提出了"主导逻辑"概念，并很快被引入管理研究的各个领域。主导逻辑作为组织的一组想法和世界观，对商业组织业务的概念化，是为了实现组织目标的管理工具集合（Prahalad and Bettis，1986）。因此，主导逻辑代表了组织的思维方式，是组织关于如何经营的总的看法和战略思考方法的集合（黄旭、李一鸣、张梦，2004）。

主导逻辑作为战略思考方法的集合，所形成的思维发展轨迹，影响着组织的诸多方面，如从组织宏观的发展方向、战略决策，到微观的产品开发、技术创新等。因而，主导逻辑构成了组织独特的异质性资源，该资源能够解释组织绩效差异的根本原因（Amit and Schoemaker，1993；Barney，1991）。

由于主导逻辑反映了组织发展的决策逻辑，是其对于自身所处情景的基本假定与如何发展的基本认知。认知所具有的稳固性和对于行为影响的基础性，使本章所采用的主导逻辑研究视角，对于研究 GPSI 多主体协同行为具有更为基础和本质的意义，因而本章研究能够为探讨 GPSI 三螺旋协同发展问题提供新的视角。

基于此，本书以一个重型设备企业——辽宁抚挖重工机械股份有限公司为主要研究对象，试图揭示我国政府（G）、制造企业（I）和生产性服务业企业（类型包括初态型生产性服务业企业）（PS）多主体三螺旋协同运行的主导逻辑。具体研究以下两个方面的问题：第一，三螺旋协同运行机制形成的主导逻辑是什么；第二，三螺旋协同运行机制的主导逻辑是怎样构成和怎样形成的。

（一）研究设计

1. 案例选择

本章遵循典型性原则（Patton，1987）选取中辽宁抚挖重工机械股份有限公司（以下简称抚挖重工）作为案例研究对象。抚挖重工案例能够代表一类具有相同特征的重型工业机械设备企业的主导逻辑及其特征、规律。首先，抚挖重工是典型的重型工业机械设备制造企业的代表，是一家集研发、生产、销售为一体的工程机械专业制造企业。抚挖重工始创于 1904 年，其企业前身是具有百年发展历史的抚顺挖掘机厂，是中国拥有最长建厂历史的工程机械制造企业，曾为新中国的民族工业发展做出过非凡的贡献。新中国成立 70 年来，遍布海内外建设工地近 2 万台的市场保有量，是百年抚挖的骄傲。抚挖重工是国内历史最久、品种系列最全、最具综合竞争力的液压履带式起重机专业制造商。潜心于工程起重机行业发展近 30 年，积累了丰富的研制经验和一批高精尖的技术人才。截至 2010 年，抚挖重工已拥有从 25—1250 吨，18 个吨级、25 种型号的履带起重机全新系列产品。尤其是亚洲首台自主研发的超大吨位液压履带式起重机 QUY1250 的问世，体现了企业强大的研发实力，更拉开了抚挖重工向超大吨位市场进军的序幕！目前，针对新一代核电机组的安装，抚挖重工正在积极进行 3200 吨级液压履带式起重机的开发。2009 年，抚挖重工进入全球移动式起重机制造商销售收入排名前十；在中国工程机械协会起重机分会举办的"2010 年全球起重机峰会"上，抚挖重工被评为全球移动式起重机十强企业。2010 年，抚挖重工在全国规模最大、配套完整的"辽宁装备制造基地"另辟 40 万平方米土地，拟建一个具有国际先进的履带式起重机研制基地。抚挖重工新工业园区大型起重机研制基地的建设，将对国内履带式起重机市场产生新的影响，对于提升国产液压履带式起重机制造能力和参与国际市场竞争具有划时代的深远意义。

选择抚挖重工作为案例研究对象，无论是企业本身还是企业主导逻辑方面都具有典型代表性，能够代表一类具有相同或相似特征的重型工业机械设备制造企业及这类企业在主导逻辑方面的特征、规律，因此，使用该案例能够提出具有一定普适性的理论（Patton, M. Q., 1987）。

2. 数据收集与分析策略

研究严格遵循案例研究的流程: 理论回顾→案例研究草案设计→案例数据收集→案例数据分析, 同时在数据收集和分析过程中循环往复, 保证研究信度和效度 (Yin, 2002; Pan and Tan, 2011)。

首先收集并研读了主导逻辑、管理认知、组织惯性等理论的相关文献, 确定了研究问题和研究性质。然后进入案例研究草案设计流程, 明确了数据收集方法和分析策略, 并设计了访谈提纲。在数据收集阶段, 将访谈、参与者观察和文件档案等数据收集策略紧密结合, 这主要是基于普拉哈拉德和贝蒂斯 (1986) 对于主导逻辑的研究策略的建议, 他们认为, 主导逻辑的认知与行为兼具的特性, 使单一的深度访谈方法难以真正获得其真实面目。在数据分析中, 本章借鉴潘善琳 SPS 案例分析技术 (S. L. Pan and B. C. C. Tan, 2011), 充分利用案例研究灵活性的特点及研究者团队与研究对象的亲密关系, 并将数据收集和分析结合起来, 反复巩固和验证所构建理论, 直至达到理论饱和 (S. L. Pan and B. C. C. Tan, 2011; K. Eisenhardt, 1989)。

3. 信度与效度

在数据收集过程中, 使用数据来源和调研者两种三角验证策略 (Yin, K. R., 2002) 对数据进行筛选, 确保所收集数据的有效性和可信性。对于新获得的数据, 确保每一个数据都能够验证我们的理论模型, 确保每一个已经被排除的数据都不会与新的理论模型相抵触或者补充扩展其内容。并对数据处理过程中所构建的理论模型和结论进行小组讨论, 对取得一致的结论予以保留, 对不一致的结论则由五名研究生再次研读相关数据, 提出新的结论, 直至取得一致为止。

(二) 案例发现

1. 案例描述

辽宁抚挖重工机械股份有限公司, 始建于 1904 年, 作为一家具有百年历史的老企业, 最早从事于工程机械制造, 发展至今, 已成为一家大型的重型工业机械设备制造企业, 其产品范围覆盖 25 吨挖掘机到 1250 吨挖掘机。作为我国拥有最长建厂历史的工程机械制造企业, 2009 年, 抚挖重工进入全球移动式起重机制造商销售收入排名前十位；在中国工程机械协会起重机分会举办的"2010 年全球起重机峰会"上，抚挖重工被评为全球移动式起重机十强企业。

抚挖重工是国内历史最久、品种系列最全、最具综合竞争力的液压履带式起重机专业制造商。潜心于工程起重机行业发展近 30 年，积累了丰富的研制经验和一批高精尖的技术人才。截至 2010 年，公司已拥有从 25 吨到 1250 吨 18 个吨级、25 种型号的履带起重机全新系列产品。尤其是亚洲首台自主研发的超大吨位液压履带式起重机 QUY1250 的问世，体现了企业强大的研发实力，更拉开了抚挖重工向超大吨位市场进军的序幕！目前，针对新一代核电机组的安装，抚挖重工正在积极进行 3200 吨级液压履带式起重机的开发。进入 21 世纪，抚挖重工成立全资子公司"辽宁抚挖锦重机械有限公司"，收购了"锦州重型"，充分利用汽车起重机的生产资源，结合抚挖重工高起点国际化的产品研发，大力开发新一代满足国际化标准的全新系列产品。全力打造一个以履带式起重机为支柱产业，以汽车起重机、桩工机械和矿用挖掘机等为发展依托的综合机械制造企业。

2. 案例分析

研究选取抚挖重工发展过程中最具典型意义的三种产品分别描述其研发过程，通过对 50 吨产品研发过程、75 吨挖掘机研制过程和 250 吨挖掘机的研发过程（200 吨以上大型挖掘机）从核心业务、关键任务、管理理念和技巧的分析，试图揭示重型工业机械设备系统制造企业的主导逻辑以及其主导逻辑是如何形成的。

（1）50 吨产品研发过程。第一，制度逻辑。政策驱动特征：在研发 50 吨挖掘机之前，抚挖重工生产 W1001 机械挖掘机，该产品从苏联引进，到 20 世纪 80 年代，产品技术、材料等已落后国际同类产品。但是，由于国有企业受政策制度制约，原有产品无法淘汰，导致企业资源无法有效集中，分散了企业研发新产品能力。受制度限制，政策在本阶段呈现逆驱动特征。

50 吨液压挖掘机，受企业没有外汇的限制（主要由于国家外汇制度的制约）缺乏液压元件，受产品元件制约，开发产品缓慢。在本阶段政策驱动呈现负驱动特征，约束了产品研发。

第二，资源行为。核心业务特征：在本阶段，市场状态（市场需求小）：1981—1982 年国内大经济环境处于低谷状态，国内大规模土木建设较少，导致挖掘机需求降低。抚挖重工面对严峻经济环境，国内液压机技术一直不过关，企业产品所用的液压元件的配套缺乏，所用液压元件质量不好，影响了企业产品的开发、制造、市场营销。企业处于转产状态，最高领导者需要做出战略性产品决策即接续生产原有产品挖掘机还是转产市场需求量较大的生产摩托车、缝纫机等民用产品。

关键任务：工厂的关键任务是设计出高技术、适应市场需要的产品，提高生产能力，建立生产作业线、产品搬运线、产品加工线、组装线等，特别是掌握 50 吨挖掘机的架构原理、生产技术，特别是设计方案。

50 吨挖掘机完全符合当时市场需要，该设备适配了市场需求。对企业而言，为获得技术竞争优势，企业需要进行技术研发，但受限于国家外汇制度，局限了企业整合国外资源的机会，为实现这一目的，企业利用国家经贸结合政策，解决了企业外汇指标问题，为企业引入、整合国际资源提供了保障。

技术人员的积极性在解决关键任务过程中起到了重要作用。技术人员大多是"老三届"毕业生走向设计岗位，特殊的人生经历，相对优越的体现荣誉地位的工作岗位，激发出设计人员极大的工作热情。50 吨钩车，在研发过程中遇到了各种困难。设计方案有争论：提升马达方案—采用日本低速方案；方案二采用高速方案，该方案采用高频震动。我国第一次科技大会科技奖获得者孙祖梁工程师发现了提拔机计算公式出现错误，并解决。研发团队经过几个月讨论，最终确定设计方案。同时，由于我国基础工业、材料水准未能达到设计要求，阻碍产品研发、制作。为克服制作材料不过关的现状，经过和鞍钢公司的讨论，并报到建设部，最终材料问题得以逐步解决。工程技术人员和工人不断改进工艺方法，提高经济效益。

管理理念与技巧：本阶段，逐步完善现代化管理方式。当时，抚挖重工管理层面临的最核心问题就是如何快速、高效地完成新产品的设计、生产、销售任务。在市场需求较大的情况下，生产任务的完成关键在于技术的掌握和技术难题的攻克。因此，管理的主要目的在于有效地组织技术工作和生产任务。这个阶段的企业领导为五六十年代的老领导，作为身经两种社会制度的老同志，深感工业对国家、企业对工人、党员对政治理想的深刻意义，工业对国家富强的重要作用，形成了振兴民族工业的工业信仰；企业对工人，就如同家庭成员对家庭的情感，一代一代的工人形成了以厂为家的情感，如果企业倒闭，工人将失去家。基于这种认知，领导者形成了强烈的情感危机。限于当时的条件，抚挖重工在1984年后在抚顺首先设立"开发新产品奖金"，对企业内开发新产品进行倾斜，具体措施有两条：精神层面对开发人员进行表扬，并涨工资2%，作为物质奖励。研发经费也在领导的关心下，由每年1%—2%提升到6%—7%，同时企业领导综合协调各个科室比如供应科、设计科，对外，为研发顺利展开，努力争取外汇指标。抚挖重工在多年积累下，逐步完善企业的计划、财务、技术、设备、产品检验、劳动工资等方面的管理制度以适应新形势要求，特别是设立了绩效激励制度，更进一步调动起职工的积极性。为迅速掌握技术，工厂通过多种方法，普及技术方法和技术意识。

协同绩效：在政策逆向驱动下，抚挖重工通过制度完善，文化积淀，调动起企业内部技术人员积极性，最终完成50吨产品研发，取得了GPSI协同的初步实现，获得了显著效益，企业避免了倒闭，对外，得到了当地政府的认同、鼓励；对内，激励了员工革新热情，完善了企业制度。通过该关键产品的研发，初步形成了三螺旋协同发展的初步主导逻辑。

本产品研发阶段中政府政策、核心业务特征、关键任务、管理认知与工具以及协同绩效的描述及关系如图10-3所示。

（2）75吨产品研发过程。

第一，制度逻辑。政策驱动特征：进入20世纪80年代，随着改革开放的深入展开，体制、制度约束逐渐松动，企业自主权力在扩大。在一定程度上，为企业集中优势资源，研发新产品能力提供了保障。本阶段政策驱动特征为正驱动，加快了企业研发进程。

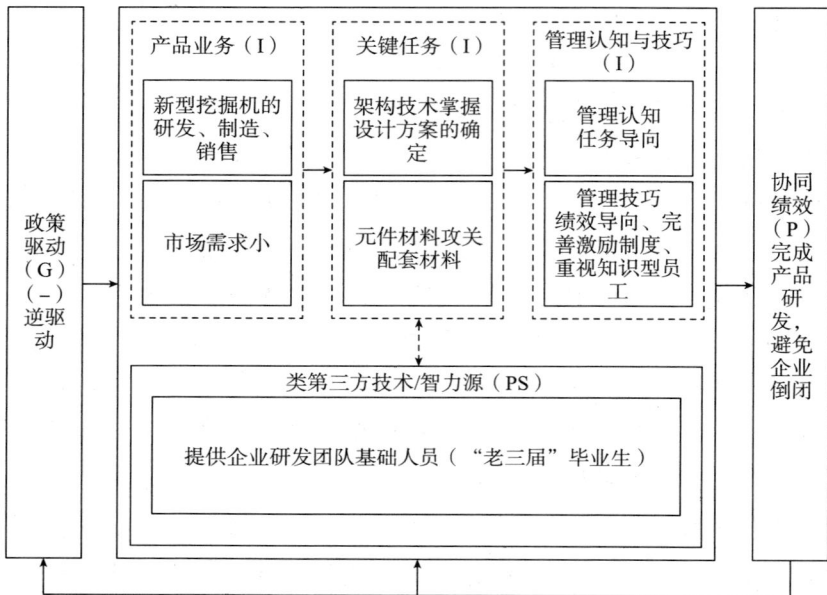

图 10 - 3　三螺旋协同形成的初始逻辑

第二，资源行为。核心业务特征：在本阶段，市场状态（市场有需求）：1981—1982 年葛洲坝工程的建设需要适应工程需要的钩车，工程方提出 4 立方米斗容、75 吨挖掘机的设计要求。在国内大型水电工程项目的需求下，国内市场环境逐渐得到改善，市场需求在增加，在本阶段，企业所面临的核心业务特征为：加快适应市场需要的、新产品的研发、生产、制造。但是，企业在研发 75 吨挖掘机新产品过程中，遇到了机械传动问题。

关键任务：工厂的关键任务是机械传动问题、适应市场需要的产品，提高生产能力，建立生产作业线、产品搬运线、产品加工线、组装线等，特别是掌握 75 吨挖掘机的机械传动原理、生产技术。

为解决这一问题，企业依靠部分毕业于大连理工大学、吉林大学的技术人员，以师承关系找到以上两所生产性服务业企业（类型包括初态型生产性服务业企业），通过师承关系，展开校企合作。其中，主要与大连理工大学杨一奎教授合作，这是由于杨一奎教授在力学方面具有理论优势。通过校企合作，75 吨挖掘机的机械传动问题得到解决。类第三方技术源生产性服务业企业（类型包括初态型生产性服务业企业）介入生产组织企业，加快了生产型组织的研发进度，同时将企业内 GPSI 初级的三螺旋模式，扩大升级为正式的 GPSI 三螺旋协同模式，深化了政策驱动下企业与生产性服务业企业（类型包括初态型生产性服务业企业）的连接。

管理理念与技巧：本阶段，在深化完善现代化管理方式的同时完善企业原有制度，强化了企业同类第三方技术源合作的认知。特别是在研发产品的同时，强化了校企合作，与东北大学和大连理工大学的合作较好地解决了产品在强度计算与载荷计算方面所遇到的问题。生产性服务业企业（类型包括初态型生产性服务业企业）与企业的合作，大大增强了企业自主研发的信心。校企合作逐渐成为一种企业获得技术支持的特定模式，企业以任务为导向逐渐向以技术为导向转变。

此后，企业在以后 80 吨等产品的研发，也走了同第三方技术源合作的路径，大大加快了企业研发进度，增加了企业创新可行性，为获得市场竞争的优势地位，抢占了先机。

当时，抚挖重工管理层面临最为核心的问题依旧存在即如何快速、高效地完成新产品的设计、生产、销售任务。特别是在有市场需求的情况下，生产任务的完成关键在于技术的掌握和技术难题的攻克。因此，管理的主要目的在于如何通过校企合作，快速地解决研发过程中遇到的技术问题。

协同绩效：在政策正向驱动下，抚挖重工通过制度完善，文化积淀，调动起企业内部技术源的积极性，并通过校企合作的外延方式，完善了企业内部技术源的建设，更紧密地推动了 GPSI 三螺旋的完善。企业最终完成 75 吨产品研发，真正取得了 GPSI 协同的实现，获得了显著效益。对外，得到了当地政府的认同、鼓励；对内，激励了员工革新热情，完善了企业制度。通过该关键产品的研发，正式形成了三螺旋协同发展的主导逻辑。

本产品研发阶段中政府政策、核心业务特征、关键任务、管理认知与工具以及协同绩效的描述及关系如图 10 - 4 所示。

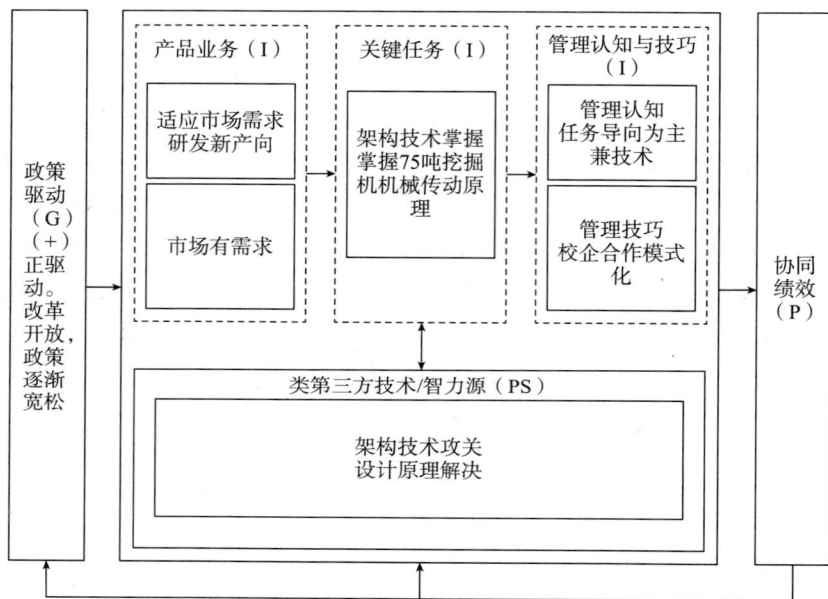

图 10 - 4 三螺旋协同形成的正式逻辑形成（75 吨）

（3）250 吨产品研发过程（200 吨以上产品研发）。

第一，制度逻辑。政策驱动特征：进入 21 世纪，随着市场经济的建立，对企业的体制、制度约束已经不存在，企业具有完全的经营自主权。为企业满足市场需求，集中优势资源，研发新产品能力提供了制度保障。本阶段政策驱动特征为正驱动，加快了企业研发进程。

第二，资源行为。核心业务特征：在本阶段，市场状态（市场有需求）即当时所面对的市场情况：对挖掘机产品需求范围广，包括土木、钢结构、桥梁、冶金、建筑安装公司等。随着国内大型工程项目逐年增加，对挖掘机需求随经济环境变化而增加。但是，国内企业不能满足市场需求。日本掌握了大型载重挖掘机技术，但日本产品价格高、功能少，不能完全满足国内市场需求。对市场的觉察来自工厂销售部跑市场。这个阶段，国内在大载重挖掘机方面处于空白状态。张健部长亲自带队跑遍了国内市场，火电、机场、水利工程，大型土木建筑如奥运水立方、奥体中心。公司在总经理的支持下，寻找项目，研发产品。工厂技术积累情况：2004 年企业开发 80 吨产品，2004 年 11 月 80 吨挖掘机研制成功，成为国内唯一能设计制作该产品的重型设备制作企业。在技术上，企业已经具备相关研发、设计、制作能力。

在本阶段，企业所面临的核心业务特征为：加快适应市场需要的、新产品的研发、生产、制造。但企业在 2005 年开始研发 250 吨挖掘机新产品过程中，遇到了产品元件材料计算问题。

关键任务：工厂的关键任务研发适应市场需要的产品，提高生产能力，其中遇到的最关键问题是新产品强度计算等机械元件原理，建立生产作业线、产品搬运线、产品加工线、组装线等。企业 80 吨挖掘机的研制成功，使企业具备了相关研发、设计、制作能力。企业开始研制新产品的初期，材料问题成为新产品研发的重要障碍。随着工业配套体系完备，市场情况变化，材料问题已经得到解决。

为完成 250 吨挖掘机产品的研制，公司拓展技术源，展开校企合作，250 吨产品和东北大学进行了良好合作，解决了相关技术问题。校企合作为企业研发降低了成本投入，加快了研发进度，节省了研制时间，抢占了市场时机，赢得了竞争优势。

此后，350 吨挖掘机研制主要由主管设计员于继年负责同大连理工大学曲福正、高顺德教授进行合作，完成新产品强度计算问题；800 吨产品，主要同东北大学李鲜教授合作，完成了相关技术原理、技术问题的解决；1250 吨产品，主要同大连理工大学曲福正教授合作，完成了相关技术原理、技术问题的解决。

通过校企合作，250 吨挖掘机以及系列产品的研发过程中技术问题得到了解决。类第三方技术源生产性服务业企业（类型包括初态型生产性服务业企业）介入生产组织企业，加速了生产型组织的研发进度，同时深化了 GPSI 三螺旋协同模式，深化了政策驱动下，企业与生产性服务业企业（类型包括初态型生产性服务业企业）的合作连接。

管理理念与技巧：本阶段，在深化完善现代化管理方式的同时，强化了企业同类第三方技术源合作的认知。在技术导向下，企业在研发新产品时，强化了校企合作，与东北大学和大连理工大学的合作较好地解决了产品在强度计算与载荷计算方面所遇到的问题。生产性服务业企业（类型包括初态型生产性服务业企业）与企业的合作，不仅增强了企业自主研发的信心，而且为企业提供了稳定可靠的第三方技术源。校企合作作为企业获得技术支持的技术获得模式，得到了企业管理层认同，并固化为企业行为惯性，技术导向成为企业主要管理理念。

此后，企业在以后系列产品的研发过程中，也走了同第三方技术源合作的路径，大大加快了企业研发进度，为获得市场竞争的优势地位，抢占了先机。

随着企业持续不断的研发工作的展开，对于产品技术的认知得到了同步积累。企业对新产品的研发奖励，不断加大。对产品研发投入持续增加，并不断加大投入力度。当时，抚挖重工管理层面临最为核心的问题依旧存在即如何快速、高效地完成新产品的研发任务。特别是在有市场需求的情况下，生产任务的完成关键在于技术的掌握和技术难题的攻克。因此，管理的主要目的在于通过校企合作，快速解决研发过程中遇到的技术问题。

尽管企业外部环境发生了较大变化（国内大型工程项目逐渐减少，需要企业转变为积极开拓国际市场等），但抚挖重工延续了200吨以下产品研发阶段的做法，将重型挖掘设备的设计制造作为核心业务，将组织行为的重心放在产品研发和技术攻关方面。从核心业务特征和关键任务的分析来看，技术至上、技术立企等理念，通过三螺旋协同在本阶段得到延续甚至强化。只有好的产品，才有好的市场。所以，在本阶段的关键任务是：基于组织已有设计、研发能力，开拓新新产品的研发，通过三螺旋协同解决研发过程中遇到的技术问题。

协同绩效：在政策正向驱动下，抚挖重工通过校企合作模式的固化，更紧密地推动了 GPSI 三螺旋的完善。企业最终完成了 250 吨产品研发，满足了市场需求，获得了显著经济效益。对外，得到了当地政府的认同；对内，管理层形成了与生产性服务业企业（类型包括初态型生产性服务业企业）合作研发产品的行为惯性，强化了三螺旋协同发展的主导逻辑。本产品研发阶段，政府政策、核心业务特征、关键任务、管理认知与工具以及协同绩效的描述及关系如图 10 − 5 所示。

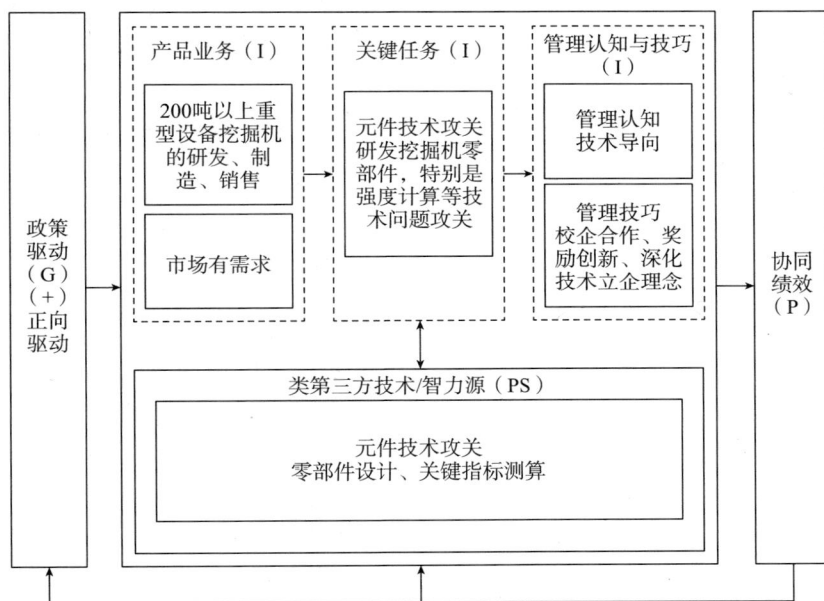

图 10 − 5　三螺旋协同形成的正式逻辑形成（250 吨）

第四节　研究结论与对策分析

通过对一个重型机械制造组织系列产品的案例研究，以及对政府政策驱动、核心业务特征、关键任务、管理理念与技巧、协同绩效的分析，本章深入分析了重型机械制造产品系统企业在实现创新管理过程中与政府、第三方技术源或类第三方技术源形成三螺旋协同发展的运行机理即生产性服务业企业（类型包括初态型生产性服务业企业）、制度逻辑（如政府的倾向）和资源行为（制造企业的资源行为）三螺旋协同发展运行机理，具体如图 10 - 6 所示。

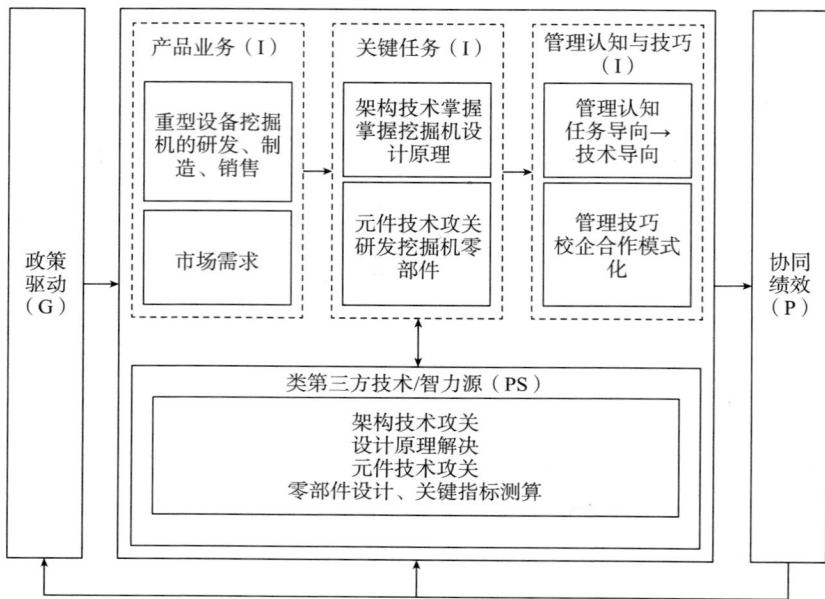

图 10 - 6 三螺旋协同发展运行机理

本章得出的主要结论与对策如下：

第一，生产性服务业企业（类型包括初态型生产性服务业企业）、政府和企业 GPSI 三螺旋协同发展模式的实现，关键的类第三方技术源为生产性服务业企业（类型包括初态型生产性服务业企业），而生产性服务业企业（类型包括初态型生产性服务业企业）获得发展需要契机。这个契机是经济组织现实需求提供的，而政府在促进两者协同中起到了驱动作用。其所提供的公共服务，不仅为经济组织解决发展问题提供了制度保障。而且为非经济组织的跨界发展提供了政策驱动和保障。而经济组织企业则在三螺旋协同主导逻辑中起到了关键的引发作用并贯穿整个运行机制的形成过程。当重型机械工业产品系统企业的主导逻辑是"由任务导向技术导向转化"时，其认知图式就表现为：要实现企业发展，必须找到市场需求，开拓市场需要研发产品，好产品研发需要技术创新。研究发现：当企业外部制度逻辑发生变化，企业首先以其对市场的敏感度，完成对市场信息的搜寻、整理、发现。并在这个过程中，完成与政府制度的交互作用，努力使政府政策向有利于企业发展方向转变；面对企业外部制度逻辑变化，企业调动、优化、配置所掌握资源。以"技术导向"为主导，让企业有了边界外搜寻第三方技术源的动力，引发了三螺旋协同发展模式的形成。技术成为企业发展动力和竞争优势的核心来源，技术创新成为企业的主要行为，围绕技术创新，企业资源、企业结构、战略重心等在变化；协同绩效的取得反馈于政府，为政策调整提供产业实践，并强化了企业逻辑，在反复强化过程中，不仅形成企业的主导逻辑，而且演化为生产性服务业企业（类型包括初态型生产性服务业企业）、政府和企业三螺旋协同发展的主导逻辑。

要驱动 GPSI 三螺旋协同机制的构建，维护区域内创新主体柔性，具体对策途径包括四个方面。

首先，政府要制定反映区域内 GPSI 三螺旋协同发展的总体发展战略目标要求、实现生产性服务业企业（类型包括初态型生产性服务业企业）、政府与企业的协同发展战略。认真落实国家对区域经济发展的扶持政策，政府有关部门应加大宣传咨询力度，积极帮助和引导制造企业、生产性服务业企业掌握并运用好国家政策，并将各项政策落到实处。区域内三螺旋协同发展战略目标应该基于自身地位和自身所处环境的认识，把握未来发展趋势，明确面临的机会和威胁，做强区域内创新主体，强化主体间联结关系。

其次，要理顺政府、制造企业和生产性服务业企业之间的关系，制定新的区域协同发展政策，把生产性服务业企业发展策略与城市发展政策、产业政策有机地结合，并协助相关单位加大对区域三螺旋协同发展规律的研究，制定适合本地区生产性服务业企业发展的体系、企业组织的发展规划，引导与协调区域内 GPSI 协同发展。在三螺旋协同发展时期，制定配套的激励政策措施，积极运用经济手段，通过财政补贴、贷款贴息等形式，支持协同发展效果好的企业、生产性服务业企业（类型包括初态型生产性服务业企业）单位。

再次，政府充分发挥正向驱动功能，协调区域内第三方技术源或类第三方技术源与企业的各种矛盾和冲突。由于政府的特殊地位，在协调与维护区域冲突方面具有独立性和权威性，减少系统内部子系统间因微小冲突而导致区域间协同性遭到破坏的可能性。要强化政府责任与行为，充分发挥驱动作用，加强政府调控，有针对性地加大投入与保障力度。加大政策倾斜力度，有选择地确立协同发展标杆，发挥示范效应，带动区域内三螺旋整体的协同发展水平。尤其是加大第三方技术源或类第三方技术源科研经费投入，鼓励科研资源合理地跨界配置，制定和确保区域协同发展目标的统一。尤其是要以法律形式，明确各级政府的科研支出责任，通过平衡不同第三方技术源或类第三方技术源间的科研条件，保证区域内生产性服务业企业（类型包括初态型生产性服务业企业）与企业的跨界合作。省、市级财政应建立专项财政转移支付制度，增强财政的引导作用，重点解决生产性服务业企业（类型包括初态型生产性服务业企业）与企业研发条件的改善等问题。支持基础性科研系统公共平台的建设，强化其对区域内生产性服务业企业（类型包括初态型生产性服务业企业）增强社会服务功能的引领和支撑功能；促进生产性服务业企业（类型包括初态型生产性服务业企业）同区域经济的协同发展。

最后，政府要加快生产性服务业企业基础设施建设，提供第三方技术源或类第三方技术源与企业合作的政策法规和技术等的交流平台，该平台要不仅包括供求信息、合作信息，而且要起到沟通协调作用，要加快和完善生产性服务业基础设施的建设。通过硬件基础设施的建设与完善，促进生产性服务业企业的地理集聚，进而促进区域生产性服务业的发展；重点改善科研开发、技术创新领域、构筑人才高地等营造区域协同发展的软环境。

第二，生产性服务业企业（类型包括初态型生产性服务业企业）、制度逻辑（如政府的倾向）和资源行为（制造企业的资源行为）三螺旋协同发展主导逻辑的实现，来源于生产性服务业企业（类型包括初态型生产性服务业企业）、制度逻辑（如政府发展工业、基础建设等的倾向）变化和资源行为（制造企业资源行为）协同发展实践。重型机械工业产品系统企业主导逻辑的形成主要受到任务导向的核心业务特征和技术导向的关键任务的影响。企业外部重要情景主体政府的驱动，影响了企业发展，政府政策、制度的完善促进了企业成长。在企业发展过程中，遇到技术问题，作为需求方，迫切需要企业外部技术源的支持，与第三方技术源或类第三方技术源的合作，为企业研发带来了新的技术获得渠道，三者的协同发展所带来的协同绩效强化了企业同生产性服务业企业（类型包括初态型生产性服务业企业）和政府协同发展的逻辑；当三螺旋协同被制造企业引发后，生产性服务业企业（类型包括初态型生产性服务业企业）作为类第三方技术源的供给方，满足了企业的需求，在协同发展过程中，扩大了生产性服务业企业（类型包括初态型生产性服务业企业）的社会影响力，为第三方技术源或类第三方技术源发展提供了外部机会。基于区域经济发展的动力，政府提供相关制度保障的发展逻辑。在技术导向下，企业关键任务和核心业务特征影响下所形成的技术立企主导逻辑，需要独立技术源的支撑。区域内生产性服务业企业（类型包括初态型生产性服务业企业）的跨界发展，为其技术能力商品化，提供了供给。以供需适配为基础，形成了生产性服务业企业（类型包括初态型生产性服务业企业）、政府和企业三螺旋协同发展模型。

由于每个经济区域的资源禀赋、资源基础等不尽相同，不同的区域首先应根据区域资源优势在区域内乃至于区域经济在国家经济体系、国际经济体系中的地位和竞争优势来决定自己的定位。充分利用区域优势资源，培育具有较强竞争力的生产性服务业企业（类型包括初态型生产性服务业企业）、制度逻辑（如政府的倾向）和资源行为（制造企业的资源行为）三螺旋协同发展体系。围绕这一核心三螺旋体系，培育、发展生产性服务业企业、市场组织。特别是第三方技术源或类第三方技术源要利用承接区域经济发展过程中带来的跨界发展机遇，形成政府驱动下生产性服务业企业（类型包括初态型生产性服务业企业）和企业优势互补的发展格局。不同的生产性服务业企业（如第三方技术源或类第三方技术源等）具有不同的特征，所起到的作用也有所不同。因此，要根据本区域的技术条件、经济发展水平、发展程度、产业结构以及基础设施条件等有选择地鼓励和支持其发展，促使生产性服务业企业的结构升级，并在这个过程中促进生产性服务业企业的发展，并为整个区域经济的创新发展创造更多新的机遇。

第十一章 结论与展望

第一节 主要结论

　　企业面对外部制度逻辑变化，必然导致企业对所拥有资源的优化配置行为随之改变。这就需要生产性服务企业不断创新以适合企业外部制度逻辑的变化，通过不断创新，整合自身资源，优化资源配置，推动着生产性服务业产业成长和持续竞争优势的产生。以生产性服务业带动区域产业创新政府具有主导作用，以发展生产性服务业带动经济发展方式转变具有不同的地域路径依赖，核心地域与非核心地域发展经济的生产性服务业路径具有明显的差异性。产业创新具有连锁反应，即某些产业的创新会引起另一产业的创新，连锁式地对产业创新产生影响。加快发展服务业特别是生产性服务业发展，形成以高新技术产业为先导、基础产业和制造业为支撑、服务业全面发展的产业格局，已成为全国经济发展的主旋律。作为非均衡区域，要实现跨越式发展，实现后发都市经济圈产业结构调整与优化，必须借助经济区非均衡区域本土资源的禀赋优势，大力提升生产性服务业，通过产业量的积累，达到逐步改善产业质量，最终实现经济发展方式转变。而核心区域的附属地区经济发展水平低、经济基础薄弱、产业结构不合理、服务业发展落后。因此，要在这类地区建立、发展生产性服务业几乎没有任何优势，但是，如果作为"增长极"的企业能够采取正确的发展策略，使其适配于区域的内部资源行为、外部制度逻辑，从而形成产业规模，就能带动生产性服务业发展，实现产业创新。而非均衡区域之间的协同互动将最终带动非均衡区域的协同发展。

本书主要内容由以下三个部分构成。

第一部分为制度逻辑—资源行为总体框架模型构建及阐释。本书首先对生产性服务业企业制度逻辑与资源行为适配程度进行划分，构建适配程度矩阵。并综合已有研究成果、专家访谈及调研实际情况，提出了制度逻辑—资源行为总体框架模型。该模型主要包括制度逻辑阶段、转化阶段和资源行为三个阶段。为了进一步了解企业外部制度逻辑变化趋势，分析非均衡区域发展生产性服务业的外在制度情景。本书从制度逻辑出发，以辽宁省为例，对生产性服务业的空间结构与产业偏离度进行实证分析，并得出结论：人才是推动区域发展的内在动力，非均衡区域生产性服务业在发展过程中必须重点思考的问题之一便是如何吸引优质人才，并为其提供肥沃的成长土壤，激发其创新潜能，构建合理的人才保障体系。

第二部分为总体框架"制度逻辑"构成及阐释。

基于制度逻辑—资源行为总体框架模型，本书搭建了非均衡区域生产性服务业创新发展的制度逻辑概念模型并重点对非均衡区域"增长极"进行了分析。本书基于协同演化机理，从管理学角度，以辽宁非均衡区域的典型代表沈阳经济区为例，从区域空间发展、政策应对、产业应对和协助机制层面，提出了发展生产性服务业的对策。

辽宁自贸区的建立为典型的非均衡区域辽宁发展生产性服务业，提供了千载难逢的战略机遇。为此，本书主要从制度逻辑主要载体政府的角度研究自贸区完善生产性服务业的政策。

在对生产性服务业发展概况、辽宁自贸区建立的政策意义以及辽宁自贸区现行政策及现状进行分析的基础上，对比分析了辽宁自贸区与上海自贸区政策。研究发现，制造、物流服务、进出口后服务、科技服务类型的生产性服务业在自贸区政策的内容上具有部分相同之处。但是，在信息技术服务、营销服务、人力资源服务、法律、会计、管理咨询服务方面，上海自贸区政策措施并未被或者很少被复制推广到辽宁自贸区。也就是说，上海自贸区在金融服务、专业服务等服务业领域继续充当先行探索的角色，上海自贸区较辽宁自贸区仍然明显地存在政策优势。本书从完善装备制造业自贸区政策与完善生产性服务业自贸区政策两个方面，提出了完善辽宁自贸区政策的建议。

随着经济全球化发展，竞争主体的竞争逻辑从区域竞争走向全球竞争，政府站在全球角度考虑区域经济发展，其他组织利益相关者面对经济形式的巨大变化，产生出不同的认知逻辑。为实现非均衡区域协同发展、提升区域竞争力的目的。本书重点考虑到政府等情景因素主体，提出"非均衡区域生产性服务业创新发展路径模型"，并以沈阳经济区为例，对核心区域如何培育区域增长极展开研究。

选择典型的经济欠发达地区盘锦，进行了探索性案例分析，探讨经济欠发达地区发展生产性服务业的路径。通过实地调研、文献研究及专家访谈，验证经济欠发达的非核心地区发展生产性服务业路径。研究认为，产业创新具有连锁反应，一个产业的创新还会成为另一产业创新的供给因素。产业创新可以形成有效的产业竞争性环境以及产业集群，提升区域创新能力。要在经济欠发达地区建立、发展生产性服务业几乎没有任何优势，但是，如果作为"增长极"的企业能够采取正确的发展策略，使其适配于企业的内部资源、外部制度逻辑，从而形成产业规模，最终可以带动生产性服务业的发展。

本书除了对核心区域与非核心区域进行研究，还对"马赛克"区域以及区域发展黏性剂展开研究。为此，本书分析了马赛克区域发展生产性服务业的可能，并为马赛克区域设计了发展生产性服务业三种路径即完全截留模式、部分截留模式和完全不截留模式（支撑模式）。对于非均衡区域发展黏性剂的研究，本书主要以教育为例，对非均衡区域教育问题产生原因分析与协同发展框架展开研究。

第三部分为总体框架"资源行为"构成及阐释。

本书基于国内外相关研究成果，融合企业外部情景、企业战略、内部资源等理论研究成果，提出了企业资源分类框架和以战略（Stratery）为核心的制度逻辑（Institution logic）—资源行为（Resources behavior）（S—I—R模型）适配路径概念模型。资源分类框架考虑到企业家的特殊作用，对企业资源本身的分类将其分为有形资源、企业家资源和无形资源三类；模型按照是否从属于即从"人"的角度出发来划分企业的资源。一般来说，从属于人的资源比不从属于人的资源对企业更重要；模型认为，关键资源与非关键资源是从企业资源与竞争优势的关系来划分企业的资源。并不是所有资源都能给企业带来竞争优势。此外，是否是关键资源并不是绝对的，企业资源在不同的条件下会发挥不同的作用。对比其他相关研究，S—I—R 模型不仅从适配视角出发，对以战略为核心的制度逻辑—资源行为适配过程进行划分，而且强调了组织资源行为是制度逻辑情景化过程以及战略的中心性地位。此外，模型强调了行业特性，并还将企业战略进行了拓展，使该模型更具适用性。

本书通过辽宁 A 国际货运有限公司、沈阳 JC 快递公司的双案例研究和跨案例分析，对模型进行了初步验证。揭示出在生产性服务业企业管理创新适配过程中，企业的适配过程是相同的，管理创新适配过程都是从初始状态的适配到不适配再达到新的适配的一个跃迁过程；企业家在物流企业适配的跃迁过程中起主导作用。适配过程由制度逻辑、转化和资源行为阶段构成；以战略为中心的"制度逻辑—资源行为"（S—I—R）适配路径模型，阐释了企业适配路径的选择机理，揭示出企业适配路径选择依据，但需要特别注意的是，对于不同类型生产性服务业企业，甚至同一企业的不同发展阶段，其管理创新所走的适配路径可能是不同的，但企业家在实现适配的过程中的主导作用却是相同的。

为探究"制度逻辑"对"资源行为"产生影响的内在机理，本书构建了基于协同创新理论三螺旋协同发展框架模型。通过识别三螺旋协同发展运行机制，深入调查区域 GPSI 三螺旋协同发展实践，探究"主导逻辑"视角下的三螺旋协同发展运行机制，以揭示"制度逻辑"对"资源行为"产生影响的内在机理。

本书通过创新性地引入"主导逻辑"视角分析区域内生产性服务业企业、制度逻辑和资源行为三螺旋协同发展研究，一方面，丰富和发展了区域生产性服务业企业成长理论和协同分析理论；另一方面，有助于正确理解区域协同体系同区域生产性服务业企业成长、资源行为和制度逻辑要素之间的关系，有助于对区域三螺旋协同发展动力的发展演化研究。本章通过对新经验和新做法的总结提炼，对深化现有非均衡区域生产性服务业的研究具有一定理论价值。

通过对区域内生产性服务业企业、制度逻辑（如政府倾向）和资源行为（制造企业的资源行为）三螺旋协同发展运行机制等的分析和典型案例的提炼，可以增强生产性服务业企业、制度逻辑和资源行为实现三螺旋协同发展对策的系统性、针对性、科学性及可操作性，可以从实践中为非核心区域生产性服务业的发展战略提供宏观政策建议参考和微观行动指南。对于全球化背景下指导区域生产性服务业发展的管理实践，提高区域经济的成长性和竞争能力，都具有十分重要的实践意义。

以上研究成果，除在一定程度上有助于揭示我国非均衡区域生产性服务业发展规律，补充完善现有生产性服务业理论研究外，还可以应用到企业创新网络的研究、产业集群驱动力研究等领域。

第二节　研究局限与展望

尽管本书对非均衡区域生产性服务业创新发展的相关问题进行了研究，但有关此方面的研究还不多，加之本书的篇幅和时间的限制，决定了无法对生产性服务业在非均衡区域实现创新发展涉及的所有问题都进行详尽和深入的研究。总体而言，今后还需要在以下两个方面展开深入研究。

第一，鉴于多案例取样的难度及时间条件等的限制，本书在理论推演的基础上，对于生产性服务业企业的选取，主要考虑了具有共同特点的第三方物流企业，并采用案例的研究方法开展研究。从生产性服务业企业类型来看，本书只选取了八类生产性服务业企业中的一类，未来的研究工作，需要在案例样本类型上拓展生产性服务业企业类型。在案例研究的深度上，需要扩大同类样本量，特别是同类生产性服务业企业，但细化维度不同的企业，比如不同规模、不同所有制等。以便对本书所提出的研究成果进行多角验证，使研究成果更具说服力。

第二，由于主要调研样本来自我国辽宁地区，研究成果对辽宁以及东北地区具有一定的适用性，但受到我国其他区域生产性服务业产业分布特点、资源禀赋等因素的影响，需要通过扩大样本量、扩大调研地域等，以便对非均衡区域生产性服务业发展的特征规律做进一步归纳和总结。

总之，从协同视角研究非均衡区域生产性服务业成长是一个不断发展的研究领域，随着学者对该领域不断探讨和对该领域研究的深入，将会不断丰富和完善该理论体系，也将不断地推动生产性服务业企业实践的发展。

附录 A 辽宁和上海自贸区生产性服务业政策对比

	辽宁省政策	上海市政策
向制造业提供资金支持的融资服务，如贷款、信用担保等	1. 提升利用外资水平 2. 构筑对外投资服务促进体系 3. 推动跨境人民币业务创新发展 4. 深化外汇管理体制改革 5. 增强金融服务功能 6. 建立健全金融风险防控体系 7. 加快构建双向投资促进合作新机制 8. 提升大型制造设备、施工设备、运输工具、生产线等优势产业的融资租赁服务能力 9. 鼓励船舶制造、工程机械、海洋工程装备及其他大型成套设备制造企业采用融资租赁方式开拓国际市场，发展跨境租赁 10. 加强融资租赁行业的事中事后监督管理	1. 推动开展无形资产、动产质押、公司债券等多种形式的融资服务 2. 鼓励商业银行等金融机构为科技企业提供自由贸易账户、境外本外币融资、人民币资金池、外汇资金集中运营管理等金融创新服务，降低企业资金成本 3. 推动股权投资企业开展境内外双向投资 4. 金融开放创新（金融市场设立、金融机构集聚、金融业务创新、金融功能提升），形成国际贸易、金融服务、航运服务、专业服务、高端制造五大集群，总部经济、平台经济、"四新"经济三大业态为主导的产业经济体系 5. 区内企业（不含金融机构）外债资金实行意愿结汇 6. 进一步简化经常项目外汇收支手续 7. 支持银行发展人民币与外汇衍生产品服务 8. 加强跨境资金流动风险防控 9. 允许融资租赁类公司境内收取外币租金如用以购买租赁物的资金50%以上来源于自身国内外汇贷款或外币外债，可以在境内以外币形式收取租金 10. 服务业开放领域，允许融资租赁公司设立外商投资资信调查公司 11. 融资租赁公司设立子公司不设最低注册资本限制、允许内外资企业从事游戏游艺设备生产和销售等 12. 统一内外资融资租赁企业准入标准、审批流程和事中事后监管制度 13. 最大限度地缩小企业投资项目的核准范围推广政府和社会资本合作（PPP）模式

	辽宁省政策	上海市政策
向制造业提供资金支持的融资服务，如贷款、信用担保等	11. 推进投融资体制改革。推广运用政府和社会资本合作（PPP）等新型投融资模式 12. 逐步形成与国际接轨的双向投资管理制度 13. 加快发展航运金融。支持发展航运融资业务 14. 鼓励金融机构、装备制造企业集团在自贸区内设立融资租赁公司和专营融资租赁业务子公司，开展融资租赁服务 15. 允许自贸区内融资租赁公司在境外开立人民币账户用于跨境人民币融资租赁业务 16. 外商投资实行准入前国民待遇加负面清单管理模式 17. 先进装备高科技人才个人收入形成地方财力全部返还。制造等高新技术产业扶持政策	14. 加强上海自贸区金融改革与国际金融中心建设联动，积极推进金融开放创新，加快推动资本项目可兑换、人民币跨境使用、金融服务业开放，拓展跨境投融资渠道，降低企业融资成本，不断提高金融服务实体经济效率 15. 加快建设面向国际的金融市场，健全以自由贸易账户为基础，以人民币跨境使用、投融资汇兑便利、利率市场化、外汇管理改革为主要内容的金融改革创新框架体系。加快人民币产品市场建设，扩大跨境人民币融资渠道和规模，拓宽人民币投资回流渠道，促进人民币资金跨境双向流动 16. 进一步扩大人民币跨境使用 17. 扩大人民币境外使用范围，推进贸易、实业投资与金融投资三者并重，推动资本和人民币"走出去" 18. 拓宽境外人民币投资回流渠道。创新面向国际的人民币金融产品，扩大境外人民币境内投资金融产品的范围，促进人民币资金跨境双向流动 19. 支持民营资本进入金融业 20. 支持证券期货经营机构在自贸区率先开展跨境经纪和跨境资产管理业务，开展证券期货经营机构参与境外证券期货和衍生品交易试点 21. 支持在自贸区设立保险资产管理公司及子公司、保险资金运用中心 22. 完善再保险产业链，推动股权投资企业开展境内外双向投资 23. 争取到2020年，实现融资租赁业务领域覆盖面不断扩大，融资租赁市场渗透率显著提高，融资租赁资产规模占全国比重达到30%以上，使融资租赁成为企业设备投资和技术更新的重要手段，成为社会投融资体系中的重要组成部分 24. 培育壮大市场主体。鼓励引导境内外资支持融资租赁公司为中小微企业提供个性化、定制化服务，来沪设立融资租赁公司

续表

	辽宁省政策	上海市政策
向制造业提供资金支持的融资服务，如贷款、信用担保等		25. 允许融资租赁公司开展本外币资金池业务 26. 完善融资租赁物登记公示制度 27. 支持符合条件的融资租赁公司接入人民银行征信系统 28. 加强融资租赁事中事后监管 29. 逐步建立统一、规范、全面的融资租赁业统计制度和评价指标体系 30. 配合金融管理部门完善金融风险监测和评估，建立与自贸区金融业务发展相适应的风险防范机制 31. 金融管理部门报送相关信息，履行反洗钱、反恐怖融资和反逃税等义务，配合金融管理部门关注跨境异常资金流动，落实金融消费者和投资者保护责任
物流服务	1. 推进跨境电商与快递协同发展 2. 推动快递服务业与制造业协同发展 提升超大超限货物的通关、运输、口岸服务等综合能力	1. 鼓励新能源车辆开展物流（快递）配送业务，推动充电、加气等基础设施建设 2. 鼓励本市电子商务和物流（快递）企业发展"仓配一体化"综合服务 3. 大力发展自贸区国际航运、国际贸易等重点产业责任保险、贸易信用保险、融资租赁保险 4. 加快建设航运保险中心 5. 互联网+供应链。利用互联网同步信息流与物流，提高采购效率和透明度，推动供应链管理向互联网模式转型 6. 积极为大飞机战略服务，支持民用航空器、航空发动机、机载设备及零部件等的研发和制造，并逐步形成航空产业集群和产业链；支持航空高端维修业务发展，建设具有国际竞争力的航空维修中心；支持适航审定和航空器运行评审能力建设，推动健全适航审定组织体系 7. 推进实施多式联运一次申报、指运地（出境地）一次查验，对换装地不改变施封状态的货物予以直接放行的措施，但需要在口岸实施检疫和检验的商品、运输工具和包装容器除外 8. 本市支持航运智库发展，为国际航运中心建设提供智力支持 9. 设立绿色通道，便捷通关手续

续表

	辽宁省政策	上海市政策
进出口后服务	1. 推进贸易转型升级 2. 实施贸易便利化措施 3. 完善国际贸易服务体系 4. 同意大连市设立跨境电子商务 5. 建设国际贸易"单一窗口" 6. 简化国际船舶运输经营许可程序，优化船舶营运、检验与登记业务流程， 7. 建立辽宁地区进境食品检疫审批正面清单制度 8. 对企业自用研发设备和进口研发耗材实施进口税收优惠政策 9. 在贸易便利化方面，积极探索保税货物流转监管模式，着手制定再制造旧机电设备允许进口目录	1. 试点企业及其在自贸区内注册的汽车经销商是平行进口汽车产品质量追溯的责任主体 2. 深化实施全国海关通关一体化、"双随机、一公开"监管以及"互联网＋海关"等举措 3. "入境维修产品监管新模式""一次备案，多次使用" 4. 全面推广"快检快放"便捷化监管措施 5. 支持汽车平行进口。积极参与推动自贸区平行进口汽车项目稳步运行 6. "自主报税、自助通关、自动审放、重点稽核"作业模式 7. 境外进入区内的货物，可以凭进口舱单先行入区，分步办理进境申报手续。口岸出口货物实行先报关、后进港
科技服务（产品开发或升级、技术获取、技术合作、技术服务等）	1. 构筑科技创新和人才高地 2. 建立统一的知识产权行政管理体制机制 3. 建立以知识产权为重要内容的创新驱动评价体系	1. 坚持以制度创新破除科技体制机制障碍作为关键环节，最大限度地解放和激发科技作为第一生产力 2. 破除限制新技术、新产品、新模式、新业态发展的不合理准入障碍 3. 推动金融创新，更好地服务科技创新企业，促进技术和知识跨境双向流动，建设国际化、全产业链的知识产权保护高地 4. 推进知识产权资源集聚 5. 大力发展知识产权服务业 6. 完善知识产权纠纷多元解决机制 7. 强化科技创新知识

续表

	辽宁省政策	上海市政策
科技服务（产品开发或升级、技术获取、技术合作、技术服务等）	4. 实现知识产权"一站式"服务，开通"绿色通道"，提高知识产权申请效率和质量 5. 建立多元化知识产权纠纷解决和维权援助机制 6. 探索建立重点产业专利导航制度和重点产业快速协同保护机制 7. 进一步推进内资融资租赁企业试点 8. 科技研发咨询、教育培训等服务供应商扶持政策，高科技人才个人收入形成地方财力全部返还	8. 健全知识产权保护和运用体系。充分发挥专利、商标、版权等知识产权引领作用产权管理 9. 简化股权激励登记流程，推动科技成果转移转化。研发机构、高等院校以本单位名义或者本单位独资设立的负责资产管理的法人名义将科技成果作价投资的，拓宽科创企业融资渠道，支持科创企业做大做强 10. 为科创企业融资提供高效便捷的动产抵押登记服务，并及时公示动产抵押登记信息 11. 帮助科创企业规范改制并在科技创新板、新三板、创业板、沪深主板等资本市场上市 12. 构建市场导向的科技成果转移转化机制。建立科技成果转化、技术产权交易、知识产权运用和保护协同的制度，确立企业、高校、科研机构在技术市场中的主体 13. 推进知识产权"三合一"行政管理和执法体制机制改革，积极争取新设以服务科技创新为主的民营银行 14. 发起设立重点产业并购基金。支持保险机构为科技创新企业提供风险保障和资金融通 15. 促进技术和知识跨境双向流动，建设国际化、全产业链的知识产权保护高地
信息技术服务（办公自动化系统维护、ERP、电子商务、网络和数据库建设与维护等服务）	1. 落实"互联网＋"战略。加快移动 APP、物联网、云计算、大数据等技术的应用 2. 跨境电子商务扶持政策 3. 实施跨境电子商务 CCC 产品监管制度	1. 推广电子合同应用 2. 做大做强电子商务众创空间，推动建设一批电子商务创业孵化器。积极开展电子商务创业大赛 3. 规定将网络从业人员纳入各项社会保险 4. 进一步支持在线餐饮电子商务发展，鼓励家政、洗染、维修等行业开展网上预约和上门服务 5. 鼓励互联网企业与实体店合作，发挥线上线下两种优势支持医药电子商务发展，探索开展处方药品网上流通试点 6. 推广应用具有硬件数字证书、采用国家密码行政主管部门规定算法的移动智能终端，保障移动电子商务交易的安全性和真实性 7. 探索跨境电子商务线上监管模式，实现无障碍通关和智能化监管。建立跨境电子商务统计制度

	辽宁省政策	上海市政策
信息技术服务（办公自动化系统维护、ERP、电子商务、网络和数据库建设与维护等服务）		8. 建立完善电子商务领域信用评价和失信行为联合惩戒机制
		9. 预防和打击电子商务领域违法犯罪，研究制定本市电子商务交易信息规则和安全管理制度
		10. 加强电子商务领域云计算、大数据、物联网、智能交易等核心关键技术研发
		11. 深化科技创新体制机制改革。在投贷联动金融服务模式创新、技术类无形资产入股、发展新型产业技术研发组织等方面加大探索力度
		12. 全面深化商事登记制度改革。推行全程电子化登记和电子营业执照改革试点，开展"一照多址"改革试点
		13. 引导市场主体自律。创新市场评价机制，鼓励支持电子商务等互联网平台企业为交易当事人提供公平、公正、透明的信用评价服务，客观地记录并公开交易与消费评价信息，促进市场参与各方加强自我约束
		14. 探索业界自治，支持行业协会和商会发展
		15. 建立跨境电子商务清单管理制度
		16. 构建跨境电子商务风险监控体系和质量追溯体系
		17. 创新跨境电子商务监管模式。形成一套线上交易、线上监管、线上服务、线下支撑的规则体系，适应和引领跨境电子商务产业发展，建成政府服务高效、市场环境规范、投资贸易便利、资源配置优化、产业特色明显的全球跨境电子商务运营中心、物流中心、金融中心和创新中心
		18. 对接国际贸易"单一窗口"。优化上海电子口岸资源，实现跨境电子商务公共服务平台和上海国际贸易"单一窗口"系统与功能对接，为本市跨境电子商务发展提供支撑
		19. 推进跨境电商园区建设，促进线下线上协同发展
		20. 集聚跨境电商企业主体，培育完整产业链
		21. 培育集聚行业人才。鼓励成立跨境电子商务研究机构，积极开创新企业与商品准入制度。开展行业相关研究
		22. 创新海关监管模式。探索对跨境电子商务零售出口商品实行，简化归类，推进清单申报通关模式，支持 B2B、B2C 等多种出口业务模式落地

续表

	辽宁省政策	上海市政策
营销服务	1. 促进快递业融入社会生产与消费的产业链、供应链和服务链 2. 推动"两直购两出口"的跨境电子商务运营模式 3. 建设"单一窗口"平台。依托辽宁电子口岸 4. 提升超大超限货物的通关、运输、口岸服务等综合能力	1. 深入推进电子商务领域由"先证后照"改为"先照后证"改革 2. 研究设立本市电子商务发展专项资金。逐步将旅游电子商务、生活服务类电子商务等相关行业纳入"营改增"范围 3. 加速推动能源、钢铁、化工、有色金属、汽车等领域网上交易平台发展 4. 推进国际贸易"单一窗口"建设 5. 发展离岸保险市场建立区域性再保险中心
人力资源服务	争取将沈阳高校的外国留学生直接就业政策，学历要求从硕士放宽到本科，探索允许国外知名大学应届外国本科毕业生直接到沈阳就业	1. 坚持以创新人才作为第一资源 2. 培育和发展科技创新、跨境贸易、金融服务等领域的行业协会和社团组织，支持行业协会和社团组织参与行业规则制定、行业管理、行业评估、人才评估等活动 探索与国际接轨的人才跨境流动制度，创建国家级人才改革试验 3. 加快知识产权人才培养 4. 探索适应企业国际化发展需要的创新人才服务体系和国际人才流动通行制度 5. 探索与国际接轨的人才跨境流动制度，创建国家级人才改革试验区 对接受区内企业邀请开展商务贸易的外籍人员，出入境管理部门应当按照规定给予过境免签和临时入境便利 6. 对区内企业因业务需要多次出国、出境的中国籍员工，出入境管理部门应当提供办理出国出境证件的便利

续表

	辽宁省政策	上海市政策
法律、会计、管理咨询服务	1. 促进服务外包发展。推动检测维修、生物医药、软件信息、管理咨询、数据服务、文化创意等服务外包业务发展 2. 支持服务外包业务发展。促进软件研发、工业设计、信息管理等业务发展	1. 预防和打击电子商务领域违法犯罪，研究制定本市电子商务交易信息规则和安全管理制度 2. 完善负面清单管理模式。发布政府权力清单和责任清单，进一步厘清政府和市场的关系 3. 完善负面清单管理模式 4. 加强社会信用体系应用 5. 推动产业预警制度创新。政府可选择重点敏感产业，通过实施技术指导、员工培训等政策，帮助企业克服贸易中遇到的困难 6. 推进"多证合一"和全程电子化登记，提高注册便利化水平，"一照一码，一码通用" 7. 贸易调整援助，是指对因受国际贸易环境变化影响而造成贸易竞争力下降、员工流失的企业，通过社会机构提供公共服务的方式给予技术、资金等援助，帮助其恢复进出口竞争力的救济制度 8. 第十二条自贸区在金融服务、航运服务、商贸服务、专业服务、文化服务、社会服务和一般制造业等领域扩大开放，暂停、取消或者放宽投资者资质要求、外资股比限制、经营范围限制等准入特别管理措施 9. 企业可以通过单一窗口一次性递交各管理部门要求的标准化电子信息，处理结果通过单一窗口反馈 10. 简化区内企业外籍员工就业许可审批手续，放宽签证、居留许可有效期限，提供入境、出境和居留的便利

注：文字有下画横线的为沈阳与上海重复性政策。

附录 B 辽宁和上海自贸区装备制造业政策对比

	辽宁省政策	上海市政策
机械、电子和兵器工业中的投资类制成品，分属于金属制品业	1. 促进服务外包发展。推动检测维修、生物医药、软件信息、管理咨询、数据服务、文化创意等服务外包业务发展 2. 重点开展飞机、船舶、海洋工程结构物、轨道交通车辆、农用机械等大型成套设备融资租赁服务 3. 研究利用保税政策，开展再制造业务，允许试点企业对再制造原材料开具增值税发票，并进行税前抵扣 4. 取消异地加工审核环节。支持高端装备制造业发展	1. 深化物联网、云计算、大数据、机器人、3D 打印等信息技术在生产制造各环节的应用 2. 浦东机场综合保税区依托空港优势，形成了以航空物流（亚太分拨中心）、航空金融（融资租赁）、航空服务（检测维修）、高端消费品展示交易等为主的产业功能 3. 允许区内融资租赁项目公司从境外购入飞机、船舶和大型设备并租赁给承租人时，凭合同、商业单证等材料办理付汇手续 4. 研究制定再制造旧机电设备允许进口目录，在风险可控的前提下，试点数控机床、工程设备、通信设备等进口再制造。探索引入市场化保险机制，提高医药生产等领域的监管效率 5. 最大限度缩减自贸区外商投资负面清单，推进金融服务、电信、互联网、文化、文物、维修、航运服务等专业服务业和先进制造业领域对外开放 6. 扩大制造业高端供给。积极落实《中国制造 2025》战略，推进信息技术与制造技术深度融合，发展基于工业互联网的新型制造模式，加快向高端制造、智能制造迈进。实施战略性新兴产业重大项目，突破一批国家亟须、具有国际影响力的关键核心技术 7. 推动汽车产业向智能网联汽车和新能源汽车升级，船舶产业向高端船舶和海洋工程装备产业升级，钢铁、石化产业向新材料领域延伸产业链

续表

	辽宁省政策	上海市政策
机械、电子和兵器工业中的投资类制成品，分属于金属制品业		8. 探索破解集成电路、再制造等重点产业发展"瓶颈" 9. "互联网＋协同制造"。以敏捷制造、柔性制造、云制造为核心，集成各类制造资源和能力，统一行业标准，共享设计、生产、经营等信息，快速响应客户需求，缩短生产周期 10. "互联网＋智能终端"。融合新一代信息网络技术，提升传感器、高档数控机床、机器人、汽车、可穿戴式设备等终端产品的智能化水平和服务能力
通用装备制造业	5. 支持装备制造业转型升级。支持大型及成套设备全球维修产业发展，优化流程。对 CCC 免办和 CCC 目录外确认实施"申报确认＋事后监管"工作模式。优化大型装备国内采购零配件原产地证签证流程 6. 鼓励金融机构、装备制造企业集团在自贸区内设立融资租赁公司和专营融资租赁业务子公司，开展融资租赁服务 7. 进一步探索改进符合先进装备制造业特点的信贷担保方式，拓宽抵押担保物范围，在风险可控的前提下，试点数控机床、工程设备等进口再制造	

续表

	辽宁省政策	上海市政策
专用设备制造业		
交通运输设备制造业	1. 放宽在自贸区设立的中外合资、中外合作国际船舶企业的外资股比限制 2. 支持汽车（新能源汽车为重点）、高端医疗器械、轨道交通装备、机器人智能装备等产业转型升级	1. 完善交通基础设施体系。加快实施新一轮轨道交通建设规划，构建一网多模式的轨道交通体系。加快推进轨道交通扩能增效，提高既有线网运输能力 2. 鼓励航运装备制造企业加强节能环保等新技术、新材料的研究和产业化。市交通行政管理部门应当支持高能效、低排放的运输工具和机械设备的市场推广。航运企业应当及时更新淘汰高耗能、高污染的运输工具和机械设备 3. 航运相关企业应当提高装卸、运输、仓储管理等关键设备的自动化、智能化水平，逐步推进信息化与生产、服务、管理各环节的融合，建立并完善物流信息平台，提供物流全过程动态信息服务，构建智慧航运服务体系 4. 优化船舶登记及相关业务流程，为船舶营运、融资、保险、修造、交易等提供便捷高效的船舶登记服务 5. 口码头配套建设岸电供电设备设施的，靠港船舶应当按照要求使用岸电。推进航空企业使用桥载能源设备供电 6. 本市鼓励船舶制造企业重点研发大型集装箱船、液化气船、邮轮等船舶 7. 鼓励融资租赁公司积极服务"一带一路"、长江经济带、《中国制造2025》等国家战略 8. 鼓励融资租赁公司在飞机、船舶、工程机械等传统领域做大做强，积极拓展新一代信息技术、高端装备制造、新能源、节能环保和生物等战略性新兴产业及文化产业等新领域投融资渠道 9. 支持开展跨境租赁。鼓励通过融资租赁引进国外先进设备，扩大高端设备进口，提升国内技术装备水平 10. 支持符合条件的融资租赁公司设立专业子公司和特殊项目公司，开展飞机、船舶和重大装备等租赁业务，提高专业化水平

续表

	辽宁省政策	上海市政策
电器装备及器材制造业		
电子及通信设备制造业		
仪器仪表及文化办公用装备制造业		

参考文献

陈伟：《创新管理》，科学出版社 2006 年版。

陈蔚珠、陈禹：《业务—IT 战略匹配成熟度模型的框架与内容》，《商业研究》2006 年第 22 期。

陈晓萍、徐淑英、樊景立：《组织与管理研究的实证方法》，北京大学出版社 2008 年版。

陈殷、李金勇：《生产服务业区位模式及影响机制研究》，《上海经济研究》2004 年第 7 期。

陈建华：《企业组织创新过程中风险的识别研究》，《商业研究》2004 年第 23 期。

蔡来兴：《国际经济中心城市的崛起》，上海人民出版社 1995 年版。

迟克莲：《企业资源战略管理初探》，《现代财经》2000 年第 12 期。

楚永生：《利益相关者理论最新发展理论综述》，《聊城大学学报》（社会科学版）2004 年第 2 期。

［美］道格拉斯·诺斯：《制度、制度变迁与经济绩效》，上海三联书店 1994 年版。

刁晓纯、苏敬勤：《基于序参量识别的产业生态网络演进方式研究》，《科学学研究》2008 年第 3 期。

郭治安、沈小峰：《协同论》，山西经济出版社 1991 年版。

郭彩琴：《教育公平论——西方教育公平理论的哲学考察》，中国矿业大学出版社 2004 年版。

顾乃华：《生产服务业、内生比较优势与经济增长：理论与实证分析》，《商业经济与管理》2005 年第 4 期。

高展军、李垣：《组织惯例及其演进研究》，《科研管理》2007 年第

3 期。

［美］H. 哈肯：《大脑工作原理——脑活动，行为和认知的协同学研究》，上海科技教育出版社 2000 年版。

［美］H. 哈肯：《协同学：理论与应用（系统科学）》，上海人民出版社 1987 年版。

贺小刚、李新春：《企业家能力与企业成长：基于中国经验的实证研究》，《经济研究》2005 年第 10 期。

贺小刚：《组织能力的源泉：企业家能力与个体特征分析》，《经济管理》2005 年第 1 期。

贺小刚：《企业持续竞争优势的资源观阐释》，《南开管理评论》2002 年第 4 期。

贺小刚：《企业家能力、组织能力与企业绩效》，上海财经大学出版社 2006 年版。

贺小刚：《企业家能力评测：一个定性研究的方法与框架》，《中国社会科学院研究生院学报》2005 年第 6 期。

［美］赫伯特·C. 格鲁伯、迈克尔·A. 沃克：《服务业的增长：原因与影响》（中译本），三联书店 1993 年版。

黄亦君：《浙江省欠发达地区开发战略研究》，《地域研究与开发》2001 年第 4 期。

邻艳丽：《东北地区城市空间形态研究》，中国建筑工业出版社 2006 年版。

江胜珍：《政府责任与教育公平：基于公共物品理论的探讨》，《现代大学教育》2011 年第 6 期。

贾生华：《企业家能力与企业成长模式的匹配》，《南开学报》（哲学社会科学版）2004 年第 1 期。

［美］杰弗里·菲弗、杰勒尔德·R. 萨兰基克：《组织的外部控制——对组织资源依赖的分析》，东方出版社 2006 年版。

金建国：《企业无形资源的相关问题探析》，《中国软科学》2001 年第 8 期。

［美］卡斯特、罗森茨韦克：《组织与管理——系统方法与权变方

法》，中国社会科学出版社 1985 年版。

刘健、程瑞：《关于落后地区构建区域创新网络的几点思考》，《华东经济管理》2006 年第 5 期。

刘烨、孙凡云、惠士友等：《企业家资源、动态能力和企业创业期的绩效——兼与台湾高科技企业的对比研究》，《科学学研究》2013 年第 11 期。

李怀祖：《管理研究方法论》（第 2 版），西安交通大学出版社 2004 年版。

李晓非、张桃红、申振浩：《组织创新过程研究》，《商场现代化》2007 年第 10 期。

李旭培、王桢、时勘：《组织认同对公务员组织公民行为的影响：上级信任感的调节作用》，《软科学》2011 年第 8 期。

李晓明：《战略视角下的企业环境理论综述》，《生产力研究》2009 年第 4 期。

李正卫、李建慧、曹雅婷：《影响企业创新和组织绩效的因素研究基于企业家视角》，经济科学出版社 2017 年版。

李布：《"外包"：企业经营新模式》，《经济纵横》2000 年第 12 期。

李太杰、李汉铃：《自组织理论及其在社会经济中的应用》，《中国软科学》1999 年第 12 期。

李淼：《城乡二元结构下的基础教育公平：体制性障碍及改革路径探索》，《教育与经济》2011 年第 4 期。

李淼：《教育公平：政府教育责任伦理的实现》，《中国高教研究》2011 年第 2 期。

李廉水：《教育公平视野下高等教育均衡发展的战略思考》，《江海学刊》2010 年第 4 期。

李青：《公司规划与信息系统规划》，经济管理出版社 2005 年版。

蓝海林：《企业战略管理："静态模式"与"动态模式"》，《南开管理评论》2007 年第 5 期。

刘理晖：《组织文化度量：本土模型的构建与实证研究》，《南开管理评论》2007 年第 2 期。

刘里军：《区域经济发展与欠发达地区现代化》，中国经济出版社
　　2002 年版。

刘树安：《影响企业信息资源集成的因素分析》，《合作经济与科技》
　　2008 年第 10 期。

楼永：《能力的适配与企业多元化战略的选择》，《复旦学报》（社会
　　科学版）2004 年第 6 期。

［美］罗伯特·K. 殷：《案例研究：设计与方法》，重庆大学出版社
　　2004 年版。

罗辉道、项保华：《资源概念与分类研究》，《科研管理》2005 年第
　　4 期。

吕红顺：《论中国的教育公平及制度安排》，《重庆大学学报》（社会
　　科学版）2010 年第 5 期。

缉慈：《创新的空间：企业集群与区域发展》，北京大学出版社 2001
　　年版。

孟昭华：《关于协同学理论和方法的哲学依据与社会应用的探讨》，
　　《系统辩证学学报》1997 年第 2 期。

［美］米歇尔·克罗齐埃：《科层现象》，上海人民出版社 2002 年版。

彭华涛：《创业企业家资源禀赋的理论探讨》，《软科学》2005 年第
　　5 期。

钱士茹、凌飞：《企业家角色定位与企业家人力资本供给》，《中国软
　　科学》2007 年第 3 期。

钱亦杨、谢守祥：《长三角大都市圈协同发展的战略思考》，《华东经
　　济管理》2004 年第 4 期。

［美］乔治·斯蒂纳、约翰·斯蒂纳：《企业、政府与社会》，华夏出
　　版社 2002 年版。

芮明杰：《创新制胜——现代企业管理创新》，山西经济出版社 1998
　　年版。

宋佳：《论构建和谐社会背景下的择校问题》，《陕西师范大学学报》
　　2006 年第 7 期。

单中惠：《试析 21 世纪初美国基础教育公平政策》，《外国中小学教

育》2011 年第 4 期。

沈小平、孙东川、徐咏梅、叶飞：《技术创新与管理创新的互动模式研究》，《科学学与科学技术管理》2001 年第 10 期。

沈玉顺：《教育公平与政府责任》，《上海教育科研》2010 年第 11 期。

孙久文：《论区域经济在国家和地区发展中的作用》，《经济问题》2001 年第 4 期。

苏敬勤、崔淼：《企业家认知资源与管理创新决策：理论与案例实验》，《管理评论》2011 年第 8 期。

苏敬勤、林菁菁、张雁鸣：《创业企业资源行动演化路径及机理——从拼凑到协奏》，《科学学研究》2017 年第 11 期。

孙艳、陶学禹：《试探管理创新的过程模式》，《科学管理研究》1999 年第 1 期。

屠凤娜：《和谐社会视阈下实现城乡教育公平的策略》，《前沿》2010 年第 11 期。

唐珏岚：《国际化大都市与生产性服务业集聚》，《世界经济与政治》2004 年第 11 期。

［美］托马斯·卡明斯、克里斯托弗·沃里：《组织发展与变革精要》，清华大学出版社 2003 年版。

王国顺、张仕憬、邵留国：《企业文化测量模型研究——基于 Denison 模型的改进及实证》，《中国软科学》2006 年第 3 期。

王维国：《协调发展的理论与方法研究》，中国财政经济出版社 2000 年版。

王鹤春：《惯性对后发国家引进型管理创新的作用分析》，《科学学与科学技术管理》2014 年第 1 期。

王鹤春、苏敬勤、曹慧玲：《成熟产业实现技术追赶的惯性传导路径研究》，《科学学研究》2016 年第 11 期。

王核成：《基于动态能力观的企业竞争及其演化研究》，科学出版社 2010 年版。

王兰云、张金成：《环境视角与战略适应》，《南开管理评论》2003 年第 2 期。

王瑞、钱丽霞：《企业竞争优势变迁的成因分析：能力和环境匹配的机制》，《技术经济与管理研究》2005 年第 2 期。

王宇：《企业外部环境驱动下的战略变化及其绩效的关联性研究》，西南财经大学出版社 2009 年版。

王缉慈：《创新的空间：企业集群与区域发展》，北京大学出版社 2001 年版。

王厚军、李小玉、张祖陆等：《1979—2006 年沈阳市城市空间扩展过程分析》，《应用生态学报》2008 年第 12 期。

吴晓青、胡远满、贺红士等：《沈阳市城镇扩展时空格局及其驱动力》，《应用生态学报》2007 年第 10 期。

沃尔特·W. 鲍威尔、保罗·J. 迪马吉奥：《组织分析的新制度主义》，上海人民出版社 2008 年版。

汪玮、周育海：《多重逻辑下的制度变迁：一个案例的探析》，《浙江社会科学》2013 年第 9 期。

项保华、周亚庆：《战略与文化的匹配：以万向集团为例》，《南开管理评论》2002 年第 2 期。

项保华：《企业资源与能力辨析》，《企业管理》2003 年第 2 期。

喻传赞、彭匡鼎、张一方等：《熵、信息与交叉科学》，云南大学出版社 1994 年版。

俞东慧、黄丽华、石光华：《建立与企业战略相适应的 IT 战略的路径和方法研究——对 UPS 和 FedEx 的战略适配案例研究》，《管理工程学报》2005 年第 1 期。

张钢：《企业组织创新过程中的学习机制及知识管理》，《科研管理》1999 年第 3 期。

张建琦、赵文：《学习途径与企业家能力关系实证研究——以广东省中小民营企业为例》，《经济理论与经济管理》2007 年第 10 期。

张瑾：《基于企业家能力的企业成长研究综述》，《产业经济评论》2007 年第 1 期。

张茉楠、李汉铃：《基于认知资源观的企业家创造性决策研究》，《中国软科学》2005 年第 8 期。

郑吉昌、夏晴：《论生产性服务业的发展与分工的深化》，《科技进步与对策》2005 年第 2 期。

郑吉昌：《服务业革命：对工业发展的影响与前景》，《工业工程与管理》2004 年第 2 期。

甄峰、顾朝林、朱传耿：《西方生产性服务业研究述评》，《南京大学学报》2001 年第 3 期。

周一星、孟延春：《沈阳的郊区化——兼论中西方郊区化的比较》，《地理学报》1997 年第 4 期。

《中国教育年鉴》编辑部：《中国教育年鉴（1998）》，人民教育出版社 1999 年版。

Aldrich, H. E. and Pfeffer, J., "Environments of Organizations", *Annual Review Sociology*, No. 2, 1976, pp. 121 – 140.

Amit, Schoemaker, "Strategic Assets and Organizational Rent", *Strategic Management Journal*, Vol. 14, No. 1, 1993, pp. 33 – 46.

Andews, K. R., "Corporate Strategy as a Vital Function of the Board", *Harvard Business Review*, No. 6, 1981b, pp. 174 – 184.

Andews, K. R., "Directors' Responsibility for Corporate Strategy", *Harvard Business Review*, No. 6, 1980, pp. 28 – 43.

Aragon – Correa, J. A. and Sharma, S., "A Contingent Resource – based View of Proactive Corporate Environmental Strategy", *Academy of Management Review*, Vol. 28, No. 1, 2003, pp. 71 – 88.

Arthur, J. B., "Effects of Human Resources System on Manufacturing Performance and Turnover", *Academy of Management Journal*, Vol. 37, No. 3, 1994, pp. 670 – 687.

Baets, W., "Aligning Information Systems with Business Strategy", *Journal of Strategic Information Systems*, Vol. 1, No. 4, 1992, pp. 205 – 213.

Barney, J., "Strategic Factor Markets: Expectations, Luck, and Business Strategy", *Management Science*, Vol. 32, No. 10, 1986, pp. 1231 – 1241.

Barney, J. B. , "Firm Resources and Sustained Competitive Advantage", *Journal of Management*, Vol. 17, No. 3, 1991, pp. 99 – 120.

Birkinshaw, J. and Mol, M. J. , "Management Innovation", *Academy of Management Review*, Vol. 33, No. 4, 2008, pp. 825 – 845.

Birkinshaw, J. and Mol, M. J. , "How Management Innovation Happens", *Sloan Management Review*, Vol. 47, No. 4, 2006, pp. 81 – 88.

Bourgeois, L. J. , "Strategy and Environment: A Conceptual Integration", *Academy of Management Review*, Vol. 5, No. 9, 1980, pp. 25 – 39.

Bramovitz, M. , *Thinking About Growth*, Cambridge: Cambridge University Press, 1989.

Brezis, E. S. , Krugman, P. R. and Tsiddon, D. , "Leap – frogging in International Competition: A Theory of Cycles in National Technological Leadership", *American Economic Review*, Vol. 83, No. 5, 1990, pp. 1211 – 1219.

Brkich, M. , Jeffs, D. and Carless, S. A. , "A Global Self – report Measure of Person – job Fit", *European Journal of Psychological Assessment*, Vol. 18, No. 1, 2002, pp. 43 – 51.

Brown, T. E. , "An Operationalization of Stevenson's Conceptualization of Entrepreneurship, as Opportunity – based Firm Behavior", *Strategic Management Journal*, No. 22, 2001, pp. 953 – 968.

Cable, D. M. and DeRue, D. S. , "The Convergent and Discriminant Validity of Subjective Fit Perceptions", *Journal of Applied Psychology*, Vol. 87, No. 5, 2002, pp. 875 – 884.

Brynjolfsson, E. , Hitt, L. and Yang, S. , "Intangible Assets: Computers and Organizational Capital", *Brookings Papers on Economic Activity*, No. 1, 2002, pp. 137 – 198.

Cable, D. M. and Judge, T. A. , "Person – organization Fit, Job Choice Decisions, and Organizational Entry", *Organizational Behavior and Human Decision Processes*, Vol. 67, No. 3, 1996, pp. 294 – 311.

Carmeli, "Assessing Core Intangible Resources", *European Management Journal*, Vol. 22, No. 1, 2003, pp. 110 – 122.

Carmeli, Tishlier, "The Relationships between Intangible Organizational Elements and Organization Performance", *Strategic Management Journal*, No. 25, 2004, pp. 1257 – 1278.

Cohen, W. M. and Levinthal, D. A., "Absorptive Capacity: A New Perspective on Learning and Innovation", *Administrative Science Quarterly*, Vol. 35, No. 1, 1990, pp. 128 – 152.

Collis, D. J., "A Resource – based Analysis of Global Competition: The Case of the Bearing Industry", *Strategic Management Journal*, Vol. 12, No. 1, 1991, pp. 49 – 68.

Collis, D. J. and Montgomery, C. A., "Competing on Resources: Strategy in the 1990s", *Harvard Business Review*, Vol. 73, No. 4, 1995, pp. 118 – 128.

Cott, A. J. and Storper, M., *Industrialization and Regional Development*. In: M. Storper and A. Scott (eds.), *Pathways to Industrialization and Regional Development*, London: Routledge, 1992.

Coyne, K. P., "Sustainable Competitive Advantage—What It Is, What It Isn't", *Business Horizons*, Vol. 29, No. 1, 1986, pp. 54 – 61.

Davies, H. and Walters, P., "Emergent Patterns of Strategy, Environment and Performance in a Transition Economy", *Strategic Management Journal*, Vol. 25, 2004, pp. 347 – 364.

Delaney, J. T. and Huselid, M. A., "The Important of Human Resource Management Practices on Perceptions of Organizational Performance", *Academy of Management Journal*, Vol. 39, No. 4, 1996, pp. 949 – 969.

Denision, D. R. and Mishra, A. K., "Toward a Theory of Organizational Culture and Effectiveness", *Organization Science*, Vol. 6, No. 2, 1995, pp. 204 – 227.

Dess, G. G., Lumpkin, G. T. and Covin, J. G., "Entrepreneurial Strategy

Making and Firm Performance: Tests of Contingency and Configurational Models", *Strategic Manage*, Vol. 18, No. 8, 1997, pp. 677 – 695.

Dierickx, I. and Cool, K., "Asset Stock Accumulation and Sustainability of Competitive Advantage", *Management Science*, Vol. 35, No. 12, 1989, pp. 1504 – 1511.

Duncan, R. B., "Characteristics of Perceived Environments and Perceived Environmental Uncertainty", *Administrative Science Quarterly*, Vol. 17, No. 3, 1972, pp. 313 – 327.

Edwards, J. R., "Person – job Fit: A Conceptual Integration, Literature Review, and Methodological Critique", *International Review of Industrial and Organizational Psychology*, No. 6, 1991, pp. 283 – 357.

Eisenhardt, K. M., "Better Stories and Better Constructs: The Case for Rigor and Comparative Logic", *Academy of Management Review*, Vol. 16, No. 3, 1991, pp. 620 – 627.

Erikson, T., "Entrepreneurial Capital, the Emerging Venture's Most Important Asset and Competitive Advantage", *Journal of Business Venturing*, Vol. 17, 2002, pp. 275 – 290.

Erroux, F., "Note on the Concept of 'Growth Pales'. In I. Livingstone (ed.), *Economic Policy for Development: Selected Reading*, Harmondsworth: Penguin Books Ltd., 1971.

Fahy, J., "Srtategic Markreting and the Resource Based View of the Firm", *Academy of Marketing Science*, No. 10, 1999, pp. 1 – 21.

Fernández, Esteban, Montes, José M. and Vázquez, Camilo J., "Typology and Strategic Analysis of Intangible Resources: A Resource – based Approach", *Technovation*, Vol. 20, No. 2, 2000, pp. 81 – 92.

Fernandez, E., Montes, J. M. and Vazquez, C. J., "Typology and Strategic Analysis of Intangible Resources: A Resource – based Approach", *Technovation*, Vol. 3, No. 20, 2000, pp. 81 – 89.

Friedland, R. and Alford, R. R., *Bringing Society Back in: Symbols, Practices and Institutional Contradictions*, Chicago, IL: University of

Chicago Press, 1991.

Goodrick, E. and Reay, T. , "Constellations of Institutional Logics : Changes in the Professional Work of Pharmacists", *Work and Occupations*, Vol. 38, No. 3, 2011, pp. 372 – 416.

Grant, R. , "The Resource – based Theory of Competitive Advantage: Implication for Strategy Formulation", *California Management Review*, Vol. 33, No. 3, 1991, pp. 114 – 135.

Griffith, T. L. , Zammuto, R. F. and Aiman, Smith L. , "Why New Technologies Fail", *Industrial Management*, Vol. 41, No. 3, 1999, pp. 29 – 34.

Hall, R. , "A Framework Linking Intangible Resources and Capabilities to Sustainable Competitive Advantage", *Strategic Management Journal*, Vol. 14, No. 11, 1993, pp. 607 – 618.

Hall, R. , "The Strategic Analysis of Intangible Resources", *Strategic Management Journal*, Vol. 13, No. 1, 1992, pp. 135 – 144.

Hall, R. H. , *Organizations: Structure, Processes, and Outcomes*, 9th edition Englewood Cliffs, New Jersey: Prentice – Hall, 2004.

Hamel, G. , "The Why, What and How of Management Innovation", *Harvard Bus Rev.* , Vol. 84, No. 2, 2006, pp. 72 – 84.

Hannan, M. T. and Freeman, J. H. , "Structural Inertia and Organizational Change", *American Socilogical Review*, Vol. 49, No. 2, 1984, pp. 149 – 164.

Henderson, J. C. and Venkatraman, N. , "Strategic Alignment: Leveraging Information Technology for Transforming Organization", *IBM Systems Journal*, Vol. 32, No. 1, 1993, pp. 4 – 16.

Henderson, J. C. and Venkatraman, N, *Strategic Alignment: A Model for Organizational Transformation Through Information Technology Management in Transforming Organization*, New York: Oxford University Press, 1992.

Hansen, N. , "The Strategic Role of Producer Services in Regional Development", *International Regional Science Review*, Vol. 16, No. 1 – 2, 1994, pp. 185 – 195.

Higgins, C. A. and Judge, T. A., "The Effect of Applicant Influence Tactics on Recruiter Perceptions of Fit and Hiring Recommendations: A Field Study", *Journal of Applied Psychology*, Vol. 89, No. 4, 2004, pp. 622 – 632.

Jansen, K. J. and Kristof, Brown A. L., "Toward a Multi – dimensional Theory of Person – environment Fit", *Journal of Managerial Issues*, Vol. 18, No. 2, 2006, pp. 193 – 213.

Jay, J., "Navigating Paradox as a Mechanism of Change and Innovation in Hybrid Organizations", *Academy of Management Journal*, Vol. 56, No. 1, 2012, pp. 137 – 159.

Joris, M., Maryse, J. B. and Marco, M., "Organizational Structure and Performance in Dutch Small Firms", *Small Business Economics*, Vol. 25, No. 1, 2005, pp. 83 – 96.

Kristof, A. L., "Person – organization Fit: An Integrative Review of its Conceptualizations, Measurement, and Implications", *Personal Psychology*, Vol. 49, No. 1, 1996, pp. 1 – 49.

Kristof, Brown A. L., Zimmerman, R. D. and Johnson, E. C., "Consequences of Individuals Fit at Work: A Meta – analysis of Person – job, Person – organization, Person – group, and Person – supervisor Fit", *Personnel Psychology*, Vol. 58, No. 2, 2005, pp. 281 – 342.

Kueng, P., "Process Performance Measurement System: A Tool to Support Process – based Organizations", *Total Quality Management*, Vol. 11, No. 1, 2000, pp. 67 – 85.

Lauver, K. J. and Kristof, Brown A., "Distinguishing between Employees Perceptions of Person – job and Person – organization Fit", *Journal of Vocational Behavior*, Vol. 59, No. 3, 2001, pp. 454 – 470.

Leseure, M. J., Bauer, J., Birdi, K., Neely, A. and Denyer, D., "Adoption of Promising Practices: A Systematic Review of the Evidence", *International Journal of Management Review*, Vol. 5, No. 6, 2004, pp. 169 – 190.

Low, W. S. and Cheng, S. M. , "A Comparison Study of Manufacturing Industry in Taiwan and China: Managers' Perceptions of Environment, Capability, Strategy and Performance ", *Asia Pacific Business Review* (*UK*), Vol. 12, No. 1, 2006, pp. 19 – 20.

Luftman, J. N. , "Assessing Business—IT Alignment Maturity", *Communications of the Association for Information Systems*, Vol. 4, No. 14, 2000, pp. 1 – 51.

Lukas, B. A. , Tan, J. J. and Hult, T. M. , "Strategic Fit in Transitional Economies: The Case of China' Electronics Industry ", *Journal of Management*, Vol. 27, 2001, pp. 409 – 429.

Lumpkin, G. T. and Gregory, G. D. , "Clarifying the Entrepreneurial Orientation Construct and Linking It to Performance", *The Academy of Management Review*, Vol. 21, No. 1, 1996, pp. 135 – 172.

Melville, N. , Kraemer, K. and Gurbaxani, V. , "Review: Information Technology and Organizational: An Integrative Model of IT Business Value", *MIS Quarterly*, Vol. 28, No. 2, 2004, pp. 283 – 322.

Miller, D. and Shamsie, J. , "The Resource – based View of the Firm in Two Environments: The Hollywood Film Studios from 1936 to 1965", *The Academy of Management Journal*, Vol. 39, No. 3, 1996, pp. 519 – 543.

Mol, M. J. and Birkinshaw, J. , "The Sources of Management Innovation: When Firms Introduce New Management Practices", *Journal of Business Research*, Vol. 2, No. 1, 2009, pp. 1 – 12.

Muchinsky, P. M. and Monahan, C. J. , "What is Person – environment Congruence? Supplementary versus Complementary Models of Fit", *Journal of Vocational Behavior*, Vol. 31, No. 1, 1987, pp. 268 – 277.

Olga, Suhomilinova, "Toward a Model of Organizational Co – evolution in Transition Economies", *Journal of Management Studies*, Vol. 43, No. 7,

2006, pp. 1537 – 1557.

Perry, Smith J. E. and Blum, T. C., "Work – Family Human Resource Bundles and Perceived Organizational Performance", *Academy of Management Journal*, Vol. 43, No. 6, 2000, pp. 1107 – 1117.

Pierre – Jean Enghozi, "Managing Innovation: From ad Hoc to Routine in French Telecom", *Organization Studies*, Vol. 11, No. 4, 1990, pp. 531 – 554.

Ravlin, E. C. and Ritchie, C. M., "Perceived and Actual Organizational Fit: Multiple Influences on Attitudes", *Journal of Managerial Issues*, Vol. 18, No. 2, 2006, pp. 175 – 192.

Sekiguchi, T., "Person – organization Fit and Person – job Fit in Employee Selection: A Review of the Literature", *Osaka Keidai Ronshu*, Vol. 54, No. 6, 2004, pp. 179 – 196.

Scott, W. R., *Institutions and Organizations*, Thousand Oaks, CA: Sage Publications, 2001.

Stata, R., "Organizational Learning—The Key to Management Innovation", *Sloan management Review*, Vol. 30, No. 3, 1989, pp. 63 – 74.

Tan, J. J. and Litschert, R. J., "Environment – strategy Relationship and its Performance Implications: An Empirical Study of the Chinese Electronics Industry", *Strategic Management Journal*, Vol. 15, No. 1, 1994, pp. 1 – 20.

Thornton, P. H., Ocasio, W. and Lounsbury, M., *The Institutional Logics Perspective: A New Approach to Culture, Structure, and Process*, Oxford: Oxford University Press, 2012.

Ting – Peng Liang and Chih – Ping Wei, "Introduction to the Special Issue: Mobile Commerce Applications", *International Journal of Electronic Commerce*, Vol. 8, No. 3, 2004, pp. 7 – 17.

Tsui, A. S., Wang, H. and Xin, K. R., "Organizational Culture in China: An Analysis of Culture Dimensions and Culture Types", *Management and Organization Review*, Vol. 2, No. 3, 2006, pp. 345 – 376.

Wallach, E. J. , "Individuals and Organizations: The Cultural Match", *Training and Development Journal*, Vol. 37, No. 2, 1983, pp. 29 – 36.

Wernerfelt, B. , "From Critical Resources to Corporate Strategy", *Journal of General Management*, Vol. 14 (Spring), 1989, pp. 4 – 12.

Wernerfelt, B. , "A Resource – based View of the Firm", *Journal of Strategic Management*, No. 5, 1984, pp. 171 – 180.

Yasemin, Y. K. and Joseph, T. M. , "How Dynamics, Management, and Governance of Resource Deployments Influence Firm – level Performance", *Strategic Management Journal*, Vol. 26, No. 5, 2005, pp. 489 – 496.

Zaheer, S. and Mosakowski, E. , "The Dynamics of Liability of Foreignness: A Global Study of Survival in Financial Service", *Strategic Management Journal*, Vol. 18, No. 6, 1997, pp. 439 – 464.

Zahra, A. Z. , Neubaum, D. O. and Huse, M. , "Entrepreneurship in Medium – size Companies: Exploring the Effects of Ownership and Governance Systems", *Journal of Management*, Vol. 30, No. 5, 2000, pp. 947 – 976.

Zajac, E. J. , Kraatz, M. S. and Bresser Rudi, K. F. , "Modeling the Dynamics Fit: A Normative Approach to Strategic Change", *Strategic Management Journal*, Vol. 21, No. 4, 2000, pp. 429 – 453.

后 记

　　本书历经三年多的时间写作，其间持续反复地思考、调研、讨论、探索……才最终得以完成，除基于笔者对本书研究内容的强烈兴趣与热情之外，也受益于诸多人士的帮助与支持，书中案例企业相关人员对调研也给予了热情协助，衷心感谢卢小生编审的辛苦付出。

　　本书撰写过程得到了苏敬勤教授的谆谆教诲，苏老师在本书撰写过程中给予了宝贵建议，正是苏老师的指点，才使研究工作得以不断进步！苏老师从不同角度给笔者提出建设性建议和意见，使笔者的研究得以顺利进行，避免了很多弯路，苏老师的博学真知让笔者由衷钦佩，诚挚感激苏老师！

　　在本书即将付梓之际，特别感念我的家人，没有他们全心全意地支持与付出，也就没有我的今天。感念我的父母亲人，他们的期望、理解和鼓励是我不断前进的勇气和动力。

　　寒露染霜红，秋风透菊黄。

　　飞鸟不归林，入巢四茫然。

　　呜呼吾母，母终未死。

　　身体虽殒，灵则万古。

　　有生一日，皆伴亲时。

　　有生一日，皆报恩时。

　　今也言长，时则苦短。

　　谨将此书奉于龛前，告慰母亲在天之灵。

　　本书最终得以出版还得到了沈阳市哲学社会科学专项资金规划课题（17007）、辽宁省高等学校基本科研项目专项资金资助（WZD201702）、辽宁省科协科技创新智库项目（LNKX2017A06；

LNKX2018 – 2019C09）和辽宁省教育科学"十三五"规划 2018 年度课题重点课题（JG18DA004）的大力资助与中国社会科学出版社的支持，在此一并表示衷心感谢。

王鹤春

2019 年 4 月 5 日于沈阳